成人(网络)教育系列规划教材

CHENGREN (WANGLUO) JIAOYU XILIE GUIHUA JIAOCAI

行政管理学

XINGZHENG GUANLI XUE

主　编　刘红

西南财经大学出版社
Southwestern University of Finance & Economics Press

成人（网络）教育系列规划教材
编　审　委　员　会

总 序

随着全民终身学习型社会的不断建立和完善，业余成人（网络）学历教育学生对教材的质量要求越来越高。为了进一步提高成人（网络）教育的人才培养质量，帮助学生更好地学习，依据西南财经大学成人（网络）教育人才培养目标、成人学习的特点及规律，西南财经大学成人（网络）教育学院和西南财经大学出版社共同规划，依托学校各专业学院的骨干教师资源，致力于开发适合成人（网络）学历教育学生的高质量优秀系列规划教材。

西南财经大学成人（网络）教育学院和西南财经大学出版社按照成人（网络）教育人才培养方案，编写了专科及专升本公共基础课、专业基础课、专业主干课和部分选修课教材，以完善成人（网络）教育教材体系。

由于本系列教材的读者是在职人员，他们具有一定的社会实践经验和理论知识，个性化学习诉求突出，学习针对性强，学习目的明确，因此，本系列教材的编写突出了基础性、职业性、实践性及综合性。教材体系和内容结构具有新颖、实用、简明、易懂等特点；对重点、难点问题的阐述深入浅出、形象直观，对定理和概念的论述简明扼要。

为了编好本套系列规划教材，在学校领导、出版社和其他学院的大力支持下，首先成立了由学校副校长、博士生导师丁任重教授任主任，成人（网络）教育学院院长唐旭辉研究员和出版社社长、博士生导师冯建教授任副主任，其他部分学院领导参加的编审委员会。在编审委员会的协调、组织下，经过广泛深入的调查研究，制定了我校成人（网络）教育教材建设规划，明确了建设目标，计划用两年时间分期分批建设。其次，为了保证教材的编写质量，在编审委员会的协调下，组织各学院具有丰富成人（网络）教学经验并有教授或副教授职称的教师担任主编，由各书主编组织成立教材编写团队，确定教材编写大纲、实施计划及进行人员分工等，经编审委员会审核每门教材的编写大纲后再编写。

经过多方的努力，本系列规划教材终于与读者见面了。在此之际，我们对各学院领导的大力支持、各位作者的辛勤劳动以及西南财经大学出版社的鼎力相助表示衷心的感谢！在今后教材的使用过程中，我们将听取各方面的意见，不断修订、完善教材，使之发挥更大的作用。

西南财经大学成人（网络）教育学院

2009 年 6 月

目录

1 绪 论

本章学习目标

了解行政管理的基本概念、性质和特点，以及行政管理学的研究对象、学科特点、研究内容和研究方法；了解西方行政学的产生和发展过程；了解中国行政管理的理论与实践。

从人类社会的发展历史来看，有了人类，就有了管理；国家产生以后，才诞生了行政管理。每个国家的行政管理都有自己的演变过程，其在各自国家社会生活中的地位和作用也不尽相同。对国家行政管理活动研究的不断深入，推动了行政管理学的产生和发展。

1.1 行政管理

1.1.1 行政管理的含义

行政管理，又被称为行政、公共行政。虽然人们对这些不同称谓的理解略有差异，但三者并无任何本质上的区别，在目前我国行政管理学著作中，指的基本上是同一对象，只不过侧重点有所不同。

1.1.1.1 行政

在中国，“行政”一词最早见于两千多年前的《史记》。在司马迁的《史记·周本纪》中，曾记载：“召公、周公二相行政，号曰‘共和’。”它说的是西周晚期周厉王无道，国人暴动，厉王于公元前 841 年出逃。因为太子静年幼，暂时由召公、周公共同摄政，号“共和”。十四年后，厉王死在外地，召公、周公才共立太子静为王，是为周宣王。[①] 这里的“行政”是指执掌政务、推行政令的意思，也就是指对整个国家进行的管理。

在西方，很早就出现了与中文“行政”相类似的词汇。两千多年前古希腊学者亚里士多德就使用过“行政”一词。英语中的“行政”（Administration）源自拉丁文 Adminatrarc，意思是“执行事务”。《社会科学大辞典》中对“行政”一词的解释也是

① 另据《竹书纪年》记载，周厉王出逃后，由共伯和代行王政，号共和，十四年后才归政于周宣王。

"国家事务的管理"。

因此，不论是中国还是西方，"行政"最初的一般含义都是指对国家事务的治理和执行。这表明作为一种特殊形式的管理，行政是与国家的产生联系在一起的。有了国家，才出现了行政。"行政"一词的基点在于"政"，"行"是一个动词，与作为动词的"管理"有着同样的含义；而"政"才是所行之事，是在国家出现以后才产生的；"行"与"政"合起来，就是管理国家政务。它表明了行政不是一般意义上的管理，而是一种特殊形式的和有着特殊内容的管理。

1.1.1.2　行政管理

"行政管理"的称谓，源于20世纪20年代科学管理的兴起，并向行政渗透，使行政从政治性的管理向技术性和程序化演进，出现了行政学与管理学融合发展的趋势。学者们为突出行政的管理内涵，就把行政与管理合起来使用，创造了"行政管理"这样一个复合词。

但如果从英文词义去理解的话，"行政"（Administration）与"管理"（Management）是有区别的："行政"本身就包含有管理的意思，但它主要和政府的活动有关；"管理"除指一般性的管理之外，主要和工商企业的活动有关。所以，从职能角度看，行政和管理是平行的，两者各有各的范围；但从逻辑角度看，两者又是从属和包含的关系，行政是一种特殊形式的管理活动，是整个人类管理活动的一部分。

在我国，通常把"行政"一词称为"行政管理"。这主要是因为我国行政学的重建与管理学的发展有着密切的联系。由于历史的原因，1952年我国行政管理专业被取消，行政学研究中断长达二十多年。1978年改革开放以后，管理的重要性开始在我国得到普遍的认同，学管理、讲管理成为一种潮流。行政学也重新受到关注，并获得恢复与快速发展。因此，我国20世纪80年代的行政学著作大部分都把"行政"称为"行政管理"。一方面强调了行政是一种管理，是一门科学；另一方面，又强调了行政区别于一般的管理，特别是区别于企业管理。

由此可见，"行政管理"的概念虽然丰富了"行政"概念原有的内涵，但和"行政"所指的仍然是同一个对象。所以，从20世纪90年代开始，我国一些新出版的行政管理学著作大多数就直接简称为"行政"，或者叫"公共行政"。

1.1.1.3　公共行政

"公共行政"（Public Administration）是"行政"的又一称谓。它突出强调了行政管理的一个重要特征——公共性。这是行政管理与其他管理的一个重要区别，也是行政管理学最需要着力探讨的领域。在"行政"前面加上"公共"一词，主要强调了以下含义：

（1）和私人行政相区别。"公共"是相对于"赢利的"、"私人的"或"企业的"行政来说的。它强调执行行政活动的主体主要是公共部门或公共服务机构，而不是私人企业或私人机构。

（2）明确了行政活动的目的和性质。私人行政的目的和性质是为了赢利，而公共行政的目的和性质主要是为公众提供服务。

（3）强调行政所担负的公共责任和义务。公共行政活动的目的和性质决定了它应担负的社会责任和义务，因而公共行政工作的绩效就不能简单地用利润或效率作标准，必须用服务数量、质量，以及满足社会需求的程度等多种尺度作标准。

(4) 强调公众的参与性。公共行政的整个活动过程和广大公众的利益有密切联系，这种参与主要表现在公众对政府决策的影响，通过立法、司法机构对政府行为的约束，以及通过各种渠道对政府活动的舆论监督等各个方面。

(5) 强调行政活动的公开性。公开性一方面说明行政官员的工作要有透明度，要让公众知晓；另一方面说明要让立法机关、司法机关、新闻媒介和公众了解主要的行政工作并随时接受检查和监督。

由于“公共”一词具有上述这些内涵，因而“公共行政”一词本身的含义比“行政”一词要丰富得多。使用“公共行政”的概念，可以更贴切地体现政府管理的本质特征。

综合上述情况，“行政”、“行政管理”、“公共行政”可以说是同一概念的不同表述，其基本含义都是指：国家行政机关依法管理国家事务、社会公共事务和自身事务的活动。

同时，需要指出的是，现代行政管理的含义远不止这一种，还有广义、狭义之分。

第一种，最广义的行政管理，泛指一切社会组织、团体对有关事务的治理、管理和执行的社会活动。它不仅包括政党和国家的立法、行政、司法等组织的活动，还包括企业、事业、社会团体等各种各样的社会组织的管理活动。比如：人们常常把企事业单位的厂长、经理、校长、院长和所长等称为行政领导，把各个科室承担日常事务性工作的管理人员称为行政管理人员，把他们从事的工作称为行政管理工作。

第二种，广义的行政管理，特指国家政治目标的执行，包括立法、行政、司法等社会组织领域内特定组织的指挥活动及其机关内部的总务后勤工作，即国家各种机关的管理活动。

第三种，狭义的行政管理，专指国家行政机关依法管理国家事务、社会公共事务和自身事务的活动。这也是本书使用的行政管理概念。

1.1.2 行政管理的性质和特点

根据狭义的行政管理概念，它从本质上讲，是一种行使公共权力、管理公共事务、谋求公共利益、承担公共责任的管理活动，具有与其他管理明显不同的性质和特点。具体体现在以下四个方面：

1.1.2.1 行使公共权力

公共权力是由宪法、法律所规定，由社会和公民所认同的公共权威。在国家产生以后，公共权力集中表现为国家权力，包括立法权、司法权、行政权等。在我国，行使行政权的是国家行政机关。它的权力来自人民，是人民通过人民代表大会（一般简称“人大”）及其常委会授权于政府；政府作为人大的执行机关，通过对人大负责，进而对人民负责。同时，公共权力代表国家的意志，为大多数公众所认同，具有很高的权威性和很强的约束力。它以国家的暴力工具，比如警察、军队、监狱等来保证其权力的行使。

行政管理行使公共权力的这一性质，决定了它的具体管理活动呈现出很强的政治性、权威性和强制性的特点。

1.1.2.2　管理公共事务

行政管理之所以需要行使公共权力，是由其肩负的管理公共事务的职能所决定的。随着社会生活和社会分工的日趋复杂，政府管理的内容和范围不断扩展。一般说来，国家行政事务都是社会公共事务，涉及国家立法部门授权国家行政机关管理的所有与国家利益和社会整体利益有关的事务和活动，包括经济、财政、教育、科学、文化、卫生、体育、邮政、交通运输、民族事务、国防建设、外交等各个方面。

行政管理以公共事务管理为基本职能的性质，使其管理活动呈现出明显的社会性、广泛性和权变性（即权宜通达，应付变化）等特点。

1.1.2.3　谋求公共利益

行政管理行使公共权力、管理公共事务的性质，决定了它必须以服务公共利益为宗旨。公共是相对于私人、特殊或局部而言的，因而公共权力、公共事务从本质上说，要代表和谋取社会上大多数人的、普遍的、全局性的公共利益，而不是某个集团或者私人的利益。

行政管理服务公共利益的性质，使得它的具体管理活动具有鲜明的服务性、非赢利性、整体性和全局性等特点。

1.1.2.4　承担公共责任

依法行使公共行政权力，管理社会公共事务，代表和实现公共利益，相应地就必须承担起公共责任。国家行政机关及其工作人员必须时刻意识到，办任何事情都有一个对谁负责、负什么责的问题。它包括了对人民和国家负法律责任、对执政党负政治责任、对国家权力机关负执行责任、对中央政府及上级机关负行政责任、对公民和社会负公仆责任五个方面。

行政管理必须承担公共责任，要求其具体管理活动必须具有合法性、合理性和规范性的特点。

1.2　行政管理学

与“行政管理”的不同称谓相对应，行政管理学又被称为行政学、公共行政学。

1.2.1　行政管理学的研究对象

行政管理学是以行政管理为研究对象的一门学科，是研究国家行政机关及其工作人员依法管理国家事务、社会公共事务和自身事务的客观规律的学科。它具体包括以下要点：

1.2.1.1　行政管理的主体是国家行政机关

在我国，行政管理的主体是国务院和地方各级人民政府，它们是国家权力机关的执行机关，其行政权力是国家权力机关依法授予的。既然行政管理是以国家权力为根据的，是行使国家行政权力的一种公共管理，那么反映行政管理规律性的行政管理学，自然应以国家行政机关作为其研究的主体对象。

1.2.1.2　行政管理的客体是国家事务、社会公共事务和行政机关的内部事务

这表明了行政管理的范围遍及国家和社会生活的各个方面和全体国民。任何一种社会管理都没有行政管理这样广泛的外延性和关系国家与社会的全局性，由此也决定了行政管理学有比其他管理科学更广泛的研究领域和适用性。

1.2.1.3　行政管理的基本依据是行政权力

行政权力是国家行政机关为有效实现国家意志，依靠特定的手段和宪法原则，对国家事务和社会公共事务进行管理的权力，具有公共性、合法性、执行性、强制性等特点。

1.2.1.4　行政管理活动的根本原则是依法管理

依法行政是现代行政管理的本质特征，任何行政机关和行政人员都只有依法行政的义务，而没有超越宪法和法律的特权。行政管理必须以法律为根本的活动准则，在法律规定的范围内实施管理。

1.2.1.5　行政管理学的主要任务和根本目的是探讨和发现行政活动的客观规律，实现行政管理的科学化

它的基本思路有两个：一是研究各级国家行政机关运用各种手段对自身机构及其工作人员进行科学管理的规律；二是研究国家行政机关依法对国家事务和社会公共事务进行科学管理的规律。

行政管理学的这些特定研究对象，也正是行政管理学与其他管理学科相区别的重要根据。

1.2.2　行政管理学的主要特点

1.2.2.1　政治性和社会性

行政管理学是研究国家行政机关对国家事务进行有效管理的科学，而行政活动是国家的管理活动，所以具有鲜明的政治性。同时，行政管理学还揭示了国家行政机关管理社会公共事务的规律，因而又具有社会性。行政管理学集政治性和社会性于一身：一方面，它在整体上为统治阶级的利益服务；另一方面，它所揭示的管理规律和方法又为不同阶级、不同政治倾向的管理者所接受和共享。

1.2.2.2　理论性和应用性

行政管理学的范畴、原则、原理等，都有较强的理论性。同时，它又有具体的管理模式、手段和方法，有很强的实践性。这种理论性与应用性相统一的特点，使行政管理学具有较强的生命力。

1.2.2.3　综合性和独立性

行政管理学是一门综合性、交叉性的学科，广泛运用了政治学、法学、社会学、管理学、经济学、统计学等相关学科，以及系统论、信息论、控制论等相关理论的知识，具有明显的综合性。同时，它又具有独立的研究对象、范畴、体系，因而成为一门独立的学科。

1.2.2.4 规范性和权变性

行政管理学所揭示的规律、原则、机制、程序、方法等，既是行政实践的总结，又是公认的理论概括，有的还来自法律和制度规定，具有规范性。但同时，它们又要经常接受现实社会的检验，必须不断地改革与创新，以推动学科本身的丰富和发展，因而又具有权变性。

1.2.3 行政管理学的研究内容

行政管理学的内容极其丰富，既要研究“硬件”部分，比如行政组织、行政机构，又要研究“软件”部分，比如行政决策、行政协调；既要研究“静态”方面，比如行政制度、行政法规，又要研究“动态”方面，比如行政执行、行政监督；既要研究“综合”行政，比如宏观调控、社会管理，又要研究“部门”行政，比如工业行政、教育行政。概括起来，行政管理学的研究内容主要包括以下几个方面：

(1) 从行政管理学是一门科学的学科角度来说，必须弄清行政管理的含义和行政管理学的研究对象、学科特点和研究方法，了解西方行政学的产生和演变历程，把握中国行政管理的理论与实践，从而对行政管理与行政管理学有一个总体的认识。

(2) 从行政管理是一种由主体发动而作用于客体的有序管理来说，行政管理学必须研究和了解涉及行政主体的具体情况，主要包括行政职能、行政组织、行政领导、人事行政、财务行政、机关行政等方面的内容。

(3) 从行政管理是一个动态的过程来说，行政管理学必须要对组成行政管理的各个环节和过程进行研究，也就是了解政府是如何展开行政管理工作的，主要包括行政决策、行政执行、行政监督、行政法制和行政方法等方面的内容。

(4) 从行政管理的管理对象即管理客体来说，行政管理学必须研究和了解政府行政管理的领域范围和具体内容，主要包括政治事务管理、宏观调控、经济管理、执法监管和社会公共事务管理等方面的内容。

(5) 从行政管理的出发点和发展来说，行政管理学必须研究如何增强行政效能，提高行政效率，而要提高行政效率，就应当不断进行行政改革，因而行政管理学又必须研究行政管理体制的改革和完善。

1.2.4 行政管理学的研究方法

行政管理学的研究方法服从于学科性质和研究目的，并随着学科内容和研究目的的变化而不断发展，使研究方法具有多样性。下面介绍几种主要的方法：

(1) 理论与实践相结合的研究方法。理论联系实际是行政管理学研究最基本的方法，一方面要把握它的基本原理和方法，多读书、勤思考；另一方面又要运用理论知识来指导实践活动，通过实践来检验和发展理论。

(2) 历史研究方法。通过考察历史上行政管理的各种现象，从历史人物和历史事件中吸取经验教训，从历史的演变中找寻行政管理的客观规律。

(3) 比较研究方法。有比较才能有鉴别，有鉴别才能有发展。通过对中外行政管理的理论与实践的比较研究，注意吸收和借鉴国外行政管理的科学理论、有益经验和先进方法。

(4) 系统研究方法。运用系统论的方法研究行政管理系统与社会之间的关系，研究行政管理系统内部各个子系统、各个环节、各个层级之间的关系，以便正确处理各种关系，发挥各个方面的积极性。

(5) 调查研究方法。行政管理实践是行政管理学生存和发展的“肥沃土地”。到行政管理实践活动中去进行科学的调查研究，有助于更全面、立体地理解行政管理学，有助于及时掌握新经验，推动行政管理学的不断发展。

(6) 案例研究方法。案例分析是理论与实践的结合点，它通过科学分析行政管理实践中出现的具体问题及其原因，积极探讨解决这些问题的对策措施，有助于从具体到一般，提高运用行政管理理论分析和解决问题的能力。

1.3 西方行政学的产生和发展

行政学是资本主义大工业和社会科学发展的必然产物，是随着自由资本主义向垄断资本主义的过渡和工业经济、科学技术的发展，政府的管理职能日益扩大、管理手段日益复杂，逐步从政治学中分离出来而成为一门独立的学科的。它诞生于19世纪末的美国，形成于20世纪20年代，到今天已经走过了一百多年的历程。它的发展过程大致可以分成四个阶段：

1.3.1 传统管理时期

这是行政学的形成阶段，时间从1887年到20世纪30年代。由于行政学的产生与形成深受工商企业管理科学的重大影响，它的许多原则、原理都是直接借用或移植过来的，因而这一时期被称为传统管理时期。它是在威尔逊、古德诺等人的政治—行政两分法和韦伯的官僚制理论基础上，并经过泰勒的科学管理理论和法约尔的一般管理理论等企业管理理论的推波助澜，最终通过怀特的系统化理论框架而逐渐创立起来的。

1887年，美国学者威尔逊发表《行政之研究》一文，主张政治与行政分离，第一次明确提出应该把行政当做一门独立的学科来进行研究。《行政之研究》被认为是行政学的开山之作。1900年，古德诺出版的《政治与行政》一书中提出“政治是国家意志的表现，行政是国家意志的执行”的观点，创立了政治—行政两分法，从而将行政学正式从政治学中分离出来。1926年，怀特出版的《行政学导论》一书中将组织原理、人事行政、财务行政和行政法规作为行政学的基本主题，奠定了行政学的基本理论框架，标志着行政学作为一门独立学科的最终形成。

这一时期的行政学理论主要有三种：政治与行政分开的理论、理性行政组织理论和企业管理取向的行政理论。其中，政治与行政分开的理论以威尔逊、古德诺为代表；德国社会学家韦伯是理性行政组织理论的奠基人。他于1911年发表的《论官僚制》一文，被视为西方官僚制度研究的理论基石。他认为，作为一种理想的行政组织形式，官僚制具有合理的分工、层级节制的权力体系、依照规程办事的运作机制、形成正规的决策文书、组织管理的非人格化、适应工作需要的专业培训机构、合理合法的人事行政制度等基本特征。

企业管理取向的行政理论的代表是泰勒的科学管理理论和法约尔的一般管理理论。泰勒认为应该用科学方法确定每一项工作的“最佳方法”；法约尔则认为管理具有五种功能，即计划、组织、指挥、协调和控制，并提出了管理的 14 条原则，即工作分析、职权、纪律、统一指挥、统一领导、个人利益服从整体利益、报酬、集中、等级链、秩序、公平、人员的稳定、首创精神、团结精神。这些理论今天仍深深地影响着西方社会。

总之，传统管理理论对改进政府行政管理和提高行政效率，对建立和发展行政学起到了积极作用。其主要缺陷是：过分强调工作原则和方法，忽视了行政工作的复杂性和特殊性；过分注重组织的静态研究，忽视了组织的动态研究；过分重视机械效率，忽视了社会效益；片面强调人的物质利益，忽视了人的精神因素，缺乏对人的尊重。

1.3.2 科学管理时期

这是行政学的成长阶段，时间大致从 20 世纪 30 年代到 60 年代。在这一阶段，行政学深受行为科学理论和主张的影响，重视人的心理、行为的研究，认为人对于提高效率具有重要作用，因而这一时期被称为行为科学时期或科学管理时期。人被假设为“社会人”，而不是“经济人”，人类除了有经济性的需要以外，还有社会性的需要，要求受到尊重与欢迎，有归属感，追求成长与发展，因而要以人际关系为基础，注重发挥人的潜能，强调授权、分权和参与式的管理。比较具有代表性的理论有：梅奥的人际关系理论、马斯洛的需要层次理论、西蒙的行为主义行政学理论、麦克雷戈的 X—Y 理论，等等。

梅奥通过霍桑试验，提出了社会人理论、非正式组织理论和以人际关系为中心的新的领导方式理论。马斯洛提出了著名的人类需要层次理论，认为人的需要有生存需要、安全需要、感情需要、成就需要和自我实现需要五个层次。西蒙认为管理的核心就是决策，提出了决策过程中“有限理性”的概念，主张用系统论方法和运用自然科学的成果研究行政行为的各个方面。麦克雷戈把那种认为人的本性是不诚实的、好逸恶劳的、不负责任的，因而必须用严格的规章制度来管束工人的传统理论观称为 X 理论，并提出与之相对应的新观点即 Y 理论，认为人并非都是天生厌恶工作的，人的本性是勤劳和负责任的，只要引导得好，发挥他们的主动性和积极性，就能提高工作效率；管理人员的主要职责就是为下属的成长创造机会、挖掘潜力、排除障碍和提供指导，创造一个具有人情味的组织环境。

总之，行为科学理论使行政学的研究发生了重大转折，在探寻科学的行政管理原则和普遍的行政管理原理方面取得了长足发展，在很大程度上充实和完善了早期创立的行政学科的理论框架，但在研究视野和研究内容上均存在着明显的局限性。比如：过分注重行政组织内部人员的作用，忽视外部环境对人员的影响；注重对个别具体事实的研究，缺乏整体观念与系统观念等。

1.3.3 现代化管理时期

这是行政学的深化阶段，时间大致从20世纪60年代到80年代。在这个时期，学者们注重研究行政活动与外部环境、外在系统之间的关系，以及行政系统内部各个部分之间的关系，要求随着环境的变化来选择管理方式和组织方式。同时，对人的理解更加深入，人不只被看成资源或资产，也不只是经济性、社会性或心理性的动物，而是有灵性的动物，渴望做有意义的事情，人是一个“全面的人”。因此，管理者的目的在于使每一个人都成为领导者，也就是自我领导者。由于行政学受到系统理论的重大影响，所以这一时期被称为现代化管理时期。比较有代表性的理论有：里格斯的行政生态学说、彼得的彼得原理、德罗尔的政策科学理论、菲德勒的权变领导理论、德鲁克的目标管理理论、弗雷德里克森的“新公共行政学”、布坎南公共选择理论的“政府失败说”，等等。

里格斯把行政生态学定义为研究“自然以及人类文化环境与公共政策运行之间的相互影响情形”① 的一门行政学分支学科，认为影响一国公共行政的生态要素最主要的有经济、社会、沟通网络、符号系统和政治构架五种，为行政学研究提供了一种新的方法论。德罗尔认为政策科学或政策研究是融合了管理科学、行为科学、经济学和政治学等多学科知识的一门全新的跨学科研究领域，政策分析应当成为一种职业，奠定了现代政策科学的基础。菲德勒在领导者特质论和行为论的基础上，试图把两者融为一体，建立起一种人格与情境互动的有效领导模式——权变领导模式，认为领导是否有效，既不是仅由领导者的人格特质所决定的，也不是由领导情势所决定的，而是取决于领导特质与领导情势的适当匹配。德鲁克在吸取泰勒科学管理理论和人际关系学说的长处的基础上，建立了目标管理理论，认为组织中的目标可分为战略性目标、策略性目标、方案与任务三种，要达到目标必须注重以目标为中心、重视成果的管理、重视人的管理三个特点。弗雷德里克森主张把社会公平加入传统目标和基本原理之中，让行政管理者承担起社会的职责，将出色的管理和社会公平作为社会准则与基本的行为出发点，并强调伦理、民主、政治互动、公众参与和新的组织制度，以增进社会公平实现的可能性。布坎南理论的中心命题是“政府的失败”，指出政府的活动并不总是像应该的那样“有效”或像理论上所说的能够那样“有效”，甚至存在“负效应”，需要采取创立一种新政治技术，提高社会民主程度，并采取恢复自由竞争、改革赋税制度、约束政府权力等措施，从根本上补救和减少政府的失败。

总之，这一时期的西方行政学既注重行政管理活动与外部环境、外在系统之间的关系，又注重行政管理系统内部各个部分之间的关系；既强调组织结构、工作程序的静态方面，又强调人的因素，综合了前两个阶段的成果。但其也有局限性，主要是这些理论的某些观点不便于运用和操作，需要在发展中进一步完善。

---

① 彭文贤．行政生态学［M］．台北：三民书局，1988：19.

1.3.4 新公共管理时期

这是行政学的探索与拓展阶段，时间大致从20世纪80年代到现在。在这个时期，随着西方国家政府再造运动的兴起和公民社会的不断发育，西方行政学出现了一些新的发展特点。一方面，在新管理主义思潮的影响下，许多在工商企业管理领域行之有效的新管理理论与方法又一次被引入行政管理领域；另一方面，在新一波的民主政治思潮的推动下，出现了一些更加关注行政管理的公共本质、更加强调公民参与的理论，使得行政学无论是在广度上，还是在深度上都得到了进一步的拓展，并最终出现了由传统意义上的公共行政向现代意义上的公共管理转型的发展趋势，因而这一时期被称为新公共管理时期。比较有代表性的理论有：新公共管理理论、新公共服务理论和公共治理理论等。

1.3.4.1 新公共管理理论

20世纪80年代以后，在西方发达国家出现了大规模的政府再造运动。这一运动被冠以不同的称号，如“管理主义”、“以市场为基础的公共管理”、“企业型政府”、“后官僚制典范”等。尽管名称各异，但基本上都描述着相同的现象，即对以官僚制为基础的传统行政模式的批判，主张用私营部门的管理思想、方法和技术来改造公共部门，强调市场取向等，被学者们统称为“新公共管理”。它突破了传统行政学的学科界限，融合了当代经济学、管理学、政策分析、政治学和社会学等学科的相关知识，形成了一个跨学科或交叉学科的研究领域。

新公共管理的特质主要表现在以下几个方面：①在公共部门中实施专业化管理，让公共管理者自己管理并且承担责任；②确立明确的目标，设定绩效测量标准并进行严格的绩效测量；③特别强调产出控制，对实际成果的重视甚于对过程或程序的关注；④打破公共部门中的本位主义，对部门进行拆分与重组，破除单位与单位之间的藩篱；⑤在公共部门中引入竞争机制，降低管理成本，提高服务质量；⑥强调对私营部门管理方法和风格的吸收和运用；⑦强调对资源的有效利用和开发。[①]

20世纪90年代初，戴维·奥斯本和特德·盖布勒的《改革政府》[②] 一书集中表述了新公共管理理论的这些理念，并勾勒出一种新的政府形象——具有企业家精神的政府形象，并进而提出了政府改革的十项具体原则，亦即企业家政府的十大特征：①掌舵而不是划桨；②重妥善授权而非事必躬亲；③注重引入竞争机制；④注重目标使命而非繁文缛节；⑤重产出而非投入；⑥具备“顾客意识”；⑦有收益而不浪费；⑧重预防而不是治疗；⑨重参与协作的分权模式而非层级节制的集权模式；⑩重市场机制调节而非仅靠行政指令控制。[③]

1.3.4.2 新公共服务理论

进入21世纪以后，新公共管理运动主张的“小政府”模式逐渐暴露出不少问题，

① 丁煌．西方行政学说史［M］．修订本．武汉：武汉大学出版社，2004：392.

② ［美］戴维·奥斯本，特德·盖布勒．改革政府［M］．上海：上海译文出版社，1996.

③ 丁煌．西方行政学理论概要［M］．北京：中国人民大学出版社，2005：354－362.

尤其是如何适应发展中国家的实际需求的问题。以美国著名公共行政学家登哈特①为代表的一批公共行政学者在对新公共管理理论进行反思的基础上，特别是在针对新公共管理理论之精髓的企业家政府理论缺陷进行批判的基础上形成了一种新的公共行政理论体系，即新公共服务理论。

新公共服务理论的基本理念包括：①政府的职能是服务，而不是掌舵；②公共利益是目标而非副产品；③在思想上要具有战略性，在行动上要具有民主性；④为公民服务，而不是为顾客服务；⑤责任并不简单；⑥重视人，而不只是重视生产率；⑦公民权和公共服务比企业家精神更重要等。②

新公共服务理论是关于公共行政在以公民为中心的治理系统中扮演怎样的角色的一套理论体系，更加关注民主价值、公民权和公共利益，对政府在社会发展中的角色和作用也进行了全新的阐释。

1.3.4.3　公共治理理论

进入20世纪90年代，"治理"理论成为西方学界最流行的理论之一。公共治理理论就是一种代表西方行政学发展趋势的新型公共管理理论。它是在对传统公共行政理论进行反思和批判的基础上，对新公共管理理论和新公共服务理论进行理论整合的产物。其核心观点是抛弃传统公共行政的垄断和强制性质，主张通过合作、协商、伙伴关系，确定共同的目标等途径，实现对公共事务的管理。

公共治理理论的主要理念包括：①公共治理是由多元的公共管理主体组成的公共行动体系；②公共管理的责任边界具有相当的模糊性；③公共管理语境下的公共治理是多元化公共管理主体基于伙伴关系进行合作的一种自主自治的网络管理；④公共治理语境下的政府在社会公共网络管理中扮演着"元治理"角色等。③

总之，新公共管理虽然是西方特定的经济、政治条件下的产物，但在一定程度上反映了行政管理发展的规律和趋势，表明公共行政正逐步走向公共管理，是西方行政学发展新阶段的开始，对我国行政改革具有重要的借鉴意义。

1.4　中国行政管理的理论与实践

我国是一个文明古国，行政管理有着悠久的历史和丰富的实践经验，但行政管理学在我国的传播和研究，时间还比较短。

1.4.1　古代中国的行政传统

中国作为历史悠久的文明古国，在漫长的奴隶社会、封建社会的发展过程中，逐步形成了一套自成体系的、相对完善的行政管理体制和与之相联系的行政管理思想，

① ［美］登哈特．新公共服务［M］．北京：中国人民大学出版社，2004.

② 丁煌．西方行政学理论概要［M］．北京：中国人民大学出版社，2005：380－383.

③ 丁煌．西方行政学理论概要［M］．北京：中国人民大学出版社，2005：405－408.

曾经对西方国家现代文官制度的形成和公共行政学的产生影响很大。考察并批判地继承这份宝贵的历史文化遗产，不仅有助于行政管理学的理论研究，而且也有助于建立和完善适合我国国情的科学的行政管理体制。

1.4.1.1 中国古代的行政体制

在我国原始社会晚期，由于生产力的发展和公共事务管理的需要，已经有了原始的组织形式。部落联盟首领实行“禅让制”，传说中的尧、舜、禹等都是严格按照“禅让”的方法进行民主、和平性的新老交替，先后担任炎黄部落联盟的首领的。到公元前21 世纪，禹的儿子启破坏了“禅让制”，夺取了部落联盟首领之位，并立国号“夏”，开始实行“家天下”的世袭制。这是我国从原始社会进入奴隶社会，行政管理体制发生根本性变化的主要标志。

从夏朝开始，我国逐渐在王权基础上形成了强有力的中央集权制度。这从我国古代对“王”字的解释就可得到证明：三横分别代表天、地、人，一竖是指一个贯通于天地人之间的人（《春秋繁露·王道通三》）。所谓“王者，父天母地，为天之子也”（《白虎通义》卷一）。王被认为是天地人的主宰、最高权力的象征。

夏朝初建时，其最高统治者称为“后”，到中后期才称为“王”。到秦始皇时，“采上古‘帝’位号，号曰皇帝”，是为了更加突出大一统的、至高无上的地位。帝王的称号实质上是王权的象征，所谓“溥天之下，莫非王土，率土之滨，莫非王臣”（《诗经·小雅》）。王权的形成和发展标志着中央集权制度的形成和发展，也由此逐步形成了我国古代自成体系的行政体制和官吏制度。

在中央机构方面，夏朝设“六卿”，商代设“六府”，西周设置了三公（太师、太傅、太保）和六官（天、地、春、夏、秋、冬官），其中以天官为首，辅佐周王，主管人事，总揽政务。秦汉时确立了三公九卿制，三公即宰相之职，九卿即中央机构的九个行政管理部门。隋唐建立了以三省六部为核心的中央行政体制，三省即尚书省、门下省和内史省，三省长官为宰相之职，六部为吏部、户部、礼部、兵部、刑部、工部，隶属于尚书省。这样一个六部的体制自宋朝以后就基本保持不变。明朝时废除丞相制度，改用内阁制，作为皇帝的辅政部门。清朝雍正时则变为内阁与军机处双轨制，清末改设内阁总理大臣。

在对地方的管理上，周朝以前实行分封制，地方诸侯根据和王朝关系的远近，形成不太牢固的臣服和贡纳关系。秦始皇统一中国后，实行郡县制，全国设置36 个郡，每郡派一个监察御史进行监督。汉武帝时，全国的郡增至100 多个，于是在郡之上设州，每州管辖4 至10 个郡，每郡管10 个县左右，每县辖农户1 万户左右。唐太宗时，为加强对全国的控制，在州之上设道，全国划分为10 个道，分道设按察使巡察。北宋时改道为路。元朝时改为行中书省，明朝变为承宣布政使司，习惯上仍称行省，简称省。省级长官只管民政，军事机构自成系统。清朝沿袭明制，最初内地设置了18 个省，光绪时增加到23 个省，大体上与今天的省级政府行政区划相当。

1.4.1.2 中国古代的官吏制度

中国古代的官吏制度也有一个形成和发展的过程。在尧、舜、禹时期就已经有了设官分职的萌芽。当时的公职只有几十人到上百人左右，分管祭祀、天文、水利、农事、民事、兵刑、山泽等等，选派也以“选贤任能”的思想为主。从夏朝开始到商、周，官吏的任用方式逐步演变为王族垄断、宗法分封制和世卿世禄制度。春秋战国时期，人才竞争成为富国强兵的焦点，出现了各种各样“选贤任能”的做法。秦汉以来，为适应中央集权制度的需要，察举制和征辟制逐渐成为重要的选官制度。其中，察举制是自下而上的选官制度，由中央和地方官员按规定推荐一般人和中下级官吏中的优秀者，经过考核，再由中央政府授予官职；征辟制则是自上而下的选官方式，即由中央高级官吏和地方官直接征聘人才，作为自己官府的属吏或向皇帝推荐。

到了魏晋南北朝时期，主要是九品中正制。它是在各州郡设置大、小中正官，负责将本地人物评为上上、上中、上下、中上、中中、中下、下上、下中 、下下九个品级，作为选拔官吏的依据，以备随时任用。这个制度避免了察举制荐举较为零散的缺陷，采取了系统的“人才网”方式，有利于国家对人才的选拔、任用，在初期起到了积极的作用。但由于士族政治势力强大，“中正”一职多为其把持，荐举人才全是士族优先，出现了“上品无寒门，下品无士族”的弊端。再者，它将人才机械地分为九等，不许变通，实际上压抑了人才。

为了克服九品中正制的弊端，隋唐时期开始实行科举制，这是中国官吏制度进入成熟阶段的主要标志。科举制因分科举人而得名，其核心内容是由国家定期举行分科考试，以考试成绩的好坏作为选拔各级官吏的主要标准，称为“分科取士”。这一制度始创于隋，成熟于唐，宋代更趋完善，明清则走向僵化和衰落，先后持续了1300多年，是中国封建社会中后期的主要用人制度。它为所有读书人打开了通往统治阶层的大门。“学而优则仕”，只要读好书，就有踏入仕途的可能。科举制虽然有着历史的局限性，但从广取天下人才的角度看，它通过公开考试来择优选拔人才的做法，是一种较为公平合理的用人制度，具有进步性。

总之，随着中央集权制度的形成和发展，中国逐步建立起了一整套等级森严、管理严密的官吏制度，其中包括选官、爵位、俸禄（工资）、考课（考核）、监察、官学、致仕（退休）、丧葬抚恤等一系列制度，在官职的设立和官员的等级、待遇、考核、奖惩、退休、监察等方面，都形成了较为完备的制度和体系。

1.4.1.3 中国古代的行政管理思想

一个制度的形成和发展，离不开它的思想基础和理论基础。在中国古代行政体制和官吏制度的历史演变过程中，出现了许多杰出的政治家和思想家。他们或者致力于官制改革，或者致力于著书立说，他们所提出的各种理论和学说对历代王朝的兴起和强盛产生过深远的影响。归纳起来，其基本特点主要表现在以下三个方面：

（1）强调尊君。在中国传统的行政管理思想中，尊君思想根深蒂固。绝大多数的杰出政治家和思想家都主张行政管理要以君主为轴心，要依君命行政，这是行政管理的首要原则。一般的政治家和思想家都用这一原则来分析行政问题、设计行政制度、制定行政方案、提出改革主张。这一思想和原则虽然有效地维护了君主对行政权的独揽，有时甚至维护了国家的统一和安宁，但却妨碍了官员尤其是高级官员的积极性、主动性和创造性的发挥，造成运转不灵，效率低下，缺乏活力。同时，依君命行政使得整个国家的行政管理听命于一个人，必然导致行政管理中理性的丧失和主观随意性的泛滥，以及政治腐败和社会动乱。此外，也造成行政与立法、司法的三位一体，政治结构无法合理分化，政治无法跳出治理—动乱—再治理—再动乱的循环怪圈。

（2）主张重民。中国历史上的杰出政治家和思想家在主张尊君的同时，也十分强调重民。从孔子的“仁政”、“爱民”，孟子的“民贵君轻”，荀子的“君舟民水”，到汉唐时期贾谊的“民为政本”，唐太宗的“国依于民”，明清时期张居正的“知人安民”，康熙的“以足民为首务”，可以看到我国的重民思想源远流长，一脉相传，是历代历朝治国安邦的指导思想。其核心内容是承认“民”对整个国家政治统治具有重要作用，强调施政要顺乎民情民心，要实行爱民、利民、富民、安民、保民、取信于民的政策。当然，中国传统的重民思想与尊君思想并不是对立的，两者往往是互补的：重民是在尊君前提下的重民，重民的目的也在于尊君并维护君主的专制统治。所以，尊君重民在实质上是一致的，是一个问题的两个方面。重民思想虽然在历史上发挥了缓和社会矛盾、限制和弱化专制暴政、培育“贤臣”与“明君”的作用，但它并不等同于民主思想，也无法升华为民主思想。

（3）重视治吏。在行政执行环节，中国传统行政管理思想特别重视治吏，主张通过治吏达到行政目标，即所谓“人存政举，人亡政息”。良法固然重要，但法不能自行，还要靠人来执行。韩非提出“明君治吏不治民”；王安石则说得更明确，“理天下之财者法，守天下之法者吏也。吏不良，则有法而莫守”（《王文公文集·度支副使厅壁题名记》）。可以说，狠抓吏治，培养公忠体国、勤政爱国、德才兼备的官吏队伍，进而实现对行政事务和平民的有效管理与统治是中国历代政治家和思想家的共识。历代统治者之所以如此重视治吏，主要是因为人治政治客观上缺乏长期有效的制度规范。行政措施能否贯彻执行和行政目标能否实现，几乎完全依靠吏治的好坏。在尊君的思想和政治背景下，除了治吏，别无选择。

总之，尊君、重民、治吏贯穿于中国古代行政管理思想史，成为传统行政管理思想的基本特点，传统的行政管理思想大都由此而展开。其中，尊君是前提，是统揽全局的行政原则；重民是尊君原则的补充，也是行政管理的指导思想；治吏则是实现尊君重民行政目标的途径。这三者构成为一个相辅相成、互相联系的有机整体。

1.4.1.4　中国古代行政传统的特点和影响

中国古代的行政管理体制和行政管理思想，是有待深入发掘的丰富的历史文化遗产。它的特点和影响可以概括为以下几个方面：

（1）产生较早、内容丰富、相对完善、自成体系。大约在公元前21世纪，夏朝成为第一个奴隶制国家，春秋战国时期开始逐步由奴隶社会转变为封建社会，并形成世界历史上屈指可数的庞大王朝，其自成体系的行政体制和丰富的行政管理思想的形成和发展比世界上大多数国家都要早得多。同时，以中央集权和组织严密的官吏制度为主要特征，以儒家学说为主要的思想基础，中国古代的行政管理体制经过几千年的演变和逐步完善，有一套大一统的权力等级制度，有分工明确、相互制约的行政组织体系，有较为细致具体的行政法规，有比较先进的官吏制度和监察制度，有稳定、系统的政治思想体系。比如：在理论上，《论语》、《孙子兵法》、《贞观政要》、《资治通鉴》等都可以视为有关行政管理的著作；在实践上，出现了“文景之治”、“贞观之治”、

“康乾盛世”等封建行政的黄金时代，涌现了商鞅、王安石、张居正等著名的行政改革家。因此，国外不少学者认为，历史上最早谈管理，并且谈得很好的首推中国。

(2) 对世界近现代行政管理的发展曾产生过重大影响。中国古代丰富的行政管理经验和卓有成效的行政管理措施，比如官位设置、行政区划制度、机构设置、内阁制、监察制度、科举制等，先后传到朝鲜、日本、东南亚和欧洲各国，受到普遍赞誉，并为一些国家所借鉴。尤其是科举制，对西方现代文官制度的产生和发展有过重大影响。西方现代文官制度的发源地——英国，正是借鉴了中国的科举制，建立了文官考试制度，从而奠定了现代文官制度的基础。这种以德才为标准的公开考试、择优录用的官吏制度，可以说是中国古代行政实践对世界行政文明的巨大贡献。

(3) 对当代中国的行政管理也有潜在影响。一个民族或一个国家的历史是无法割断的。在我国现阶段的政治经济、思想文化、道德观念、行政体制、行政区划，甚至机构名称等各个方面，都可以看到早期历史留下的痕迹。有些行政管理思想具有恒久的价值，现代中国人完全应该古为今用。比如：在中国传统行政管理思想中，强调“以人为本”，高度重视人在管理系统中的作用，形成了一种依靠人际关系、上下级和谐的感情来调节行政关系的管理方式；主张将实现个人价值与国家利益结合起来，提出了一整套“格物、致知、诚意、正心、修身、齐家、治国、平天下”的行政领导修养模式，强调“克己奉公”和“先天下之忧而忧，后天下之乐而乐”的行政美德等。这些对我们分析和解决当代中国类似的行政问题都有重要的启示意义。

(4) 不可避免地存在着历史的局限性。中国古代行政体制和行政管理思想是适应我国奴隶社会、封建社会的需要而产生和发展起来的，是特定历史条件下的产物。它强调的是专制的王权或皇权，具有神权和宗族、家族伦理关系的色彩，存在着许多导致吏治腐败的弊端，是造成中国古代社会后期发展缓慢的重要原因。比如：重人治轻法治，过分强调道德作为行政权力的约束机制；只重视个人修养，忽视实际行为的客观效果；讲究“不偏不倚”的中庸之道，排斥竞争，造成行政官员的因循守旧，缺乏激励更新机制；在行政组织内部容易形成一种人格化的权威服从关系和人格化的人际交往关系，导致公私界限的混淆，等等。因此，在学习和借鉴中国传统行政管理思想时，应当予以批判地继承与扬弃。

1.4.2 近代中国的行政成果

进入近代，中国的国门被打开，丧失了主权的独立和领土的完整。不少有识之士为了重振国威，开始接受、引进西方的技术、文化和管理方法。19 世纪末 20 世纪初，几乎与西方国家行政学的形成同期进行，我国一些学者很快就开始翻译和引进西方学者的行政学著作。中国民主革命的先行者孙中山借鉴并发展了西方的行政学理论，在三权分立的基础上，提出了五权分立的主张并付诸实践，即立法、司法、行政、考试、监察五种权力分别由五个不同的机构所掌管。1911 年辛亥革命的胜利，推翻了两千多年的封建专制统治，建立了中华民国，初步建立了一种新型的国家行政管理体制。

按照孙中山先生的设想，在全国地方实现完全自治的基础上，由各个县选举代表一人，组成国民大会，制定宪法；再由各县人民投票选举总统以组织行政院，选举代议士组成立法院，司法院、考试院、监察院的院长则由总统在征求立法院的同意后加以任命；以上五院组成中央政府，都对国民大会负责，让这五种权力既分立又相互制衡，从而使国家机构更完善、更健全。五权分立学说是孙中山先生对西方三权分立理论原则的重大发展，是他在行政管理方面的一个独创，在中国近代史上有着划时代的意义。但在实践中，并没有得到很好地贯彻执行，后来逐步演变为国民党的一党专政。

在理论研究方面，从20世纪30年代开始，我国一些学者陆续发表、出版了一些研究行政学的专著。中国的行政学也正是在这个时期成为一门独立的学科。一般认为，1935年由商务印书馆出版的张金鉴教授所著《行政学之理论与实践》一书，是我国最早的一部行政学专著。1934年成立了一个由政府举办的“行政效率研究会”，专门从事行政管理问题的研究，并出版了《行政效率》半月刊。当时一些高等院校也开始开设行政学课程，并派出一定数量的留学生出国深造。另外，在中国共产党领导的革命根据地延安，也曾建立过行政学院，开设了有关行政学的课程。总之，通过和当时欧美国家行政学研究的横向比较，可以看出近代中国的行政学研究可以说是亦步亦趋、紧随其后。

1.4.3　现代中国的行政挑战

1949年新中国成立后，根据革命根据地政权行政管理的经验，参照其他社会主义国家的行政管理制度，逐步建立了从中央到地方的各级行政机构，确立了一套独具特色的行政管理体制。

1.4.3.1　新中国行政管理的实践与改革

（1）在行政组织系统方面。新中国成立初期，中央人民政府委员会下设政务院，领导全国各地方人民政府的工作。政务院设有政治法律、财政经济、文化教育、人民监督四个委员会，以及内务部、外交部、贸易部、重工业部等机构，负责处理国家有关行政事务；地方政府则分设大行政区、省、市、县、区、乡人民政府六级行政管理机关。到1954年，第一届全国人民代表大会选举出国家主席，成立了国务院作为最高行政机关，撤销政务院及其所属的四个委员会，并增设了一些部门，建立起了我国中央行政机关的基本框架。在地方，撤销了大行政区这一层次，省级人民政府成为地方政府中的最高行政机关。

但在“文革”期间，从中央到地方的各级行政组织遭到严重破坏。国务院的工作处于停顿的状况，“中央文化革命小组”（简称“中央文革”）直接插手各种行政事务；地方人民政府则全面被各级“革命委员会”所取代。同时，军队逐步实行了所谓支左、支工、支农和军管、军训的“三支两军”，开始介入地方行政管理。1976年粉碎“四人帮”后，特别是1978年中共十一届三中全会召开以后，各级行政组织才得到逐步恢复和健全。

（2）在行政管理制度方面。新中国成立以后，随着中央和地方各级行政机关的设置，在进行国家行政事务管理的过程中，也逐步形成了一些基本的行政管理制度。首先是采取高度集权和集中的方式，对整个国民经济进行指令性的计划控制；其次是采取任命、委派的形式，组建了我国首批行政管理干部队伍；再次是陆续建立了诸如民政、军事、公安、工商、财政、交通、文化、教育、卫生等一系列的管理制度，形成了我国行政管理的基本体系。这些管理制度在“文革”中都受到践踏，并在“文革”结束后得到一一恢复。

纵观新中国的行政管理体制，是与当时高度集中的计划经济体制相适应的，曾经发挥过积极的作用，但也存在着许多的缺陷和弊端。比如：党政不分、政企不分，行政机构臃肿、层次繁多、效率低下、官僚主义泛滥，干部制度中事实上的职务终身制等，严重阻碍了社会经济的发展。特别是随着新时期中国改革开放的深入，这些问题显得更加突出，需要进行彻底的改革。

(3) 行政管理体制改革的历程。1978 年改革开放以来，我国行政管理体制改革大体上是围绕着三大主题、四条主线展开的。三大主题是：

①打破高度集中的计划管理体制。改革开放之初，中国面临的最大问题是如何打破实行了几十年的高度集中的计划体制管理模式，使改革顺利启动。于是，果断地进行一系列重大政策调整，给地方下放必要的权力，就成为实现这一目标最基本的策略选择。因此，从 1978 年到 1987 年中共十三大召开以前，中国行政管理体制改革的主题主要是围绕简政放权、冲破高度集中的计划管理体制这个中心展开的。

②转变政府职能。1984 年以后，随着改革重点由农村转向城市，传统的政企不分、“全能政府”的弊端逐步显现出来，因而转变政府职能，实现政企职能分开，就成为继续推进经济体制改革深入发展的关键。基于这样的事实，中共十三大第一次提出了转变政府职能的要求，并成为此后行政管理体制改革的又一个主题。

③建立宏观调控体系。1992 年中共十四大明确提出建立社会主义市场经济体制的目标后，伴随市场经济在中国的迅猛发展，政府在市场经济条件下扮演什么样的角色、如何处理政府与市场的关系，以及在社会资源配置主体发生重大变化之后，政府如何有效地发挥宏观调控职能，就成为必须解决的重大课题。因此，中共十四大以后的行政管理体制改革，主要是围绕适应市场经济的要求，建立宏观调控体系，以及与此密切相关的政府职能转变、政企分开、建立现代企业制度等一系列关键问题而展开的。

与上述三大主题相联系，中国行政管理体制改革还始终贯穿着四条主线：

①机构改革。分别在 1982 年至 1984 年、1988 年、1993 年、1998 年、2003 年、2008 年到现在，进行了六次较大规模的政府机构改革和人员精简。

②干部人事制度改革。在借鉴西方现代文官制度的基础上，对我国传统的干部人事制度进行了彻底的改革，于 1993 年开始全面推行公务员制度。2006 年 1 月 1 日，《中华人民共和国公务员法》的正式实施，推动了公务员制度的进一步完善。

③调整中央和地方的管理权限。合理划分中央与地方的事权、财权、决策权，妥善处理中央与地方的权力关系，一方面保证中央的权威和国家的统一；另一方面充分发挥地方和基层的自主性、创造性和积极性。

④加强行政法制建设。在行政管理体制改革的过程中，逐步推进行政管理体制的制度化、法治化，不断健全和完善有关行政管理的法律体系，使行政管理活动有法可

依、有法必依、执法必严、违法必究，并进一步巩固改革的成果。

1.4.3.2　行政管理学研究的中断、恢复与发展

新中国成立以来，由于多种因素，特别是“左”的思想的影响，我国的行政管理学研究曾经处于一个长时间的中断和停滞状态。在1952年高校院系调整时，错误地把行政管理学的有关专业和课程都取消了，导致该学科的研究和传播随之中断。这在一定程度上影响了我国政府行政管理科学化的进程。1978年中共十一届三中全会召开以后，随着改革开放新时期的到来，我国的行政管理学才开始恢复和重建，并获得了迅速、健康的发展。大致可分为三个阶段：

第一阶段是20世纪80年代，主要事件是以夏书章先生为代表的老一辈学者的推动与学科体系的重新确立，标志是中国行政管理学会的成立，代表著作有国务院办公厅调查研究室的《中国行政管理学理论初探》，夏书章的《行政管理学》，黄达强、刘怡昌的《行政学》等。

第二阶段是20世纪90年代，主要内容是中国特色的行政学理论初级成果的形成和国外行政管理理论的译介。主要表现在：①政策学兴起；②管理科学的发展——将数学模型应用于行政管理科学研究；③行政组织发展研究；④比较行政学繁荣；⑤行政学研究从纯理论研究转向了应用型研究。代表著作有陈庆云的《公共政策学》、张国庆主编的《行政管理学概论》、毛寿龙等的《西方政府的治道变革》等。与此同时，对美国为代表的西方国家20世纪60年代至80年代的理论成果进行了大量的介绍。

第三阶段是21世纪初期，主要是“公共管理学”概念的引进与本土化研究相结合，成果包括毛寿龙等有关英国、澳大利亚、新西兰与北欧国家“政府改革”运动的理论介绍，俞可平等“治理”与“善治”概念的介绍，“公共管理”概念的辨析，以及“后官僚制时期”概念的反思等。

总之，在这30年间，行政管理学在中国重建并得到发展，其社会影响之广、发展规模之大和速度之快，在我国社会科学领域可以说是不多见的。其成果可以用一句话来加以概括，即恢复了一个学科、创造了一个学科。从现在开始，将逐步进入一个新的发展阶段。

1.4.3.3　当代中国行政管理面临的挑战

在进入21世纪之后，随着经济体制改革的不断深入和政治体制改革的逐步展开，随着国际经济政治形势的急剧变化和科学技术的飞速发展，出现了许多迫切需要解决的课题，中国的行政管理与行政管理学正面临着严峻挑战。主要表现在以下三个方面：

（1）当代中国社会转型对行政管理的挑战。当代中国社会的转型是从20世纪70年代开始的，其特点是文明转型与体制转型同时进行，这也是当代中国社会发展的基本特点。就文明转型来说，是要使中国社会彻底完成从农业社会向工业社会的转型；从体制转型看，则是要实现从传统的计划经济体制向社会主义市场经济体制的转换。这实际上是要求中国在近代工业化还远没有完全实现的历史前提下，超越阶段，合二为一地走向现代社会，即同时完成工业化和实现现代化的双重目标。因此，我国的行政管理必须适应这一基本情况，面对挑战，作出正确的战略选择，以保证中国社会转

型的顺利推进。比如：政府职能的彻底转变、行政机构的精简、干部人事制度的改革等。

（2）经济全球化对行政管理的挑战。当今世界经济的飞速发展，使得经济全球化成为一股不可阻挡的潮流，正在深刻地改变着整个世界。它既给各个国家带来了难得的机遇，又使各个国家面临着严峻的挑战。一方面，政府必须深化国内体制改革和扩大对外开放，顺应经济全球化的趋势，使本国经济尽快融入世界经济之中，充分利用国内国外两种资源和两个市场，加快经济的发展。另一方面，针对经济全球化带来的经济动荡、金融危机的频繁发生，政府又必须强化维护本国经济安全、政治稳定的职能，建立健全能够有效防范和抵御经济金融风险的体制和机制，从而确保社会经济持续、健康发展。因此，只有加快行政审批制度的改革、实现政府职能的彻底转变、全面提高公务员的素质和水平，才能有效应对这种挑战。

（3）信息技术时代对行政管理的挑战。以信息技术为基础的现代科技革命在20世纪70年代以后进入了全面发展的新阶段，80年代信息技术产品已经广泛渗透到国民经济和人类社会生活的各个领域。信息技术时代的到来，对政府的行政管理既是机遇，又是挑战。一方面，信息技术的发展与成熟大大提高了政府管理的技术含量。电子警察、网上通信、网上办公、办公自动化等等，有力地提高了行政管理的效率，也改善了政府的形象，从而为改革政府的管理模式提供了先进的物质条件。另一方面，信息技术时代要求逐步改变政府现存的组织结构与行为模式，以适应当代社会公共事务极度复杂化和快速变化的趋势。比如：改革传统的等级制的组织结构；用竞争型的合同制管理来部分代替官僚制管理；政府向中介机构、向社区、向公民、向下一级行政单位下放权力；改革对公务员的管理，引入灵活的管理体制，引入企业家的理念和办事方式；强化政府科学技术及教育的职能，为整个国家的知识创新提供一个直接的推动力量与宽松环境，等等。

总之，面对新世纪的挑战，当代中国的行政管理必须解决两大历史课题：一个是在实践上，实现政府行政管理的科学化、民主化、法治化；另一个是在理论上，创立有中国特色的科学的行政管理理论体系。

本章小结

行政管理，又称为行政、公共行政，是指国家行政机关依法管理国家事务、社会公共事务和自身事务的活动。从本质上讲，它是一种行使公共权力、管理公共事务、追求公共利益、承担公共责任的管理活动。行政管理学是以行政管理为研究对象的一门学科，是研究国家行政机关及其工作人员依法管理国家事务、社会公共事务和自身事务的客观规律的学科，具有政治性和社会性、理论性与应用性、综合性和独立性、规范性和权变性相统一的显著特点。行政管理学的研究内容极其丰富，主要涉及行政主体管理、行政运行管理和行政客体管理三大系统，需要运用多种研究方法。西方行政学的产生和发展先后经历了传统管理时期、科学管理时期、现代化管理时期、新公共管理时期四个阶段，不断推动着行政管理理论的发展与完善，为我们的学习和研究提供了一定的理论指导与借鉴。通过回顾和概括古代中国的行政传统、近代中国的行政成果和现代中国面临的行政挑战，可以进一步明确当前和今后中国行政管理与行政管理学的主要任务和基本目标。

复习思考题

1. 什么是行政管理？行政管理与一般管理的区别与联系何在？
2. 行政管理的性质与特点表现在哪些方面？
3. 行政管理学的特点有哪些？
4. 简述行政管理学的研究对象和研究内容。
5. 概述西方行政学产生和发展的历程。
6. 结合现实，论述当代中国政府行政管理面临的机遇与挑战。

2 行政职能

本章学习目标

了解行政职能的含义、特点和作用；比较界定行政职能的理论主张和设定行政职能的基本标准；弄清行政职能的主要内容；把握我国政府职能转变的必然性、内容和建设目标。

行政职能反映行政管理活动的内容、实质与方向，表明政府在国家社会生活中扮演的角色和发挥的作用，是行政组织设置和改革、行政决策和执行的基础。因此，它在行政管理中占有十分重要的地位，是行政管理学研究的逻辑起点。

2.1 行政职能概述

2.1.1 行政职能的含义

行政职能，又叫行政功能、政府职能，是指国家行政机关在行政管理活动中的基本职责和功能作用。它主要涉及政府应该管什么事、怎样管，是管多一点好，还是管少一点好，以及政府的管理可以发挥什么样的作用等问题。因此，行政职能既强调政府的任务、责任，也强调政府的功能、作用，是行政职责和行政功能的辩证统一。

国家职能一般分为立法职能、司法职能和行政职能。行政职能作为国家职能的基本组成部分，是国家行政机关依据国家通过宪法和法律赋予的行政权力来实现的，是国家职能的具体执行和体现。它与国家其他职能有机地联系着：一方面，行政职能的行使要以国家的立法职能为基础，以司法职能为后盾，并接受两者的监督；另一方面，行政职能发挥的程度又制约和影响着立法职能、司法职能的实现程度。

2.1.2 行政职能的特点

行政职能具有以下四个特点：

(1) 执行性。从行政与立法的关系看，行政职能是一种执行性职能。行政职能的行使是以国家强制力为后盾，与其他非国家活动的管理相比，是国家意志的表现和执行。在我国，从中央到地方的各级人民政府是由各级人民代表大会选举产生并对它负责的，是人大的执行机关，必须贯彻执行人大的决定和决议。

（2）广泛性。政府行政管理的范围涉及国家和社会生活的各个方面，因而行政职能也是多种多样的，既包括政治、经济、社会、文化等基本职能，又包括决策、组织、协调、控制等运行职能，还可以分为对内和对外职能、高中低不同层次的管理职能，等等，具有相当的广泛性。

（3）强制性。在政府行使公共权力、管理公共事务、谋求公共利益、承担公共责任的过程中，行政职能的实现往往需要以强制力为后盾，包括运用国家的暴力工具，比如警察、军队、监狱等作为必要的保证。这是法律赋予政府的合法权力之一，是行使和实现行政职能的重要手段，具有鲜明的强制性特点。

（4）动态性。行政职能不是静止不变的，而是不断发展变化着的。随着国家社会经济政治形势的发展，行政职能的范围、内容、主次关系、作用、对象等必然发生变化。适应变化和发展的需要，及时调整和转变行政职能，是政府搞好行政管理的重要前提和基础。

2.1.3　行政职能的作用

行政职能是政府存在的前提和基础，是一切行政管理活动的依据，在行政管理中的地位至高无上，具有十分重要的作用。

（1）行政职能是行政组织设置的依据、前提和基础。没有一定的职能就没有一定的机构，有什么样的职能就需要设置什么样的机构。行政职能的状况在很大程度上决定着行政组织的设置、规模、层次和数量。

（2）行政职能决定着行政管理的内容和方式。政府的各项管理活动应当是在行政职能规定的范围内进行的，不能超越。管理的内容不同，管理的方式也应有所不同。只有科学地认识和把握行政职能及其相互关系，充分发挥各自的作用，才能保证整个管理系统高效地运行。

（3）行政职能的实现是衡量行政管理效率的基本标准。评价行政效率高低的标准很多，但最重要的标准就是看政府是否有效地履行了各项职能。这是因为行政职能反映政府的目标和活动方向，体现政府的根本任务和作用，是一切行政管理活动的基本检验标准。

（4）行政职能的转变是行政组织改革的依据和关键。行政组织的变革必须围绕行政职能这个中心。在职能没有转变的情况下，精简人员、改革机构的措施只能是治标不治本，容易陷入“精简—膨胀—再精简—再膨胀”的怪圈。只有以职能为基础来设置、改革行政组织，才能建立结构合理、功能齐全、运转协调的行政组织系统。

2.2　界定行政职能的理论主张

政府承担着满足社会提出的多方面需求的职能，但在不同的历史时期，社会对政府管理提出的需求是有差别的。同时，人们对政府所承担职能的认识也各有不同。一般说来，人们对政府政治职能的认识与需求比较一致，分歧主要在于如何界定政府的经济和社会管理职能上。下面，介绍历史上四种有代表性的关于政府职能的理论主张。

2.2.1 “守夜人”政府论

所谓“守夜人”政府，或称有限政府，是对政府不干预经济活动的一种形象比喻。它认为政府要像一个“看门人”、“守夜者”一样，只管“守夜打更”，防止强盗进入房间，至于“房间内”的事则由市场这只“看不见的手”去操纵，反对政府插手、干涉经济生活的运行，主张政府的职能限定在市场力量所达不到的领域，信奉“管得最少的政府，就是最好的政府”。这是西方国家在自由资本主义时期关于政府职能的经典理论。

2.2.2 政府干预论

随着市场经济的发展，自由放任的经济理论逐渐暴露出局限性。市场作为资源配置的手段有其前提和适用范围，市场经济并非万能，它有自身无法克服的缺陷。周期性经济危机的出现，使人们意识到在市场经济中政府不应该仅仅只扮演“守夜人”的角色，因而开始呼吁政府放弃不干预政策，介入社会经济生活。凯恩斯主义就是政府干预论的集中代表，它认为不加干预的市场经济会产生有效需求不足，这是市场的缺陷，需要政府采取积极的措施来加以消除和弥补。而且，政府的干预应该是全面的，不仅市场失灵的方面要去干预，市场成功的地方也需要政府进行保护，以防止出现市场失灵。这是西方国家在垄断资本主义时期一种有代表性的理论主张。第二次世界大战前的罗斯福新政、第二次世界大战后的“福利国家”理论和实践是其典型。

2.2.3 全能政府论

这是社会主义国家在传统的计划经济体制下对政府职能的经典看法，认为在计划经济体制下国民经济将会有计划、按比例地发展，社会供给与需求将经常保持平衡，不会出现任何形式的经济危机，因而主张政府对宏观经济进行全面的控制，对微观经济进行全面的渗透。政府要成为社会经济活动的组织者和领导者，统一计划、统一组织、统一指挥，充分发挥政府领导和管理的功能，创造有利于社会生产力发展的条件，推动社会经济的全面发展。但事实正好相反，这种理论主张导致在过去的计划经济时期，我国政府包揽一切，“管了很多不该管、管不好、管不了的事”，付出了沉重的代价。政府不应当是全能政府，也不可能成为全能政府。

2.2.4 有效政府论

在第二次世界大战以后，尤其是20世纪七八十年代，一些新的学派兴起，对政府过分干预理论提出了批评，认为市场缺陷并不是把问题转交给政府处理的必然理由。当由政府官员解决问题时，必然会使社会财富的使用效率低于市场的解决办法。有些东西并不是民众需要的，而是政府制造出来的，消耗了大量的社会财富。因此，凡是可能的地方，仍应转给私营部门，借助于市场。政府的主要任务，应放在维护市场的正常运转上，包括处理那些市场运行时完全不能通过自身处理的问题和那些市场在想象上能够做到但代价非常之高的问题。

在这种思潮的影响下，许多国家政府在强化经济宏观调控职能的同时，也在逐步推进行政职能的社会化，开始实行大规模的民营化计划，把原来由政府管理的企业和公共服务事业推向市场和社会，以缩小政府规模，减轻政府财政负担，提高效率。这既是一种“回缩”意义的“小政府”，又是一种在提供法律和秩序意义上的“强政府”。这就是新公共管理运动关于政府职能的理论主张。它主张减少政府干预，实现政府职能由公共管理向公共政策制定与监督执行的彻底转变。因此，在当今时代，社会经济的可持续发展所需要的，既不是“小政府”，也不是“大政府”，而是符合各国实际情况的“有效政府”。

2.3 行政职能设定的基本标准

要科学、合理地设定行政职能，关键是科学标准的确立。这些标准至少应有以下四种：

2.3.1 政治的标准

行政管理具有鲜明的阶级性，决定了行政职能的设定必须首先考虑政治上的标准。从行政操作层面上来看，所谓政治标准，就是行政成本的配置与收益的分配问题。如果政府提出的某项服务能够改善一部分人的处境，而不损害任何人的处境，那么政府就应该尽量提供这方面的服务。但是，如果要使一部分人得益，就会使另一部分人受损，这时就要考虑公平的问题。如果在政治上是不公平的，那么该项政府功能就是不合理的，应该在限制的范围之内。

2.3.2 技术的标准

政治上是合理的、必要的，还要看技术上是否允许。政府作为众多社会机构中的一种，到底能够为我们提供什么组织收益，提供多少组织收益。如果从技术上来看，政府没有能力提供某种组织收益，或者不能充分提供这种组织收益，那么政府这种功能的扩张就是没有理由的。如果扩张了，其后果必然是政府不仅不能提供人们所希望的组织，而且还会引起更多的权力滥用或误用，从而影响人们的生活质量。

2.3.3 经济的标准

如果政治上合理、技术上允许，那么还应该看经济上是否合算。所谓经济标准，主要是成本收益的计算。首先，就政府本身而言，如果技术条件允许，即政府在技术上能够提供某种收益，这时如果政府提供的收益所引起的成本与其收益相对称，那么由政府提供这方面的服务就是合算的；如果政府提供的收益与提供收益所引起的成本不对称，那么由政府提供这方面的服务在经济上就是不合算的。其次，就手段的选择而言，如果政府、社会组织、个人在技术上都能够提供某方面的服务，而政府能够更经济地提供这项服务，那么就应该由政府来提供；但如果由社会组织或个人来提供该项服务能够更经济，那么政府就应该让位给社会组织或个人。

2.3.4 价值伦理的标准

政府功能的运转需要社会给予相当的财力支持，同时也需要个人放弃相当的自由，服从政府的权力。必要的财力支持的必要性由经济分析来确定，而必要的自由的放弃则需要价值伦理判断来确定。具体来说，就是要看政府的政策及其行为是否顺民心、合民意，是否能给民众带来实惠和真正的利益。

2.4 行政职能的主要内容

行政职能涉及政府对国家政治经济和社会事务进行管理的全部活动，包括外交、国防、公安、财政、金融、工业、农业、商业、文化、教育、科技等各个方面，都是政府行政管理的工作范围，构成为一个完整的体系。同时，上述这些职能又必须通过一定的管理环节、管理活动才能实现。因此，一般把行政职能分为基本职能和运行职能两大类。

2.4.1 基本职能

政府的基本职能集中体现政府在国家社会生活中的整体作用范围和活动领域，以及行政管理的主要内容，一般分为政治职能、经济职能、文化职能和社会职能四项。

2.4.1.1 政治职能

政治职能是指政府在国家和社会中所起的政治作用，核心是维护和巩固国家政权。主要包括两个方面的内容：①专政职能，是政府最基本的职能，表现为政府承担防范和打击敌对势力与反社会分子，维护安定团结的政治局面，保障现代化建设事业的顺利进行。具体包括加强国防与外交事务管理，防御外敌的侵略和颠覆，维护国家独立与主权完整，保卫公民合法权益与生命安全；同时承担应有的国际义务，维护世界和平，惩治各种违法犯罪分子，维护正常的政治、经济和社会秩序等。②民主职能，是政府的重要职能，表现为政府要健全民主制度、丰富民主形式、拓宽民主渠道、完善民主监督，依法实行民主选举、决策、管理、监督，既要提高政府活动的公开性、民主性，不断扩大政府同民众联系的渠道，又要保障人民的知情权、参与权、表达权、监督权，提高公民参政意识，完善公民参政议政机制，从而发展社会主义民主政治，建设社会主义政治文明。

2.4.1.2 经济职能

经济职能是指政府管理和组织社会经济建设的职能。主要包括四个方面的内容：①对经济进行宏观调控，确保国民经济平衡发展。调控的主要手段是通过制定货币、税收、投资、产业、外贸等政策引导市场，保持社会总供给与总需求的平衡。②规范和稳定市场秩序，确保自由竞争。政府用法律规范市场行为，用价值规律引导市场，并加强市场监管，为自由竞争提供法律保证，建立健全全国统一的大市场。③直接生产和提供公共物品，弥补市场供给的不足。在市场经济条件下，政府还必须提供市场不愿提供和不能提供的消费产品和公共物品，比如基础设施、道路、交通、电信等等。④管理国有资产。任何国家都有大量的国有资产，政府必须对其进行管理。特别是我国以公有制为主体，国有资产的数额尤其巨大，政府应当设立专门的管理机构，代表国家行使所有权，确保其保值增值。

2.4.1.3 文化职能

文化职能是指政府指导和管理文化事业的职能，主要涉及教育、科技、文化、卫生、体育、新闻出版、广播电视、文学艺术等方面的管理，是建设高度发达的社会主义精神文明所必需的。它具体包括以下内容：①制定教育、科学文化事业的发展战略和规划，并负责具体实施；②颁布教育、科学文化事业的发展政策、法令和规定；③指导、监督、协调各地区各部门对教育、科学文化事业发展的关系，统筹城乡、区域文化协调发展；④有领导有秩序地逐步开展教育、科学文化体制的改革；⑤采取切实措施提高全民思想道德水平，促进政治文明建设；⑥激发全民族文化创造力，提高国家文化软实力，更好地保障人民的基本文化权益，等等。

2.4.1.4 社会职能

社会职能有广义和狭义之分。广义的社会职能是指除政治职能之外的所有社会管理职能，包括经济职能和文化职能在内。狭义的社会职能是指除经济、文化职能之外，政府对社会生活领域中公共事务的管理职能。这里是指狭义的社会职能，主要包括：①为社会提供各种服务和搞好社会保障；②搞好诸如环境保护、医疗卫生、城市规划、旅游娱乐等工作；③建立健全养老保险制度和待业保险制度等，逐步完善社会保障体系，提高社会福利，维护社会公平，促进社会和谐，等等。

2.4.2 运行职能

从政府的行政管理过程来看，行政职能包括一系列的运行职能，其中主要有决策、组织、协调和控制四种职能。

2.4.2.1 决策职能

决策职能是行政管理的首要职能，无论是计划、组织，还是领导、控制，都离不开决策。行政机关进行管理活动，首先必须根据客观实际，确定行政目标和任务，并具体设计出实现目标的方案、步骤和方法。决策活动贯穿于行政管理过程的始终：①确定组织目标、制订执行计划等，需要在两个以上可供选择的方案中进行抉择，这是计划工作中的决策问题；②组织机构的设置、部门划分方式的选择、集权分权关系的处理和人员的选配等，这是组织工作中的决策问题；③控制标准的制定、执行情况的检查和纠偏措施的选择等，这是控制工作中的决策问题。总之，决策职能的发挥程度，直接关系到行政管理的整体效能。

2.4.2.2 组织职能

为了有效地实现既定的行政管理目标和任务，通过建立组织机构，确定职位、职责和职权，协调相互关系，从而将组织内部各要素联结成一个有机整体，使人、财、物得到最合理的使用，这就是组织职能。任何管理目标和任务都要通过组织机构和指挥活动才能完成，因而组织是重要的运行职能。它具体表现为：对机构的设置、调整和有效运用，搞好编制管理；对组织内部的职权划分和人员选拔、调配、培训和考核；对具体行政工作的指挥、监督等。

2.4.2.3 协调职能

协调活动是行政管理过程的重要环节。每项行政管理职能的开展，都要更好地促进协调，组织才可能收到个人单独活动所不能收到的良好效果。协调职能具体表现为：协调行政组织之间、组织与个人之间、人员之间的关系；协调各项行政管理之间的关系；协调行政组织与其他组织和民众之间的关系。通过协调，可以理顺、沟通各方面的关系，减少、消除不必要的冲突和能量损耗，从而建立和谐的分工合作、相互促进的联系，实现行政管理目标。因此，必须重视公共关系的构建与协调功能的发挥。

2.4.2.4 控制职能

控制职能是依据行政计划标准来衡量计划完成情况并纠正计划执行中的偏差，以确保行政目标和计划目标实现的管理活动。控制职能贯穿于行政管理活动的全过程，包括几个相互关联的环节，即确立标准、获取偏差信息、采取调节措施和反馈控制等。在具体表现形式上，可分为前馈控制、现场控制和反馈控制。因此，要实现控制职能，基本前提是要有计划和标准、健全的组织机构和有力的控制手段。通过建立健全监督控制的组织系统，采取配套的、有效的控制手段，以保证行政管理目标和任务的顺利完成。

2.5 我国行政职能的转变

2.5.1 我国行政职能转变的必然性

2.5.1.1 行政职能的转变是经济体制改革和社会主义市场经济发展的必然要求

我国原有的政府职能的配置基本上是在计划经济体制下逐步形成的，政府把过多的社会责任和事务矛盾都集中在自己身上。随着经济体制改革的深入开展，特别是随着社会主义市场经济目标的确立，从计划经济向市场经济逐步转变，市场在资源配置中的基础性作用明显增强。在这种新的历史条件下，过去的那种政府职能已经到了不改就难以为继的程度。因此，经济体制改革和社会主义市场经济的发展，向原有的政府职能提出了严峻的挑战，政府职能的转变被提上了议事日程。

2.5.1.2 行政职能的转变是实现职能体系合理配置的根本途径

我国在计划经济体制下形成的原有的行政职能体系，是以高度集中统一为特色的职能体系，政治统治职能太强，社会管理职能太弱；在经济管理中，微观管理功能太强，宏观管理太弱；政企不分、政事不分，行政职能内容庞杂，运行混乱；政府机关内部职能分解过细，职能交叉重复，往往造成相互扯皮、相互推诿的现象。因此，只有切实转变职能，理顺关系，才可能实现政府职能体系的合理配置，才能明确划分各个管理主体的职责权限。

2.5.1.3 行政职能的转变是机构改革的重要前提和基础

行政职能是政府机构设置和机构改革的重要依据。只有分清职能和明确职能，才有可能据此对原有机构进行科学的调整和改革。没有承担职能的机构应该撤销，职能交叉的机构应该合并，职能不清的机构应该调整，而承担重要职能的机构则必须增设、扩大和加强。过去，我国常常把机构改革仅仅看成一种单纯的机构撤销、合并和调整，似乎数量减少了，机构改革的目标就达到了，忽视了以转变职能为基础的原则，从而导致了“精简—膨胀—再精简—再膨胀”的恶性循环。因此，机构改革必须紧紧抓住转变职能这个关键。

2.5.2 我国行政职能转变的主要内容

2.5.2.1 职能重心的转变

1956年在我国完成了社会主义的基本改造之后，党和国家的工作重心本应该转移到以经济建设为中心的轨道上来，但由于“左”倾思想的影响，导致我国在长达20多年的时间里，一直是重政治统治职能，轻社会管理职能；重阶级斗争，轻经济建设。1978年中共十一届三中全会明确提出了把党和国家的工作重点转移到经济建设上来的方针，各级政府紧紧围绕着经济建设这个中心，才逐步实现了政府职能重心的根本转变，从而开创了我国行政管理的新局面。

2.5.2.2 职能方式的转变

随着职能重心的转变，政府的职能方式也应当进行调整。主要体现在以下两个方面：

（1）由运用行政手段为主转变为以运用经济手段为主，经济手段、法律手段和必要的行政手段相结合。重视按照客观经济规律的要求，运用价格、财政、税收、信贷、工资、利润等经济杠杆来组织、调节和影响经济活动；同时，重视法律的调节作用，完善和加强政府法制建设，积极推进依法行政。这种职能方式的转变对于加快国民经济的市场化进程，促进我国经济体制向市场经济体制的转轨和过渡，具有十分重要的意义。

（2）由微观管理、直接管理为主转向宏观管理、间接管理为主。一方面，由微观管理向宏观管理的转变，就是要把本来属于作为独立的商品生产者和经营者的企业的、而被政府占有的权力，毫无保留地、实实在在地归还给企业，强化企业的经营权，使企业摆脱政府附属物的地位，走上自主经营、自负盈亏、自主发展的道路；同时，政府要把宏观管起来，管住管好，弱化直接干预企业的微观管理职能，强化行政系统的宏观管理职能，精简和削弱专业部门，强化监督和宏观调控部门。另一方面，由直接管理向间接管理的转变，就是要综合运用经济、法律和必要的行政手段实施管理，推动“政府调节市场，市场引导企业”的经济运行新格局的形成。

2.5.2.3 职能关系的转变

职能关系是指不同的管理职能该由谁来行使，以及管理主体之间的职责权限如何划分。分清职能、理顺关系、划分不同管理主体之间的职责权限，这是实现政府职能转变的关键环节。在我国，政府的职能关系主要表现为：中央与地方、上级与下级政府之间的职能关系，政府与企业的关系，政府与市场的关系，政府与社会的关系，政府内部各个职能部门之间的关系五个方面。

（1）理顺中央与地方、上级与下级政府之间的关系。如何正确处理好中央与地方、上级与下级政府之间的关系，这是我国行政管理中的一个重要问题。过去，权力过分集中于中央、集中于上级，形成了头重脚轻的职能架构，难以发挥地方和基层的积极性。同时，中央既管宏观又管微观，既管行业又管企业，整个国民经济的宏观调控职能和微观调控职能交叉混合，没有中间层次、中间环节，造成了“一管就死，一放就乱”的局面。

中央与地方的关系，实质上是权力配置关系、利益关系，也是一种法律关系。理顺中央与地方的关系，必须在合理划分事权、财权的基础上，明确中央与地方的职能关系，并用法律的形式明确下来。其中，中央政府代表国家的整体利益和全局利益，承担着整个国家的宏观管理职能，提供全国性的公共物品，同时承担着对地方政府的监督职能和服务职能。地方政府一方面是国家利益在地方的代表，另一方面又是地方局部利益的代表，承担着中央宏观政策的执行职能和对本地区公共事务的管理职能，提供地区性的公共物品。

因此，理顺中央与地方、上级与下级政府之间的职能关系，主要是指各级政府之间的合理分权，把过分集中于上级政府的权力下放给下级政府，做到权、责、利相一致；在指导原则上，既要维护国家政令的统一，防止地方割据，发挥中央政府的宏观调控职能，又要保证地方、基层能够因地制宜，有利于调动地方和基层的积极性。

（2）理顺政府与企业的关系。理顺政企关系的基本原则是企业下放、政企分开。首先，把所有权和经营权分开，即通过承包制、股份制、生产经营责任制等方式，调整所有制形式，使所有权和经营权分离，把生产经营权还给企业，调动企业的积极性。其次，把政府的国有资产所有者职能和行政管理职能分开，理顺产权关系。再次，实行国有资产分级管理制，最终建立起政府以经济、法律、行政等综合手段控制市场，市场引导企业的宏观调控体系。

调整、理顺后的政企关系应该是：政府按投入企业的资本享有所有者权益，对企业的债务承担有限责任；向企业派出稽查特派员，监督企业资产营运和盈亏状况，负责企业主要领导干部的考核、任免，但不直接干预企业的经营活动，取消政府对企业的行政隶属关系；企业依法自主经营、自负盈亏，照章纳税，对国有资本负有保值增值的责任，不损害所有者的权益；政府对产业经济管理的主要手段是产业政策，同时也运用法律的手段和一些必要的行政手段。

（3）理顺政府与市场的关系。单纯的自由放任经济不能实现市场经济的均衡运行，过分强调政府干预又会使市场失去效率和活力。市场经济的运行不能没有政府的干预，也不能没有市场的调节。在市场经济体制下，政府与市场相互关系的总原则是：市场机制能够解决的，就让市场解决；政府只管市场做不好和做不了的事；政府引导市场，市场调节企业。

在社会主义市场经济体制下，政府与市场的关系表现为：社会主义市场经济的顺利发展，客观上要求把市场对社会经济运行和资源配置的基础性作用与政府宏观调控的指导性作用有机结合起来。特别是对于处于转轨时期的中国来说，在许多方面尚不具备或不完全具备市场机制正常运转所需的基本条件，而发展市场经济的客观形势又不容许我们仅仅依靠市场自发的力量去慢慢形成这些条件。离开了政府对市场的宏观调控，根本不可能建立起正常的社会主义市场经济新秩序，而只能导致混乱和无序。因此，加强政府对市场的宏观调控，不仅是必要的，而且也是必然的。

另一方面，政府对市场进行宏观调控，并不意味着要否定市场在社会资源配置中所具有的基础性调节作用。政府对市场的宏观调控，其性质和地位在于补充市场调节的不足，在于使市场机制更充分地发挥其功能，在于对市场机制作用的方向和后果进行必要的干预和引导，矫正市场的失灵，但绝不是取代或取消市场机制本身在经济生活中的基础性调节作用。因此，政府应当采取的具体措施包括：打破地区、部门分割和封锁，建立和完善平等竞争、规则健全的全国统一市场；搞好国民经济发展总体规划和布局，统筹规划，协调和建立生产资料市场、金融市场、技术市场、信息市场和企业产权转让市场等，促进市场体系的发育和完善；发布市场信息，加强市场监管，制止违法经营和不正当竞争，等等。

（4）理顺政府与社会的关系。在传统的计划经济体制下，中国社会的很多功能和事务矛盾都集中在政府身上，政府包揽一切，从而导致了中国社会在个体或公民与政府之间缺少一个中间层，即缺少一个社会的自我管理层。这既是一个体制问题，也是一个观念的问题。传统的观念是有事当然就要找政府，政府不给我办事就不是好政府。政府官员也这样认为，我是父母官，当然什么事都应该管。而西方国家的社会结构是在社会个体与政府之间有一个健全的社会自我管理层，既沟通了政府与社会各方面的联系，也保证了政府与社会各司其职、各负其责，避免政府去管许多不该管的事务。我国应该加以借鉴，有意识地培育这些社会中间层，沟通政府与社会各方面的联系，架起政府与社会各方面联系的桥梁。这些社会中间层就是社会中介组织。大力发展社会中介组织，可以提高整个社会的组织化程度，扩大社会的自我管理，减轻政府的负担。

因此，在社会主义市场经济体制下，理顺政府与社会的关系，要求政府的社会管理实现三大转变：一是在管理范围上，改变原来由政府包办一切社会事务的做法，主要向社会提供必需的“公共物品”；二是在管理模式上，从“大政府、小社会”转变为“小政府、大社会”；三是在管理方法上，从传统的以行政方法为主转变为间接的以法律方法为主。为此，政府必须培养社会的自治能力，大力培育社会中介组织。政府有关部门要为社会中介组织的发展提供生存空间，减少政府有关部门办理的中介事务；要加快社会保障制度的改革，建立起与市场经济体制相适应的社会保障体系，从而确立政府与社会的良性互动关系。

（5）理顺政府内部各个职能部门的关系。在实现政府职能转变的基础上，还必须对政府各个部门进行科学、合理的职能分解，明确各自的职责分工，建立严格的工作责任制和岗位责任制，从制度上解决职能不清、人浮于事、多头领导、政出多门的弊端。

从以上我国政府职能转变的主要内容可以看到，政府职能的转变是一个系统工程，它涉及许多方面的关系和问题，涉及整个体制，不可能一蹴而就，必须经过长期的努力。同时，还必须把转变政府职能同机构的精简、人事制度的改革和法制的健全结合起来，配套进行，才能最终实现政府职能的转变。

2.5.3 我国政府职能的重新定位

我国原有政府职能的配置基本上是在计划经济体制下逐步形成的，存在着严重的"越位"、"错位"和"缺位"现象。随着我国经济体制改革的深入开展，特别是社会主义市场经济体制的建立和发展，市场在资源配置中的基础性作用明显增强，需要对政府职能进行重新定位。在新的历史条件下，政府职能的定位，只有在与市场的关系中，以市场为参照物来定位，才能找到自己的准确位置，使政府职能"适位"。

自从1988年政府机构改革首次提出转变政府职能之后，1998年的政府机构改革再次把政府职能转变作为改革的关键点和突破口。2002年3月，时任总理的朱镕基在全国人大九届五次会议上所作的政府工作报告中又强调指出："必须进一步解放思想，彻底摆脱计划经济的羁绊，切实把政府职能转变到经济调节、市场监管、社会管理和公共服务上来。"这四个方面就是对我国政府职能的重新定位。

2.5.3.1 经济调节

必须加强政府的经济调节职能，彻底转变政府直接参与微观经济的方式。政府通过制定经济发展战略，进行政策指导，统筹国内和国际经济，注重宏观经济政策和国际经济政策的协调；同时，建立起新型的政府和企业之间的关系，在清晰界定国有企业产权的基础上，实现投资主体的多元化。这是建立社会主义市场经济体制的根本要求。

2.5.3.2 市场监管

必须加强政府的市场监管职能。政府要从对市场的直接干预者转变为市场规则的制定者与规则执行的监督者，从侧重市场准入转向全面规范市场主体、维护市场秩序。推进垄断行业改革，通过政企分开和企业重组，打破行业垄断，引入竞争机制。建立现代监管体系是政府职能转变的重要方面，它是在市场经济条件下，政府解决市场失灵的重要方法，要求政府在一定的法律框架下建立独立运作的监管机构，以公正、公开、透明的方式对某一行业具体事务进行日常监督、管理和控制，提高政府的监管水平。政府在对市场管理的过程中，既要与国际市场接轨，又要合理保护国内市场，使两者有机结合起来。

2.5.3.3 社会管理

必须加强政府的社会管理职能，进一步处理好政府与社会的关系。政府的任务是培育成熟的、有自治能力的社会。既要培育社会中介组织，又要坚决做到政府部门与社会中介组织的彻底脱钩，切实把社会组织能自主管理好的事情让出去，把"不该管、管不了、管不好"的职能剥离出去，形成政府与社会的协作和良性互动。

2.5.3.4 公共服务

必须强化政府的公共服务职能。弱化权力意识，强化服务意识，是政府职能转变的思想前提。所以，政府部门应强化服务观念，从“管”字当头转向“服务”至上，逐步培养为社会、为企业服务的精神，增强服务功能。为此，要加大对基础设施的投资力度，举办公益事业，为人民和社会提供高质量的服务，为企业发展创造良好的外部环境。政府要更多地发挥市场机制的作用，为市场主体服务，改善投资软环境，创造促进公平竞争和降低交易成本的制度环境。

2.5.4 我国服务型政府的建设

在新公共管理运动的推动下，行政管理模式正在经历一次根本性的变革。从20世纪70年代开始，西方国家纷纷走上了政府改革之路，逐步由过去重管理、控制，轻服务，“以政府为中心”转向注重公共服务，“以满足人民的需求为中心”。可以说，服务行政代表着未来世界的新趋势，服务将成为21世纪政府行政管理的本质，服务精神将是21世纪政府行政管理的灵魂。中国的行政管理，自然也离不开世界公共行政发展的历史背景和国际大环境，更何况我国长期以来一直强调要“全心全意为人民服务”。因此，中国政府职能重新定位的最终目标选择就是建立服务型政府。

2.5.4.1 服务型政府的内涵

所谓服务型政府，就是在公民本位、社会本位理念的指导下，在整个社会民主秩序的框架下，通过法定程序，按照公民意志组建起来的、以为公民服务为宗旨，并承担着服务责任的政府。它具有以下丰富的内涵：①服务型政府是民主政府，即人民当家作主的政府；②服务型政府是有限政府，即政府的权力是有限的；③服务型政府是责任政府，即政府必须对自己的行为负责，对自己所提供的服务负责，对人民的利益负责；④服务型政府是法治政府，即依法行政的政府；⑤服务型政府是绩效政府，即有效率和效益的政府。

2.5.4.2 建设服务型政府的必然性

（1）建设服务型政府是参与全球经济竞争的客观需要。当前，经济全球化进程加快，国际经济联系更加密切，竞争更加激烈。哪里的政府管理规范，当地投资成本低，办事效率高，服务环境好，哪里就能吸引更多的资金、技术和人才，实现大的发展。这就要求政府部门精简机构，转变管理方式，实现由微观管理向宏观管理、由直接管理向间接管理的转变，从“越位”的地方“退位”，在“缺位”的地方“补位”，严格按照规则办事，把政府职能集中到宏观调控、市场监管、社会管理和公共服务上来。

（2）建设服务型政府是社会主义市场经济发展的内在要求。在计划经济条件下，政府是资源配置中心、生产调度中心、价格制定中心、消费配送中心，政府的职能无所不包。在市场经济条件下，政府只是市场规则的制定者和市场环境的监管者，是为市场、企业、公民提供服务的。政府的职能范围是有限的，管理方式必须由指挥经济变为服务经济，管理目的在于纠正“市场失灵”、弥补“市场缺陷”。只有这样，才会有充分竞争的市场经济，才能实现经济社会的持续、快速、协调、健康发展。

（3）建设服务型政府是人民群众的迫切愿望。在社会主义国家，政府是人民的政府，公务员是人民的公仆，都是为人民服务的。随着改革开放的深入、社会主义市场经济的发展和民主政治建设进程的加快，人民群众的民主意识、法治意识、竞争意识和参政意识不断增强，对政府的要求也越来越高。但由于长期的惯性影响，无论是政府机关还是公务员，在履行职能的过程中都还有许多不尽如人意的地方。比如：官僚主义、形式主义严重，门难进、脸难看、话难听、事难办，行政效率低下；乱收费、乱罚款、乱摊派等现象屡禁不止；不作为、乱作为，办事缺乏透明度，吃拿卡要等不正之风和腐败现象还未从根本上得到解决，等等。这些问题解决不好，人民群众就不会满意，政令就不能畅通，从而也就无法实现民富国强。

2.5.4.3　建设服务型政府的主要途径

建设服务型政府的基本思路是，以邓小平理论、“三个代表”重要思想和科学发展观为指导，坚持机构改革与职能转变并重、借鉴与创新结合，大力加强制度和机制建设，不断提高公务员队伍素质，加快政府转型步伐，努力建设现代高效的服务型政府。其主要途径有：

（1）规范政府行为，全面推进依法行政。按照《中华人民共和国行政许可法》的要求，规范政府的审批行为，进一步清理、取消不符合许可法的审批事项。通过规范行政收费行为和行政处罚行为，全面推进政府依法行政水平的提高。

（2）优化办事流程，完善政府服务体系。通过明确各部门的工作程序和具体职能，把目前的“定职能、定机构、定编制”的“三定”扩大为“定职能、定机构、定编制、定服务质量、定工作程序”的“五定”。从方便办事者的角度出发，制定规范化服务细则和办事流程导引图，作为各部门和工作人员进行规范化服务的执行标准和公众进行监督、评议的依据。

（3）完善决策机制，推进民主科学决策。建立和完善重大行政决策调查研究制度，按照政策制定的科学要求，深入调查研究，优选方案，提高决策的科学性。建立和完善决策科学程序，政府决策必须按照决策的规则和程序进行，在相应的权限内依照相应的程序进行具体的决策。建立和完善咨询制度，通过吸收专家参与政府决策，为公共决策提供智力支持，提高决策的民主性和科学性。

（4）推进政务公开，实行阳光行政。通过建立健全信息公开制度，明确政府信息公开的时间、地点、方式，明确规定公民获得政府信息的方法。大力推进电子政务建设，为政务公开奠定基础。

（5）加强公众参与，完善绩效评估体系。通过建立重大行政决策事项公示和听证办法，听取社会公众的意见，增强行政决策的公民参与度。优化现行考核办法，建立科学的绩效考核体系，吸纳专家学者、社会公众参与评议和考核，建立和完善激励约束机制，奖优罚劣，促进政府绩效的提高，充分调动公务员的积极性。

（6）完善监督机制，建设责任追究制度。建立和完善投诉举报制度，使服务对象投诉有门，将投诉举报情况公开，促进问题的有效解决。加强政府系统内部的层级监督，全面推行行政执法责任制，建立责任政府。完善责任追究制度，将责任追究落实到每个岗位和个人。

本章小结

行政职能，又叫行政功能、政府职能，是指国家行政机关在行政管理活动中的基本职责和功能作用，既是政府存在的前提和基础，又是行政管理学的核心问题。如何界定行政职能，在历史上先后有四种有代表性的理论主张，即“守夜人”政府论、政府干预论、全能政府论和有效政府论。而如何设定行政职能，则有四项基本标准，即政治标准、技术标准、经济标准和价值伦理标准。从内容上看，行政职能既包括政治职能、经济职能、文化职能和社会职能四项基本职能，又包括决策职能、组织职能、协调职能和控制职能四项运行职能。改革开放以来，随着市场经济的发展，我国政府职能面临着从职能重心、职能方式到职能关系的全面转变，必须进一步转变观念，理顺中央与地方、上级与下级政府，政府与企业，政府与市场，政府与社会，政府内部各个职能部门之间五大关系，并在此基础上重新定位职能，不断深化行政改革，努力建设服务型政府。

复习思考题

1. 什么是行政职能？行政职能的特点和作用表现在哪些方面？
2. 比较分析界定行政职能的理论主张。
3. 比较分析设定行政职能的基本标准。
4. 行政职能包括哪些方面的内容？
5. 你如何看待在市场经济条件下我国政府职能的转变？
6. 结合现实，论述我国服务型政府的建设。

3 行政组织

本章学习目标

了解行政组织和行政体制的含义、特性、构成要素和类型；弄清行政组织设计与编制管理的含义、原则和方法；把握我国行政组织的基本架构。

组织，可以说是人类社会存在的最广泛的现象之一。通过组织，人们得以联合起来，采取集体行动，克服个人所不能克服的困难。在现代社会，组织的地位更加重要，人们所赖以生存的一切，都以组织为基础，并在组织内发生。在各种社会组织中，最引人注目的莫过于行政组织了。行政组织既是行政职能的承担者，又是行政活动的依托，直接关系到行政职能的实现和行政效率的高低。因此，研究行政组织，对于了解行政管理的规律，推进政府行政管理的科学化，具有重要意义。

3.1 行政组织概述

3.1.1 组织的含义

在我国，“组织”一词的原始含义是指将丝麻的纺织原料制成布帛，也就是组合编织的意思。在西方，“组织”（Organization）一词来源于“器官”（Organ），指自成系统的、有一定结构和功能的细胞集合体。后来，“组织”的意义被引申到人类社会，用来表示一切由相互依赖和相互作用的各个部分所构成的、具有一定功能的整体。具体来说，组织的含义包括以下四个方面：

（1）静态的组织结构。所谓组织结构，是指通过组织内部职能的分工、层次结构的划分、管理幅度的确立等形成的一种静态的组织形式。这种组织结构往往可用图表来表示。

（2）动态的组织行为。所谓组织行为，是指组织的各个成员之间相互交往、沟通、协作、默契等行为的综合。从动态的角度看，任何组织的行为都是一刻也不能停息的，组织中的个体时时刻刻都在为各种目的而活动着。

（3）生态的组织环境。所谓组织环境，是指组织存在的外部因素的综合。任何组织都不可能是一个封闭的系统，必须时刻同外部环境进行物质和能量的交换。环境变化了，组织也必然发生变化，以适应外部环境，与环境相辅相成。

（4）心态的组织意识。所谓组织意识，也称为组织观念，是指一个组织的成员所共同具备的团体意识。拥有较强的组织意识的团体，其成员之间的凝聚力、思想上的协调性都比较强，能使组织的活动更具有生气与活力。

因此，组织是人们为达到共同的目标按特定的结构形式和活动规范结合而成的开放型群体。

3.1.2 行政组织的含义

所谓行政组织，是国家为了实现一定的目标，根据宪法和法律，将专职的人员和若干具有一定功能的部门按特定的结构形式组合起来，并依法对国家事务和社会公共事务进行管理的社会组织。

行政组织有广义和狭义之分。最广义的行政组织，是指一切具备计划、组织、协调和控制等行政功能的组织，它不仅包括政党和国家的立法、行政、司法等部门内履行行政职能的组织，还包括企业、事业、社会团体等社会组织内部的相应机构。广义的行政组织，是指为实现国家政治目标，依照国家宪法和法律的规定，在一定的权限内执行各种社会公共事务的机构的总称。它们具有两大特征，一是具有权威性和强制力，二是属于预算拨款制行政组织，全部财政来源于国家预算，具体包括了政党组织、人大政协、行政部门、司法机关和一些承担了一定政治职能的社会群众团体。狭义的行政组织，是指国家行政机关，即从中央到地方的各级人民政府。本书所研究的，主要是狭义的行政组织。

同其他组织一样，行政组织也是静态组织结构和动态组织活动过程的统一，包括两层含义：一是从动态上讲，行政组织是指为完成行政管理任务而进行的组织活动和运行过程；一是从静态上讲，行政组织是指为推行政务，依据宪法和法律组建的国家行政机关。它是国家机构的组成部分，是行使国家行政权力，执行国家行政职能的法定主体。本书主要是从静态的角度介绍有关行政组织的情况。

3.1.3 行政组织的特性

行政组织除具有社会组织的一般特征外，还具有自身的一些显著特征。主要包括：

3.1.3.1 政治性和社会性

行政组织作为国家机构的重要组成部分，体现了国家的意志，并代表国家行使行政权力，保证反映国家性质的宪法和法律全部、正确地实施，是履行国家政治职能的重要主体。这决定了政治性是行政组织的本质特性。但与其他各种政治组织、军事组织相比，行政组织又承担了管理社会公共事务的职能，必须服务于社会，施益于公众，使其又具有社会性的一面。

3.1.3.2 法制性和权威性

行政组织的设立、变更或撤销均依据宪法和法律规定进行；行政组织及其工作人员的一切管理活动也必须在宪法和法律规定的范围内展开，这是行政组织的法制性特点。另一方面，行政组织是依法代表国家行使行政权的机构，它以国家法律、权力为后盾，对各社会组织和公民，以及社会公共事务进行管理，因而具有普遍的约束力和权威性。

3.1.3.3 系统性和动态性

行政组织是按一定的序列和等级组建起来的规模庞大、结构严密的社会系统。它按不同区域、层次、管理功能划分，设置相应的组织机构，形成纵横交错且有制约和隶属关系的权责体系。同时，这个严密的组织系统不是一成不变的，而是受不同时期政治制度、经济条件、科技水平等因素的影响和制约，并随社会发展和环境变化而变化，以适应形势发展的需要。

3.1.4 行政组织的构成要素

行政组织是一个由若干要素组成的有机整体，主要包括以下几个方面：

3.1.4.1 组织目标

组织目标是一切组织赖以建立和存在的出发点和归宿。一个没有目标的组织，本身就失去了建立和存在的必要。组织目标表明了对一个组织所要处理的事务、完成的工作和努力方向的要求。行政组织的目标就是依法、有效地管理国家事务、社会公共事务和行政组织内部的事务。

3.1.4.2 职能范围

职能范围是根据组织目标对行政组织所要完成的工作任务、职责及其作用的总体规定。它确定了行政组织行使职权的活动和作用范围，是决定赋予行政组织何种权力、如何设置机构、如何进行管理的主要因素和依据。一般来说，组织目标是比较抽象的，而职能范围则是对组织目标的具体化，它决定着组织规模、内部职位设置等方面的内容。因此，确定职能、改变或转变职能往往是行政组织改革或机构改革的重要问题。就行政组织的职能范围而言，只能是国家事务、社会公共事务和行政组织内部事务的管理。

3.1.4.3 机构设置

机构是行政组织的实体，也是行使行政权力的载体。行政组织是通过一系列机构来体现的。机构设置就是承载行政权力的一系列特定机构的确定，是根据组织目标、职能范围在行政组织内部进行职能配置和职能分工的结果。设置科学合理、精干高效的行政机构，是行政组织建设的核心内容。

3.1.4.4 职位设置

职位设置是指在行政组织内部，对各种职位包括职级、职数、职责的确定。它是在机构设置的基础上进一步按个人职责，明确工作分配或分工的结果。它为将组织目标、工作任务、权力和职责具体落实到个人身上奠定了基础。

3.1.4.5 人员构成

人是组织的生命和灵魂。任何组织都是由人组成的，组织目标的实现和组织任务的完成都离不开组织成员的努力。因此，行政人员是行政组织中的主体，行政人员的素质及其智能结构是行政组织的一个重要因素。

3.1.4.6 权责体系

权责体系是行政组织内部权力分配、权责关系、指挥系统、运行程序、沟通渠道，以及各种机构、各个岗位在组织中的地位、作用和内在联系的具体表现。权责划分是指行政组织中各个部门、层次、成员之间若干从属、并列等关系的确认，以保证行政组织各组成部分的有序运行。它实质上是行政体制问题，直接关系到机构设置合理与否和行政效率的高低。

3.1.4.7　运行程序

行政组织是一个动态过程。在行政管理活动中，必须要有一定的办事程序和信息流程。运行程序是按照行政管理的一般管理而编制的行政活动运行的先后次序。按程序办事，可以提高效率，防止偏差。

3.1.4.8　规章制度

规章制度是指规范行政组织行为的各种法律、法规、规章、制度的总和。有效的行政组织，必须要有健全的规章制度和法律规范，以保证行政组织依法办事。它是保证行政组织依法行政的关键因素，保证了行政组织的整体性、连续性及其成员的组织性和纪律性。同时，规章制度是否完善，也是衡量行政组织是否健全的重要标志。

3.1.4.9　物质因素

物质因素是指行政经费、办公场所、办公设备、物质装备等进行行政管理活动必需的物质条件。它常常以一种实物形态表现出组织的存在，标志着组织的规模、社会地位和实力。没有这些物质条件，组织就无法实施行政管理。

3.1.5　行政组织的类型

行政组织作为一个极为复杂的组织系统，依据不同的标准，可以划分为不同的类型。

3.1.5.1　行政组织领导体制类型

行政组织领导体制，是指行政领导在行政管理活动中权责关系的制度化表现形式。它决定着行政领导者个体和群体作用的发挥，影响着行政领导活动的优劣。在一个行政组织内部，依据其最高行政决策权行使的人数区分，行政组织领导体制可分为首长制、委员会制和混合制三种类型。

（1）首长制。首长制是指行政组织中法定最高决策权由首长一人行使的组织类型。它具有事权集中、责任明确、决策快捷、指挥灵便、行动迅速、效率高的优点。但这种类型容易导致独断专行、主观片面的缺陷；权力集中于首长一人，不易监督，可能导致滥用职权，产生腐败；独揽大权，缺乏民主和参与，影响下属的积极性。

（2）委员会制。委员会制是指行政组织中法定最高指挥权由两人以上的委员会集体行使，并按多数原则进行决策的组织类型。它的优点是：集思广益，民主决策；既有分工，又有合作；互相监督，权力制衡等。但也存在决策成本高，行动迟缓，权力分散，难以集中统一，责任不明，相互推诿等缺点。

（3）混合制。混合制是指在行政组织中，一部分管理工作由委员会决策，另一部分管理工作由首长本人决策的组织类型。一般说来，重大行政事务的决策权由委员会行使，具体行政事务的决策权由首长个人负责。混合制兼有首长制和委员会制的优点，但如果运用不当，则会使首长制和委员会制的弊端一起出现。

3.1.5.2 行政组织权力体制类型

行政组织权力体制，主要是指在一个国家的行政组织体系中，行政权力配置与运用的组织形式和组织制度。行政权力是一切行政现象的基础，它是国家行政机关依靠特定的强制性手段，为有效执行国家意志而依法对国家事务和社会公共事务进行管理的权限和能力。正确地、科学地配置和运用行政权力，是行政体制建设的核心内容。依据行政组织权力分配的集散程度来划分，行政组织权力体制主要包括集权制和分权制两种类型。

(1). 集权制。集权制是指决策权集中在中央和上级机关，地方和下级机关必须依靠上级机关的指令办事的组织类型。它具有政令统一、指挥方便，并便于集中力量、统筹兼顾、发挥优势等优点。但也存在如下缺点：组织体制僵化，层级节制过严，下级缺乏自主权、主动性和积极性；机关及其个人容易产生专制和长官意志，滋生官僚主义；组织层级过多，信息传递迟缓，不能及时处理事务等。

(2) 分权制。分权制是指地方和下级机关对其辖区内或所管辖范围内的行政事务拥有自主决定权，中央或上级机关不加干涉的组织类型。它具有因地制宜、反应灵活、效率较高的优点，既有利于地方和下级主动性、积极性的充分发挥，又可有效防止组织和个人的独断专行。但也存在如下缺点：权力过于分散、政令不统一；下级组织机关彼此分离，容易形成地方势力，产生本位主义；不易于集中资源，统筹全国全面发展等。

3.1.5.3 行政组织结构类型

行政组织结构，是指构成行政组织各要素的配合和排列组合方式，包括行政组织各成员、单位、部门和层级之间的分工协作，以及联系、沟通方式。它决定着组织整体、部分和人员之间复杂的权责关系及工作的具体方法。结构合理、运转灵活的行政组织是实现行政目标，提高行政效率的重要组织保证。根据权力或职能的分配方式，行政组织结构主要有直线式、职能式、直线—职能式和矩阵式四种类型。但在现实生活中，这四种类型常常相互结合、相互补充，很少以一种形式单独存在。

(1) 直线式，又称层级式、分级式，是指行政组织在纵向上按照等级划分为不同的上下节制的组织结构，不同等级的职能目标和工作性质相同，但管理范围和管理权限却随等级降低而逐渐变小的组织类型。它具有事权集中、权责明确、指挥统一、便于控制、效率较高等优点。但也存在如下缺点：层级过多、信息传递缓慢，容易造成决策失误；结构呆板、节制严格、缺乏弹性，既无法适应复杂的环境变化，又不利于调动下级的积极性；缺乏专业化的管理分工，行政首长管辖过多，责重事繁，容易顾此失彼等。

(2) 职能式，又称机能式、幕僚式，是指行政组织在横向上按照不同的职能目标和工作性质划分为不同的部门，但行政范围大致相同的组织类型。它具有功能分化、合理分工、分权管理等优点，有利于减轻行政首长的负担，促进专业化发展，调动工作人员的积极性。但也存在事权分散、分工过细、缺乏合作、协调困难，容易产生本位主义，造成权力交叉、职能重叠、相互牵制、彼此推诿，影响效率等缺点。

(3) 直线—职能式，这是在综合直线式和职能式的基础上形成的一种组织结构，被目前包括中国在内的世界上大多数国家所采用。比如：在纵向上，我国政府组织划分为中央人民政府（国务院）—省、自治区、直辖市人民政府—自治州、辖区（县）的市人民政府—县、自治县、县级市人民政府——乡、民族乡、镇人民政府五个层次；在横向上，每级政府内部又按照业务性质平行划分为若干个职能部门，它们主要对同级政府和首长负责，也接受对口的上级职能部门的指导或领导。这样，就形成了一个纵向上统一指挥、横向上分工协调、纵横交错、底大上小的“金字塔”形的行政组织结构体系。

（4）矩阵式。这是一种新的组织类型，也称为格子组织或项目组织，是指为了实现特殊目标或执行特定业务从不同的组织机构中选派人员组成的临时性组织。它具有纵向和横向双重领导关系，纵向领导关系按“直线—指挥—职能”的标准设立，横向领导关系按“规划—目标—项目”的标准设立，任务执行人处于纵横两个关系的交汇点，分别接受两个方向的领导：一是其本身所在的行政机构的行政首长的纵向领导，二是临时的项目管理者的横向领导。矩阵式组织的优点是能够广泛而灵活地集中必要的人才资源和其他资源，而又不破坏原有的行政组织结构；缺点是由于实行双重领导而容易破坏指挥统一，导致争权夺利和相互推诿。它主要适用于那些工作内容变动频繁、每项工作的完成需要众多技术知识的组织，或者是作为一般组织中安排临时性工作任务的补充结构形式。

3.1.5.4 行政组织机构类型

对行政组织的具体机构，从不同的角度进行分类，可以得到不同的结果。

（1）根据管辖的地域范围，行政组织可以分为中央行政组织和地方行政组织两大类型。

（2）按照权限性质，行政组织可以分为一般权限机构和专门权限机构。一般权限机构指的是管理全国或一定地方区域内的全面性、综合性行政事务，统一领导各行政部门的工作的行政组织。从中央到地方的各级人民政府就是典型的一般权限机构。专门权限机构指的是在全国或一定地方区域内管理某一项或几项行政事务的行政组织。各级政府的职能部门就是典型的专门权限机构。

（3）根据功能和作用的不同，行政组织又可以分为领导机构、执行机构、监督机构、咨询机构、信息机构、辅助机构和派出机构等多种类型。其中：

①领导机构，也称首脑机构，是各级政府统辖全局的指挥、决策和督导中心，是行政组织的中枢，如国务院和地方各级人民政府。

②执行机构，是在领导机构的领导下分管某一项专门行政事务的职能机构，主要是贯彻执行领导机构的方针、政策和决策方案，具有执行性、专业性、局部性的特点，如国务院所属各部委。

③监督机构，是对各种行政机构及其管理活动进行监督检查的执法性机构，是促使行政机构及其工作人员依法行政、忠于职守的重要保障，如监察机构和审计机构。

④咨询机构，也称参谋机构，主要是由专家学者和有实际经验的政府官员组成，专为政府出谋划策、提供咨询意见和决策方案，已成为现代决策体制不可或缺的重要组成部分，如智囊团、政策研究室等。

⑤信息机构，是为领导机构和各个部门提供信息、沟通情况的服务机构，主要负责信息的搜集、加工、传递和贮存，是行政组织科学化、现代化的重要保障，如统计局、档案局、信息中心等。

⑥辅助机构，是为协助领导工作而设置的机构，主要包括两种类型：一是设置于政府内部的办公厅（室），主要承担参与政务、处理事务、搞好服务的职能；二是协助行政首长处理专门或特别事务的办公机构，如国务院侨办、台办、港澳办等。

⑦派出机构，是国家行政机关为减轻自身工作负担、保证管辖区域或事务的有效控制，依法根据工作需要而在一定区域内设立的分支机构或代表机构，主要职能是承上启下实行管理。具体有两种类型：一是一级政府的派出机构，如省政府下设的地区行政公署、市政府下设的街道办事处；二是行政机关有关工作部门派出的代表机构，如公安局下设的派出所、外交部派驻国外的大使馆等。

（4）根据行政组织存在时间的长短，可分为常设机构和临时机构（或者叫非常设机构）。

3.2 行政体制概述

3.2.1 行政体制的含义

所谓行政体制，是指国家行政机关的组织制度。从国家的层面上看，行政体制是指行政机关与立法机关和司法机关的权力划分，是相对于国家的立法体制和司法体制而言的，是国家政治体制的重要组成部分。从具体内容来看，行政体制是指政府系统内部行政权力划分、政府机构设置及其运行的各种关系和制度的总和，在政府行政管理中发挥着重要的制度保障作用。从以下几个方面，可以加深对行政体制的理解：

（1）经济体制决定并制约行政体制，行政体制也影响和制约经济发展。作为政治体制重要组成部分的行政体制，是上层建筑的重要组成部分。经济基础决定上层建筑，有什么样的经济基础就有与之相适应的政治体制，也就有什么样的行政体制。行政体制必须随着经济体制的变化而变化，随着经济体制的发展而发展。同时，行政体制也影响和制约着经济体制。如果行政体制发展相对滞后，必然制约经济发展。任何经济体制改革如果没有相适应的行政体制改革配套，是不可能进行到底的。

（2）政治体制决定行政体制，行政体制是政治体制的重要组成部分。行政体制的性质，行政管理的宗旨和运行方向，行政体制的构成形态，政府职能的范围、程度和方式，政府的集权与分权程度，政府权力体系的结构要素，以及政府与社会、市场、社会的关系等，都是由政治体制决定的。因此，行政体制必须适应政治体制的要求，并随着政治体制的发展变化而发展变化。

（3）行政体制的核心问题是行政权力的划分和行政组织的设置，以及各级各类政府部门职权的配置。它涉及中央政府的权力划分与配置，涉及政府集权与分权的程度，涉及政府组织的纵向和横向的权力划分与配置，规范着行政组织所掌握的权力使用的范围和程度。经济、效率、民主、公平是行政体制的重要价值，它以有效管理社会公共事务为出发点，以充分发挥政府职能、促进经济发展和社会进步为目标。

3.2.2 行政体制的特点

（1）政治性。行政体制作为政治体制的重要组成部分，必须体现政治和政治体制的要求，是实现政治统治目标、贯彻国家意志、谋求公共利益的重要工具。一方面，行政体制的确立和改革必须由政治权威决定，附属于政治权威和政治体制。另一方面，行政体制是以各级各类行政组织有效地管理社会公共事务为价值的，必须满足广大公众的要求，扩大政治统治基础。

（2）稳定性。一方面，这是由政治体制的稳定性所决定的。一个国家的政治体制一般不会轻易变动，作为政治体制重要组成部分的行政体制也必然具有稳定性。另一方面，一种行政体制一旦形成，便不会经常变动，以确保行政管理的有序性，维护整个国家的政治稳定和社会安宁。行政体制只有到社会变迁积累到了一定程度之后，才能进行适应社会环境的行政改革。

（3）系统性。行政体制是一个比较封闭的系统，由行政组织、行政权力、行政职能和行政规范等子系统组成。行政系统的各级各类行政组织只有在行政体制的整合下，才能成为一个整体，各自发挥作用并相互配合，以提高系统的整体功效。

（4）滞后性。行政体制的稳定性对于社会稳定和管理公共事务是十分必要的，但这种稳定性往往表现得有些僵化或保守，进而显现出滞后性。特别是当社会演进积累到一定程度，即量变发展到质变的时候，行政体制就必须适时地对这些变化作出反应，掀起新一轮的行政改革。

（5）继承性。一个国家的行政体制是一个国家传统的行政体制的继承，而不是割裂或抛弃。行政体制的形成和变化是随着一个国家政治、经济、文化和社会的发展与变化而逐步演变的，不是随意可以改变的，但同时也必须进行必要的扬弃和变革。

3.2.3 行政体制的类型

根据不同的分类方法，行政体制可以分为不同的类型。

3.2.3.1 行政权力结构

行政权力结构是行政体制的核心组成部分，也是行政体制得以正常运转的动力。它不仅规定行政权力的来源、行使的方向和方式，而且规定行政机关与其他国家机关、政党组织，以及群众团体之间的权力配置关系。其核心内容是国家行政机关在政治体制中所拥有的职权范围、权力地位，以及行政机关内部各部门之间的职权划分。

一般来说，科学合理的行政权力结构配置，对行政体制的正常运转会产生积极的影响；反之，则会对行政体制产生负面影响。而一个国家的行政组织结构，以及行政组织在国家权力体系中的位置，主要取决于这个国家的国体和政体。其中，国体（即政治制度的性质）决定行政体制的性质，政体（即政治统治形式或国家政权的组织形式）制约行政体制的组织形式。尤其是政体，直接影响着一个国家行政权力体系的构成方式及各种权力之间的关系。按照世界上不同的政体模式，以及各种政体模式对行政权力体系的影响，可以将行政权力结构划分为以下四种类型：

(1) 三权分立制。这是指国家的立法、行政、司法三种权力分别由不同职能机关各自独立行使而又互相制约的制度，是资产阶级国家政治制度的一项重要原则。按照宪法规定，议会行使立法权，政府行使行政权，法院行使司法权。这三种权力之间既相互分离，各有自己的职权范围，又相互制约，其中任何一方的权力都要受到另一方的限制，从而形成了三种权力相互制衡的关系。

(2) 议行合一制。这是指国家权力机关统一行使立法和行政权力的制度，即决策与执行合一。它在我国的人民代表大会制度中得到了很好的体现。在中国，立法、行政、司法三种权力虽然由不同部门的机构来行使，但全国人民代表大会及其常委会是国家最高权力机关，国家行政机关、司法机关都由它产生，并向它负责。机构虽然是分开的，但权力是统一的，是通过人大监督“一府二院”来实现的。这种权力体制与西方国家普遍实行的“三权分立”有着根本的区别。

(3) 军政合一制。这是指军事权力和行政权力合为一体，并以军事权力作为整个国家权力的核心和后盾的权力结构体制。比如一些实行军人执政的国家，立法权、行政权和司法权都由军事政府来操纵，从而使军事政府实际上拥有了国家的所有权力。

(4) 政教合一制。这是指把政权和教权结合为一体的一种行政权力体制。宗教领袖不仅拥有全部立法、行政和司法权力，而且这种权力往往是通过法律明确规定下来的。比如梵蒂冈，就是一个典型的实行政教合一行政体制的国家。

3.2.3.2 中央政府体制

中央政府体制是国家政权的重要组成部分，是一个国家的政治、经济、文化、社会发展和历史传统的必然产物。它是指一个国家的最高行政权力和政府职能的划分、政府的组织形式和活动方式等制度的总称。下面，介绍当今世界上几种有代表性的中央政府体制类型：

(1) 总统制。总统制是以总统为国家权力中心的行政体制。总统既是国家元首，又是政府首脑，行使国家最高行政权，独立于议会之外，定期由选民直接或间接选举产生。总统只向选民负责，不对议会负责。总统组织和领导政府，政府也不对议会负责，只对总统个人负责。内阁由总统指定的官员组成，议会无倒阁权，政府也没有解散议会的权力。这种体制的典型是美国。

(2) 内阁制。内阁总揽国家行政权力并对议会负责。内阁首相或总理通常由在议会中占多数席位的政党或政党联盟的领袖担任，是政府首脑，总揽政务。这些国家的元首，或叫国王、女王、天皇，或叫总统，对内对外名义上代表国家，但并无实际的行政权，由内阁代表国家元首对议会全权负责。内阁接受议会的监督，定期向议会报告工作，议会拥有倒阁权。大多数西方国家采取这种体制，如英国、德国、日本。

(3) 半总统制。这是介于总统制与内阁制之间的一种体制，是总统制的变种、变型。最典型的是法国，总统有权解散议会，任命总理，依法决定举行公民表决，还拥有在紧急情况下采取必要措施的非常权力。有时候，半总统制下的总统权力往往比总统制下的总统权力还要大。

(4) 委员会制，又叫合议制。立法机关和行政机关是议行合一的关系。这种体制的主要典型是瑞士。瑞士联邦委员会是瑞士最高行政机构，由联邦议会两院联席会议选出7名委员组成，任期四年；从中再选出正、副主席各1人，任期一年。这个主席对外代表国家，但他和其他委员之间地位平等，一切政务均须由委员会集体议决。委员会只是受议会委托的执行机关，对议会通过的一切法律必须执行，更无权解散议会。

（5）部长会议制。这是前苏联的中央政府体制，后来被一些社会主义国家和发展中国家所采用。其立法机关和行政机关同样是议行合一的关系，最高苏维埃是苏联最高国家权力机关，也是唯一的立法机关；苏联部长会议作为最高行政机关由最高苏维埃产生，并对它负责和向它报告工作；最高苏维埃通过的法律和决议，部长会议必须贯彻执行；部长会议的决议和命令同法律发生抵触时，最高苏维埃及其主席团有权废除。

（6）国务院体制。中国在总结中国共产党革命根据地政权建设经验的基础之上，借鉴了前苏联的部长会议制，于1954年正式确立了国务院体制。国务院是国家最高权力机关——全国人民代表大会的执行机关，是国家最高的行政机关，由全国人大产生，受它监督，并向它负责。国务院总理、副总理及其他组成人员由全国人大任免并接受其监督。国务院实行总理负责制，总理领导国务院，副总理和国务委员协助工作。国务院各个部委实行部长、主任负责制。

3.2.3.3　地方政府体制

地方政府体制，是指地方政府按照一定的法律或标准划分的政府组织形式。因为各国历史传统和行政环境的不同，地方政府体制也略有差异。主要有以下三种类型：

（1）自治体地方政府。英国地方政府形式是最典型的自治体地方政府体制，具有以下特点：①地方自治政府“议行合一”，行政与立法分权比较模糊，没有一个十分确定的、强有力的地方行政首长，地方政府以议员们选举产生的地方议会为中心，并下设委员会实际处理议会事务，同时任命各种常任官员组成执行部门，处理日常行政事务。②地方政府具有独立地位和法人单位，并由议会立法授予或法律授予。地方政府的职责与权限也由议会立法确定，在法定范围内地方政府有充分的自治权，中央政府不予干涉。③地方政府的功能主要是为生产提供必要的基础设施，为居民提供与生活息息相关的服务，并维护社会秩序与协调社会关系。④中央政府与地方政府在法律上是一种伙伴关系，但实际上中央政府也对地方政府进行立法监督、行政监督和财政监督。同时，各级地方政府之间没有隶属关系。

（2）行政体地方政府。德国地方政府是典型的行政体地方政府，具有以下特点：①地方政府实行行政管理的隶属原则，是建立在“地区整体从属”的基础之上的。各级政府部门对本级政府负责，下级政府整体对上级政府负责。②联邦政府负责制定政策、法律和规章，但大部分是由州政府负责执行。县、乡镇政府负责承担大量的联邦政府和州政府委托处理的社会公共事务和地方社会公共事务。地方政府具有地方自治单位和下级行政机关的双重属性，与中央政府的隶属关系比较明显。③上级政府仅履行那些下级政府不能履行的社会公共管理职能。联邦政府负责制定全国性的法律、政策，除国防、外交、铁路和邮政等涉及主权和全国性的事务之外，其他事务委托给州政府负责管理；州政府则把这些行政职能分配给州政府的职能部门和地方各级政府。

④联邦政府、州政府和地方政府由有关的法律确保它们的法律地位。它们虽然在法律上和理论上是一种平等关系、辅助关系，但实际上是一种上下隶属的不平等关系。

（3）民主集中制地方政府。中国地方政府是以民主集中制为原则的政府形式，具有以下特点：①地方政府是中央政府的下级执行机关，下级政府是上级政府的执行机关。各级行政机关之间有明确的上下级的隶属关系。地方政府的职能部门必须接受中央政府对口职能部门的领导或指导，实际上也是上下级关系。②各级地方政府由各级人民代表大会选举产生，是各级人大的执行机关。地方政府必须执行同级人大制定的决定和法规，地方各级人大及其常委会有权撤销同级地方政府违背宪法和法律的政策与决定。③各省、直辖市有一定的自主权，自治区有自治权，香港和澳门特别行政区有高度自治权。④各级地方政府必须接受上级和同级的中国共产党委员会的领导，贯彻执行党的路线、方针和政策。

3.2.3.4 中央与地方关系体制

（1）集权制。它是指中央政府或上级政府集中拥有行政决策权，对地方政府或下级政府具有完全的指挥、控制权，而地方政府或下级政府处于受控地位或无权地位的行政体制。分为两种类型：

①复合制国家的集权制。这是指由几个国家和邦组成的联盟，并依照其联盟的程度又有“邦联”和“联邦”之分。邦联是由几个保留独立主权的国家组成，中央机构只是协商性的“邦联议会”和成员国“首脑会议”；联邦制国家则有统一的中央立法机关和中央政府，有统一的宪法和法律，国家的重大事务均由中央政府掌管。

②单一制国家的集权制。这是指统一的中央集权制国家，有统一的宪法和法律、统一的国家最高立法机关、统一的国家最高行政机构和统一的行政体系。在国家内部，按地区划分行政单位，成立地方政府。地方政府执行中央政府的政策、命令和指示。

（2）分权制。它是指中央政府或上级政府将一些行政权授予地方政府或下级政府，地方政府或下级政府拥有较大的自治权和自主权的行政体制。分为两种类型：

①联邦分权制。它包括两个方面：一是依据联邦宪法，联邦与州（省、邦）的分权；二是州（省、邦）议会根据州（省、邦）宪法和法律的规定，决定和批准州（省、邦）与地方政府的分权。联邦与州（省、邦）是具有相对独立主权的政治实体，彼此之间的关系并不涉及州（省、邦）以下的地方政府。州（省、邦）政府在其辖区内，具有中央政府的性质，有设置地方政府的权力。地方政府没有固定的权力，是通过州（省、邦）政府的授权或特许成立的。

②单一分权制。单一分权制国家主要是中央政府出于政治需要和管理需要，调动地方政府积极性，特许地方政府一些自主权；在多民族的国家，实行民族自治，地方民族自治政府有较多的自治权和自主权。

3.3 行政组织的设计与编制管理

3.3.1 行政组织设计的含义

所谓行政组织设计，是指政府或国家权力机构依据一定的理论和原则，对行政组织结构及其功能进行规划和确立的过程。它通过对行政组织的各个要素进行合理配置，协调各个机构、部门之间的职能，以达到提高行政组织效率的目标。

几乎所有的现代国家都在国家的权力机构中或在政府中设立专门的机构来从事行政组织的设计工作。比如我国各级政府中的人事部门和编制部门，就是专门从事行政组织设计工作的部门。许多国家也通过专门的行政组织法律，把行政组织设计的活动和行政组织设计的结果固定下来。

行政组织设计属于行政管理的一项重要内容，对政府职能的发挥、政府运行的状况都有着极其重要的影响，特别是关系到政府的长远发展。因此，几乎所有的行政组织理论都特别重视行政组织设计问题的研究，认为行政组织设计应当有计划、有领导、有步骤地进行。

3.3.2 行政组织设计的原则

按照现代组织理论，在进行组织设计时，要坚持以下基本原则：

3.3.2.1 行政组织的设置必须依据政府职能目标

行政组织的设置，从根本上说，是为了实现政府的各种职能。根据政府的职能目标，设置各种不同的行政组织，是一项最基本的准则。这就要求行政组织的设置必须把适应政府职能的需要、实现职能目标放在最主要的地位。如果离开了这个宗旨，行政组织的设置就会偏离方向。

3.3.2.2 行政组织的设置必须精干、有效

任何行政组织的设置，必须充分考虑它的有效性和经济性。追求行政活动的高效率，是一切行政组织永恒的目标；同时，还必须保持机构和人员的精干，降低行政成本。这样，才能满足民众对政府的要求，更好地履行政府的职责。

3.3.2.3 行政组织的设置必须做到协调、统一

协调和统一是行政组织得以正常运转的重要前提和条件。一个行政组织如果缺乏统一性，就难以有序运行，也会影响行政组织功能的正常发挥，甚至会引发行政组织内部的冲突和矛盾。

3.3.2.4 行政组织的法制性和权变性

按照行政组织设置的一般规律，任何国家的行政组织都必须建立在一定的法制基础之上。离开了法律授权，行政组织的设置、运转就失去了根基。同时，行政组织的设置还必须充分考虑它的灵活性和权变性。如果一个行政组织不能对不断变化的客观环境作出反应，缺乏必要的应变和适应能力，这个行政组织同样难以实现组织目标，

完成其历史使命。

3.3.3　行政组织的编制管理

3.3.3.1　编制管理的含义

编制有狭义与广义之分。狭义的编制是指法定社会组织内人员的数额和职位的配置；广义的编制是指法定社会组织的职能范围、机构设置、隶属关系、规格级别、人员数额、人员结构和职位的配置。本节是从广义上研究行政组织的编制。

所谓行政组织的编制管理，是指按法律规定的制度和程序，对行政组织的职能范围、机构设置和人员配备等进行的管理。它主要包括职能管理、机构管理和人员编制管理三个方面。从实际运作来看，编制管理的具体内容主要包括：①制订编制方案；②确定各个部门的职能范围，进行科学的职能配置；③审批机构与人员；④监督编制执行情况；⑤做好编制统计；⑥制定有关的编制法规。

为加强编制管理工作，我国县以上的各级政府都设立了机构编制委员会，根据统一领导、分级管理的原则，对编制工作进行具体的管理。

3.3.3.2　编制管理的意义

编制管理对于搞好行政组织建设，更好地发挥行政组织的效能具有重要的意义。

（1）编制管理是建立精干高效的行政组织体系的重要前提。一定的机构和人员编制，是进行行政管理活动的基本条件。建立精干合理的行政机构，配备精明的工作人员，使整个行政组织体系高效协调地运转，必须依靠科学的编制管理。这是在行政管理体系中居于较高层次的管理。

（2）编制管理是防止官僚主义、密切政府与群众关系的重要手段。实践证明，机构臃肿、层次繁多，必然运转不灵、反应迟钝，影响领导与群众之间的及时沟通，造成脱离群众或者瞎指挥；人浮于事、职责不清，必然造成互相推诿、拖拉扯皮、办事效率低下。科学的编制管理依靠法律手段，严格按照编制设置机构和人员，可以有效地改变上述状况，为改进机关作风、密切政府与群众的联系、防止官僚主义创造良好条件。

（3）编制管理有助于节省国家财政开支。行政机构的经费是由国家财政拨款，机构和人员过多，势必增加财政支出，减少了用于经济建设和人民消费的资金。通过科学的编制管理，把机构设置、人员编制与行政经费挂钩，超编者不拨款，既可以做到对机构设置和人员配备的严格控制，又是节省国家财政开支的重要措施。

3.3.3.3　编制管理的方法

（1）行政方法。它是指编制管理部门依靠行政组织的权力，按照组织系统对编制进行直接管理的方法。这是编制管理中传统的基本管理方法，包括制订编制方案、核定编制总额、具体审批编制、进行编制监督等。

（2）经济方法。它是指按照物质利益原则，运用经济手段，对编制进行调控的方法，包括经费预算管理、编制与工资基金结合管理、编制包干、经济奖惩等。

（3）法律方法。它是指运用法律规范，对机构和人员编制等进行调控管理的方法。这是有效控制编制的重要方法，也是编制管理工作中比较薄弱的方面，必须抓紧编制立法工作，制定编制管理、机构设置、人员编制、审批程序等方面的法律规范，尽快把编制管理纳入法制的轨道。

3.4　我国行政组织的基本架构

从狭义上讲，我国行政组织的基本架构是由从中央到地方的各级人民政府所构成的。但从广义上看，则是由政党组织、人民代表大会、人民政府、人民政协、军事机关、国家元首、审判机关、检察机关、社会政治团体等组成的。形象地说，当代中国行政组织的基本架构，在中央层面，是以中共中央为核心的“6 + 1 + 2 体系”。其中，“6”是指通常所说的“六大领导班子”，即中共中央委员会（包含中央政治局及其常委会和中央书记处）、中共中央纪律检查委员会、全国人民代表大会及其常委会、国务院、中央军事委员会和中国人民政治协商会议全国委员会；“1”是指国家主席；“2”是指最高人民法院和最高人民检察院。在地方层面，主要是各级党委、人大、政府、政协“四大领导班子”。具体情况可以参见表 3.1：

表 3.1　　当代中国行政组织的基本架构及其相互关系简表

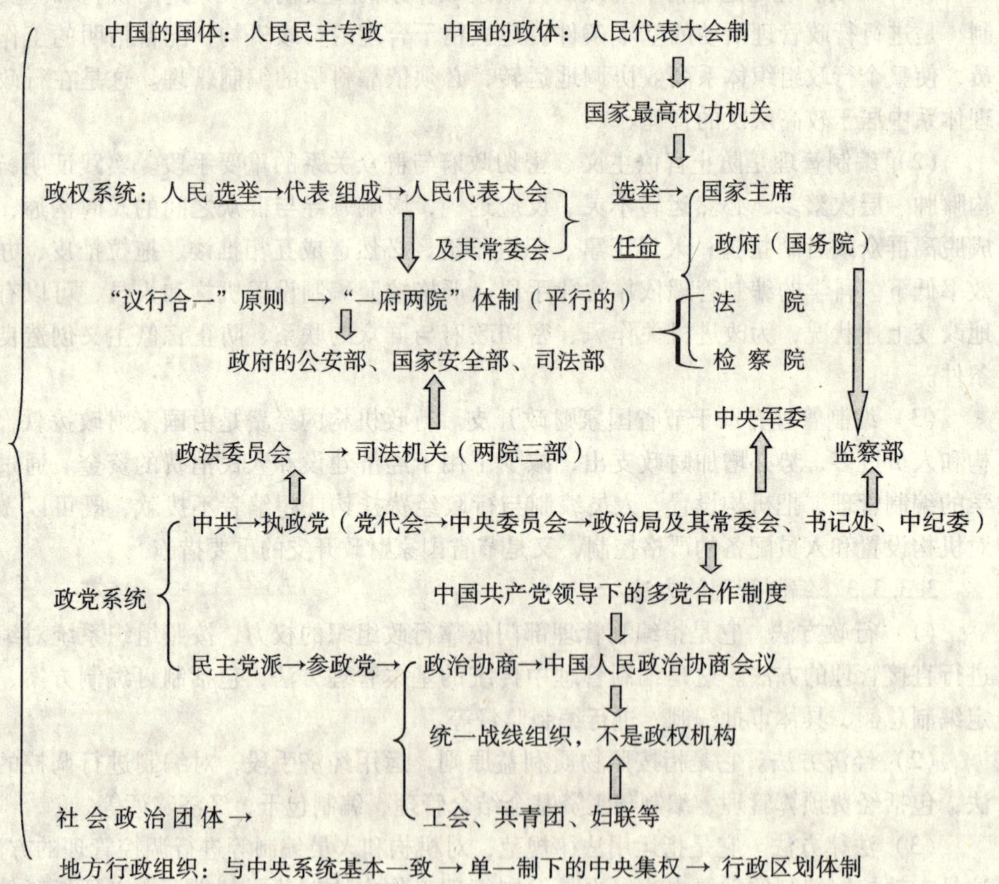

3.4.1 政权系统

中国的国体是人民民主专政，政体是人民代表大会制。根据我国宪法规定，一切权力属于人民，并由人民选举出来的代表组成的人民代表大会代表人民行使国家权力。其中，全国人民代表大会是最高国家权力机关和立法机关，拥有国家的最高立法权、最高任免权和最高监督权。它和西方国家议会的性质不完全相同，但属于对应机关，并加入了国际议会联盟。

全国人民代表大会每 5 年一届，每年举行一次全体会议，由人大常委会召集，时间一般为两周。在大会期间，主要有四种会议形式。一是预备会议，任务是选举大会主席团和秘书长，通过议程和其他的会议准备。二是主席团会议。它是全国人民代表大会的领导机构，主持全国人大会议，并就代表大会的进程、重要的专门性问题进行研究、协商。三是全体会议。它是全国人民代表大会行使权力的基本形式，大会的所有重要职权、所有重要决议的制定、各个中央国家机关组成人员的选举等，都由全体会议实现。四是代表团会议。它由按照选举单位组成 35 个代表团——34 个省级地方代表团和 1 个解放军代表团组成。全体会议、主席团会议等提交给代表审议、讨论的一切事项，大多采取代表团会议的形式进行。中央国家机关的组成人员可以列席代表团会议，听取意见。

全国人民代表大会常务委员会是全国人大的常设机关，在人大闭会期间，行使国家最高权力。从 1954 年到 1982 年，全国人大常委会的职权范围是很有限的。但为了解决人大代表太多，不利于充分、有效地讨论重要事项，全国人大每年只开一次大会，无法完成繁重的立法、决定、任免、监督等任务的难题，从 1982 年现行宪法生效以来，逐步通过强化人大常委会的权威和地位，把全国人大建成了大会和常委会两个层次，增加了常委会的监督宪法实施权，扩大了它的立法权、重要人事任免权和财政监督权；同时，提高了开会频率，每两个月左右开一次，使常委会委员成为了全国人大的“常务代表”。全国人大常委会的日常工作，采取由委员长、副委员长和秘书长组成的委员长会议的形式运作，秘书处在委员长的领导下做相应的具体工作。

此外，全国人大还设立了 8 个专门委员会，即民族委员会、外事委员会、教育科学文化卫生委员会、法律委员会、华侨委员会、财政经济委员会、内务司法委员会、环境与资源保护委员会。这些专门委员会不是权力机关，而是全国人大领导之下担负某些方面专门任务的机构，主要工作包括：负责研究、审议和拟定各自专门方面的议案、法案、质询案，审查有关执法机关执法情况，听取它们的汇报；调查研究，反映重大问题，提出改进建议；与外国议会进行对口交流等。专门委员会由主任委员、副主任委员和委员组成，由全国人大主席团在代表中提名，大会通过。

3.4.1.1 全国人民代表大会选举国家主席

中华人民共和国主席，简称“国家主席”，是国家对外对内的最高的、正式的、合法的代表。在国务活动中，其排名顺序列于国务院总理和全国人大常委会委员长之前，与外国国家元首属于同等规格职衔。但从宪法的相关规定来看，是由国家主席和全国人大常委会共同行使通常由国家元首行使的职权。同时，他不直接处理国家行政事务，不单独决定国家事务，其责与权都是与全国人大和人大常委会的工作和地位联系在一起的。具体职权包括：根据全国人大或全国人大常委会的决定，公布法律，任免国务院组成人员，授予国家的勋章和荣誉称号，发布特赦令，宣布战争状态等；对外，代表中华人民共和国，进行国事活动，接见外国使节；根据人大常委会的决定，派遣和召回驻外全权代表，批准和废除同外国缔结的条约和重要协定等。国家主席的任期与全国人大任期相同，连任不超过两届。

3.4.1.2　全国人大选举、任命国务院组成人员，组成中央人民政府，行使国家最高行政权力

作为最高国家权力机关的执行机关，国务院的任务是保证全国人大及其常委会制定的宪法、法律和决议在全国范围内有效实施；作为最高国家行政机关，它的任务是统一全国行政系统的工作，管理整个社会。根据宪法，国务院有18项职权，主要涉及行政执法、行政立法、经济管理、社会事务管理和对外事务五大方面的权力。它通过行使这些权力，对从中央到地方的各种行政活动实施领导，来保证国家法令、政令的统一。

国务院的核心领导是“国务院全体会议”和“国务院常务会议”。全体会议由国务院全体组成人员参加，内容多是国务院领导布置一个时期的国家重要行政工作，研讨重大的形势和政策问题；常务会议由总理、副总理、国务委员、秘书长等参加，内容多是讨论一些比较具体的问题，通过由有关部委起草，但要以国务院的名义提交全国人大或人大常委会审议的法规等，其开会的频率要高于全体会议。

国务院实行总理负责制。总理领导国务院的全体工作人员，负责召集和主持国务院全体会议和常务会议。这两个会议不实行委员会制；对于讨论的问题，由总理在集体讨论、集思广益的基础上，作出总结性决定，并对全国人大负责。

3.4.1.3　法院和检察院是由人大选举产生，并对它负责的、独立的国家机关

这是中国司法系统的两个基本组成部分。它们和各级政府一起，被称为“一府两院”，是议行合一原则的具体体现。对于人大来说，它们都处于从属的地位；但它们之间则是平等的、平行的关系。

（1）在法院系统，最高人民法院是最高国家审判机关。它的主要职能有：审理全国性的重大民事和刑事案件；审判法律、法令规定由它管辖和它认为应当由它自己审判的一审案件；二审对高级人民法院、专门人民法院的判决、裁决不服的上诉案和抗诉案；审理由最高人民检察院提出的抗诉案。它的判决、裁定都为终审判决和裁定。同时，最高人民法院是地方人民法院和专门人民法院审判工作的最高监督机关，但不是上下级的关系。

最高人民法院院长由全国人大选举产生，向它负责并报告工作，任期与全国人大相同，连任不得超过两届。它的核心领导机构是由院长提请全国人大常委会任命的审判委员会，其任务是总结审判工作经验，讨论重大的或疑难的案件和其他有关审判工作的问题。它不直接受理案件，但它作出的决定，合议庭必须执行。这是中国所特有的审判领导形式。

人民法院体系由四个审级构成，除最高人民法院外，同省级行政区划相对应的，

是高级人民法院，全国有31个；同地级市、地区一级相对应的，是中级人民法院，共有300多个；同县一级行政区相对应的，是基层人民法院，共有2700多个。此外，在解放军系统，共有50多个军事法院；在广州、上海、武汉、青岛、天津、大连设有6个海事法院；在铁路管理局和铁路管理分局设立有两个层次（中级和基层）的铁路运输法院70多个。法律规定，我国还可以成立森林、石油、农垦等方面的专门人民法院。

（2）在检察院系统，最高人民检察院是国家的法律监督机关。它的职责主要有：对有关全国性的重大刑事案件，向最高人民法院提起公诉；对各级人民法院的判决和裁定，有权提出抗诉。与法院系统不同，检察院系统实行“双重领导”，即下一级检察院受同级人民代表大会及其常委会和上一级检察院的领导。最高人民检察院检察长由全国人大选举产生，任期与全国人大相同，可连任两届。最高人民检察院设立检察委员会，其成员由检察长在该院的组成人员中提名，并报请全国人大常委会任命。检察委员会会议由检察长主持，以民主集中制的方式，讨论和决定对重大案件的处理，以及其他重要问题。

与法院的组织系统相一致，检察院也分四级，即最高人民检察院、省级人民检察院、地市级人民检察院和县级人民检察院。其辖区和级别都与法院系统相同，也设有各种专门的人民检察院。

法院和检察院是我国司法体系中的两个基本要素，在宪法上的地位是平等的，各自独立行使审判权和检察权，并分别对人大负责。它们在业务工作的相互关系中，强调的是分工负责、相互配合、相互制约的原则。与西方国家的“司法独立”原则相比，主要区别有：一是西方国家的司法独立是指司法权为“民意”所赋，既独立于行政机关，也独立于代议机关；而我国的国家司法权为全国人大所赋，不独立于代议机关，只独立于行政机关。二是在西方国家，立法、行政和司法三权平行，而中国是立法权高于司法权。三是中国的司法独立是指法院和检察院作为特定的集体独立行使审判权、检察权，而不同于一些西方国家的法官、检察官是作为特定的公职人员个人独立行使权力。四是中国的法官不享受一些西方国家所普遍适用的法官终身制。五是中国共产党通过人民代表大会的法定程序来引导国家司法机关的活动，通过党的政法委员会来协调各个司法机关之间的关系，通过司法机关中的党组织来做司法工作人员的思想政治工作，不搞“超党派”的法官、检察官“中立”。

（3）从中国的实际情况来看，还存在着一个广义的司法系统。按照惯例和中国共产党的执政程序，中共中央和地方的各级党委都设有“政法委员会”，来统一领导和协调众多具有司法功能的机关的工作。这些机关除了法院和检察院外，还包括属于政府系统的公安机关、国家安全机关和司法行政机关。其中，公安机关担负着侦查、预审等司法事务；国家安全机关负责主管间谍、特务案件中的侦查工作和其他的政治保卫工作；司法行政机关主管国家司法行政事宜，负责管理律师组织、公证机关、劳动改造机关和劳动教养机关等。它们都被称为司法机关。

总之，这“两院三部”在不同的角度上，直接地（两院）或间接地（三部通过国务院）对我国人民代表大会及其常委会负责，并通过中共中央政法委员会，在组织和行动的步骤上加以协调，共同发挥整体性的司法功能。党通过政法委员会对司法工作的领导，主要是对执法方针、路线、政策的领导和监督，以解决工作的协调统一和执法中的整体性问题。

3.4.1.4 中华人民共和国中央军事委员会也是由全国人大选举产生的

中央军事委员会简称为“中央军委”，既指中国共产党中央军事委员会，又指中华人民共和国中央军事委员会，其组成人员一身二任。由此，中央军委也是中国众多“一个班子，两块牌子”机构中地位最高的一个。中国共产党早在20世纪20年代，就有了党内的最高军事指挥机关，以统率自己的武装力量；新中国成立以后，这种机构过渡为党和国家共同的军事统率机关。

中央军委由主席、副主席、委员组成。作为党的军事指挥机关，其组成人员由中共中央委员会选举产生；作为国家的军事指挥机关，军委主席由全国人大选举产生，副主席和委员由主席提名，全国人大或人大常委会表决决定。其任期与全国人大的任期相同，但宪法对军委组成人员的连任没有限制性的规定。

中央军委实行主席负责制。军委主席对于军委职权范围内的事项有最后决定权，全军必须服从军委的命令和指示。军委主席对中共中央、对全国人大及其常委会负责。

从地位来看，中央军委是中共中央的一个重要工作部门，它和它统率的全国武装力量都必须服从中共中央的绝对领导；而作为国家的中央军委，又有体现国家的意志的一面，其组织系统属于国家机构的一个重要组成部分。但与许多国家不同的是，它又相对处于国家行政机关之外。国家主席和国务院都不统率或领导全国的武装力量；作为国务院一个组成部分的国防部，其职能只是管理国防建设事业。同时，解放军还组成自己的代表团出席全国人大。

3.4.2 政党系统

3.4.2.1 执政的中国共产党

作为执政党的中国共产党，是世界上最大的政党。截至2008年底，中国共产党党员总数将近7600万名。它在各级行政区都建有地方党委或党的工作委员会（如街道办事处、经济技术开发区）。在城市，主要按行业建立基层组织，在全民所有制和集体所有制企业事业单位、部分非公有制企业事业单位和外资企业、各人民团体、街道和社区，都建立有党的领导系统和党的基层组织；在农村，主要按属地关系，建立党的基层组织系统；在中央和地方的国家机关、各人民团体、重要经济组织、文化组织，以及其他非党系统的领导机关还设立有“党组”。全党的基层组织一般稳定在300多万个。

在中央一级，党的领导机关由两个经党的全国代表大会选举产生的委员会构成，即中共中央委员会和中共中央纪律检查委员会。其中，中共中央委员会每届任期5年，在全国代表大会闭会期间执行全国代表大会的决议，领导党的全部工作，对外代表中国共产党。按照党章规定，中央委员会每年至少召开一次，每次往往讨论一两个重大的形势、政策问题。

中共中央政治局和它的常务委员会在中央委员会闭会期间，行使中央委员会的职权。从1987年以来，政治局大致每月举行一次会议。政治局常务委员会是政治局中的核心，其任务与政治局的任务相同，但其成员更加经常性地集中研讨党和国家的重大问题，为政治局会议做必要的准备。全体中央政治局常委和大部分政治局委员集中在北京办公。

中央书记处在中央政治局和它的常务委员会的领导下，处理中央的日常工作。从1942年到1982年，中共中央的核心领导实行主席制。1982年召开的党的十二大决定不再设主席，改设总书记，负责召集中央政治局会议、中央政治局常委会，负责主持中央书记处的工作。

中共中央纪律检查委员会，简称“中纪委”，它在中央委员会的领导下进行工作。它由党的全国代表大会产生，其任期也与党代会相同。中纪委的全体会议选举它的常务委员会和书记、副书记，并报党的中央委员会批准。它的主要任务是：维护党章和其他重要的规章制度，协助党中央整顿党风，检查党的路线、方针、政策和决议的执行情况。它的具体工作有：经常对党员进行遵守纪律的教育，作出关于维护党纪的决定；检查、处理党的组织和党员违反党章党纪的情况、重要或复杂的案件，决定或取消对这些案件中的党员的处分；受理党员的控告和申诉。地方各级纪委在同级党委和上级纪委的双重领导下开展工作。

中纪委从一设立，就在中国的政治生活中发挥着重要的作用。由于我国的政府官员、企事业单位和人民团体的领导干部大多数是中共党员，因而中纪委对党员的纪律约束指令的实际控制面是很大的。正是考虑到这些因素，从1993年起各级纪委与同级政府所属的监察部门是合署办公，即“两块牌子，一套人马”。

3.4.2.2 参政的民主党派

我国的政党制度是中国共产党领导下的多党合作制。除了执政的中国共产党外，还有参政的民主党派，作为参政党，一共是8个：中国国民党革命委员会（民革）——成员主要由原国民党民主派和其他爱国人士组成、中国民主同盟（民盟）——成员主要是从事文化教育和科技工作的高中级知识分子、中国民主建国会（民建）——成员主要由工商界和其他从事经济工作的人士及有关专家学者组成、中国民主促进会（民进）——成员主要由从事教育、文化、出版、科学和其他工作的知识分子组成、中国农工民主党（农工党）——成员主要由医药卫生界和科技文教界的高中级知识分子组成、中国致公党（致公党）——成员主要由归侨、侨眷、留学回国人员和高级知识分子组成、九三学社——成员以科学技术界的高中级知识分子为主、台湾民主自治同盟（台盟）——成员主要是台湾籍人士。

这种多党合作的主要方式是政治协商，其具体的组织形式就是中国人民政治协商会议，简称“人民政协”、“政协”。政协是以中国共产党为领导的各个政党、各人民团体和社会各方面的代表所组成的爱国统一战线组织，是国家多党合作和政治协商的重要机关，在国家政治生活中发挥着重要的作用。但它不是一个政权机构，它主要承担着政治协商和民主监督两大职能。其中，政治协商是对国家和地方的大政方针，以及政治、经济、文化和社会生活中的重要问题在决策之前进行协商，并就决策的实施过程中的重要问题进行协商；民主监督是对国家宪法、法律和法规的实施，重大方针政策的贯彻执行，通过建议和批评来进行监督。虽然这种协商和监督对执法机关没有法律约束力，但作为国家政治权力结构中一个得到中国共产党支持、有着广泛社会影响力的政治组织，其发挥着重要作用，而且也纳入了法制化的轨道。

从1978年政协恢复工作以来，全国政协与全国人大一般同时召开，被新闻界通称为“两会”。全国政协委员列席全国人大的重要会议，并讨论政府工作报告，也可以对国家各方面的事务提出提案、意见、建议和批评。中共中央、国务院的主要领导人，以及党政部门的负责人也常常列席全国政协的一部分会议。这些都反映了政协的重要地位和作用。

政协实行委员制。委员经过各党派、各方面的协商产生，再从委员中选出常务委员，并设主席1人，副主席若干人，秘书长1人。但与人大代表不同的是，政协委员按党派和界别来划分，即划分为中国共产党、八个民主党派、工商联、无党派民主人士、工会、共青团、妇联等党派，以及农林、教育文化、科技、社会科学、宗教等界别。全国共有各级政协委员大约35万多人。目前，在全国政协委员中，民主党派和无党派人士占60.5%。全国政协主席由中共党员担任，有50%的全国政协副主席为民主党派和无党派人士。

3.4.3 社会政治团体

在行政组织架构中，还有一些社会政治团体、群众团体由于中国特殊的国情，在现实生活中行使了部分公共权力，承担了类似党政部门的一些职能，主要包括工会、共青团、妇联、科学技术协会（科协）、文学艺术界联合会（文联）、作家协会（作协）、记者协会（记协）、台湾同胞联谊会（台联）、中国人民对外友好协会（对外友协）、中国人民外交学会、黄埔军校同学会、国际贸易促进委员会（贸促会）、宋庆龄基金会、残疾人联合会（残联）、法学会、红十字会、思想政治工作研究会等。它们在国家政治生活中同样发挥着各自的重要作用，其机关工作人员也是参照公务员法进行管理的。

3.4.4 地方行政组织的基本架构

中国的中央和地方行政组织的基本架构是一体的，各级地方行政组织架构实际上是中央行政组织架构中各个基本要素放射的结果。从总体上看，机构设置的规律有两条：一是上下对应，强调机构对口；二是由上到下，机构的数目、规模随层次递减，甚至用一两名专职工作人员来对应上一级的专职机构。除了像国家主席、中央军委、外交部等没有地方分支机构外，包括党委、纪委、人大、政府、政协、法院、检察院等各个系统在内，可以说是应有尽有，一应俱全。其中，最主要的是地方各级党委、人大、政府、政协，被通称为“四大班子”。

在中央政府与地方政府的关系体制上，我国属于单一制下的中央集权制，实行中央政府统一领导下的地方管理体制。具有以下特点：

（1）直线—职能式组织架构。在纵向组织层次上，一般实行四级管理体制，即国务院、省自治区直辖市、市县和乡镇。但在设有自治州的省和自治区是实行五级管理体制，即在省与县之间增加了自治州这一层级；在实行市管县体制的地方，也实行五级管理体制，即在省与县之间增加了市这一层级，一般称为地级市。在横向组织结构上，各级政府根据工作需要，设置工作部门。其中，国务院的工作部门分为办公厅、组成部门、直属机构、办事机构和国务院组成部门管理的国家局等类型；省级政府工作部门分为组成部门和直属机构两类；省以下地方各级政府的工作部门不再分类。

同时，地方政府工作部门与上级政府对口部门之间的关系有三种情况：一是业务指导关系，即在接受本级政府统一领导的同时，在业务上接受上级政府对口部门的指导。这是地方政府绝大多数工作部门与上级政府对口部门之间的关系。二是双重领导关系，即地方政府工作部门既要接受本级政府的统一领导，又要接受上级政府对口部门的工作领导，比如监察、审计部门。三是垂直领导关系，即指中央部门派驻在地方的机构，只接受中央部门的领导，所在地政府负有监督的责任，比如央行、海关、国税系统。

（2）城市管理体制非常复杂。城市管理体制是指关于城市管理的组织机构设置、地位、职责和内部权责关系及其相关的规章制度的总和。它是确保城市管理过程顺利实施的物质载体和重要保证，主要包括城市管理的机构及其职能体制、领导体制、市区街道的层级管理体制等，其核心是各机构之间职、权、责的配置问题。我国的城市管理体制非常复杂。从规模上看，可分为特大城市（市区非农业人口100万以上）、大城市（50万~100万）、中等城市（20万~50万）和小城市（20万以下）；从等级上看，既有直辖市、副省级市、地级市、县级市之分，又有设区的市和不设区的市，还有市管县、市管市等体制。

（3）民族区域自治制度。这是我国的一项基本政治制度，是根据历史发展、文化特点、民族关系和民族分布等具体情况，在国家统一领导下，在各少数民族聚居的地方设立自治机关，行使自治权，实行区域自治。民族自治地方分为自治区、自治州、自治县三级，自治机关是各个自治区、自治州、自治县的人民代表大会和人民政府。它们在行使同级地方国家机关职权的同时，拥有自主管理本民族、本地区的内部事务，制定自治条例和单行条例，使用和发展本民族语言文字三项自治权。

（4）特殊行政区划制度。主要有三种情况：一是政治性的特殊行政区，即香港、澳门两个特别行政区，实行“一国两制”，高度自治，直辖于中央政府；二是经济性的特殊行政区，即深圳、珠海、厦门等经济特区；三是临时性或行政性的特殊行政区，比如新中国成立初期的六大行政区、省级政府的派出机关——地区行政公署、矿区、林区等。

截至2006年12月31日，我国地方行政区划总的概况是：省级行政单位34个，其中直辖市4个、省23个、自治区5个、特别行政区2个（香港、澳门）；地级行政单位333个，其中地级市283个、地区17个、自治州30个、盟8个；县级行政单位2860个，其中市辖区856个、县级市369个、县1463个、自治县117个、旗49个、自治旗3个、特区2个（贵州六盘水市所辖六枝特区和铜仁地区所辖万山特区）、林区1个（湖北神农架林区）；乡级行政单位41 040个，其中区公所10个、镇19 369个、乡

14 119 个、苏木[①]98 个、民族乡 1088 个、民族苏木 1 个、街道办事处 6355 个；另外，从城市来看，共有 656 个，其中直辖市 4 个、副省级市 15 个、地级市 268 个、县级市 369 个。

3.4.5 如何处理好“党政关系”

在上述中国行政组织基本架构的各个要素中，处处都可以看到中国共产党的突出地位。中国的政权系统只是辅政机关，党的组织才是主政机关。这是由中国共产党的执政地位所决定的。在我国，中国共产党的组织具有行政化特征，领导并与政府系统共同执掌行政权力。这就决定了它与各个要素的关系是一种最突出的关系。对这些关系，人们一般用“党政关系”的概念来加以概括。这里的“党政关系”中的“党”是一个专有概念，指中国共产党；而“政”则有着多种含义，包括政权、政府、政协、行政、司法、担负一定“政治任务”的人民团体等组织机构。因此，“党政关系”不是一种单一的政治关系，而是一系列或者说是一组政治关系，主要有党与人大、政府、政协、司法机关、人民团体和国有企业事业单位等多种关系。如何处理好这些关系就成为中国最基本的政治任务，具有特别重要的作用。

从 1949 年新中国成立到 20 世纪 80 年代初，中国共产党对国家政治生活的领导方式，总的说来，是党政不分，以党代政。从 20 世纪 80 年代中期以来，开始强调实行“党政分开”，把党和国家机关、人民团体的职能分开，实行不同的领导体制、组织方式和工作手段，取得了一定的成果。要进一步处理好党政关系，推进党政分开，实现从革命党到执政党的真正转变，提高党的执政能力，还应当做好以下几个方面的工作：

3.4.5.1 转变党的执政理念

什么样的执政理念决定了什么样的制度设计，所以执政理念决定着党的执政体制。因此，执政理念的转变是执政体制转变的前提：一是由组织、政策的领导向法治的领导转变的理念；二是由党的高度集权执政向科学、民主执政转变的理念；三是由党的直接行使政权向间接行使政权转变的理念。

3.4.5.2 科学、合理地理顺党政关系

党的执政体制改革的核心内容，是要科学、合理地理顺党与立法机关、行政机关、司法机关和政协、人民团体的关系，使之制度化、法治化。党的领导主要应是政治领导，即对国家法制、政治原则、政治方向和重大决策的领导。党通过自己在最高国家权力机关的政治地位和有效工作，使党和人民的意志上升为国家的法律，使党的主张转变为政府的决策，使党推荐的干部可以通过法定程序担任国家和政府的重要领导职务。党对国家行政机关、司法机关等的领导，要尽可能通过人民代表大会及其常委会这个环节。党对社会的思想领导，应当主要通过各种政治社会化的手段来实现。党应当更多地通过发挥党员的先锋模范作用，通过在各级机关、团体中的党组织的向心力和中坚作用来实现领导。

① 苏木来自蒙古语，是指介于旗与村之间的行政区划单位即乡级行政区；同时，在汉、蒙以外少数民族较多的地区，还有相应的民族苏木。

3.4.5.3 加强党自身的组织建设和思想政治工作

党从繁重的政务中抽身，就可以集中精力抓组织建设，抓党员队伍建设。这既有利于自身的完善，也有利于从根本上加强对“政”的领导。在这方面，工作重点是加强“党内民主”，搞好“党内监督”。比如，将党的委员会发展为一个制度化的组织，试行党代会的常任制，加大党内选举中的民主化因素，适当增加纪委的独立性和权威性等等。

总之，在“党政分开”的基础上，逐步建立起制度化、法治化的党政关系，是为了从根本上加强党的领导。党要实现对国家的政治领导，必须掌握必要的国家权力。但掌握权力是一回事，如何运用权力则是另外一回事。作为一个居于领导地位的执政党，必须具有驾驭社会重要矛盾、总揽国家全局的意识和能力，大力提高执政能力，而不能使自己总是陷于具体矛盾的漩涡。

本章小结

同其他社会组织一样，行政组织也是静态组织结构和动态组织活动过程的统一，具有政治性和社会性、法制性和权威性、系统性和动态性的显著特性，由组织目标、职能范围、机构设置、职位设置、人员构成、权责体系、运行程序、规章制度和物质因素等要素所构成，并可以划分为行政组织领导体制类型、行政组织权力体制类型、行政组织结构类型和行政组织机构类型等。行政体制是指行政系统中权力划分、机构设置及其运行的各种关系和制度的总和，具有政治性、稳定性、系统性、滞后性和继承性的特点，并可以分为行政权力结构、中央政府体制、地方政府体制、中央与地方关系体制等类型。行政组织设计与编制管理是行政管理的重要内容，对政府职能的发挥、政府运行的状况有着极其重要的影响，必须坚持统一、精简、高效、协调、法制的原则。从狭义上讲，我国行政组织的基本架构是由从中央到地方的各级人民政府所组成；但从广义上看，则是由政党组织、人民代表大会、人民政府、人民政协、军事机关、国家元首、审判机关、检察机关、社会政治团体等组成的。其中，中国共产党居于最突出的地位，必须处理好它与其他各个方面的关系，即“党政关系”。

复习思考题

1. 什么是行政组织？行政组织的构成要素有哪些？
2. 什么是行政体制？行政体制有哪些类型？
3. 什么是行政组织设计？行政组织设计应坚持的原则有哪些？
4. 比较分析行政组织不同类型的优缺点。
5. 概述我国行政组织的基本架构。
6. 结合现实，论述如何处理好“党政关系”。

4 行政领导

本章学习目标

了解领导及行政领导的含义、特点、作用和过程；弄清行政领导者的职位、权力、责任与职责、素质要求，以及行政领导的方法、方式与艺术；把握行政领导选拔任用方式与我国党政领导干部选拔任用制度的改革。

行政领导是行政管理的“首脑”，在行政管理活动的全过程和各领域中都居于核心和主导的地位，是行政管理学的重要研究课题。

4.1 领导

4.1.1 领导的含义

“领导”一词，在汉语词汇中有多重含义，有时指领导活动、领导过程、领导功能，有时指领导者。据美国学者的统计，在现代领导学中，关于“领导”的定义有350多种，“领导者”的定义有160多种。当然，这并不是说“领导”、“领导者”是一个主观随意的概念，而是人们从不同的学科和角度进行研究和把握的结果。①

如果从领导科学的角度来看，它只有两种基本的含义：一种是作为名词的领导，是指领导者；一种是作为动词的领导，是指领导活动。正如美国著名领导学家约翰·科特所指出的那样：“‘领导’一词在日常生活中有着两种截然不同的含义。有时，领导指的是有助于引导和动员人们的行为或思想的过程（即领导活动或领导过程）；有时，它指的是处于正式领导职位的一群人，希望他们起着这个词前一种含义中所指的作用（即领导者）。”②

4.1.2 领导的特点

4.1.2.1 领导是一个社会组织系统

这个系统由领导者、追随者和环境三个要素构成。其中，领导者是在一定的组织

① 朱立言．行政领导学［M］．北京：中国人民大学出版社，2002：33.

② ［美］约翰·科特．变革的力量［M］．北京：华夏出版社，1997：2.

体系中处于组织、决策、指挥、协调和控制地位的个人与集体，居于领导活动的主导地位；追随者是根据领导者的决策和意图，为实现领导目标，从事具体实践活动的个人和集团，构成为领导活动的基本力量；环境是独立于领导者之外的客观存在，是对领导活动产生影响的各种外部因素的总和，是领导活动的基础。这三个要素缺一不可，它们相互结合，才能构成有效的领导活动。

4.1.2.2　领导是一个动态的行为过程

领导的三个要素表现为两对基本矛盾：一个是领导者与追随者的矛盾，另一个是领导者与追随者共同构成领导活动的主体与被改造的客体即客观环境的矛盾。领导者的“投入”要通过追随者的行为效果“产出”，领导活动主体作用于客观环境的过程，一方面要顺应环境变化的规律，另一方面也要能动地改造环境，因而它表现为一个动态的行为过程。

4.1.2.3　领导是高层次的管理

高层次的管理是宏观管理，主要处理带有方针、原则性的重大问题，独立性较强。因此，通常把高层次的管理称为领导。如果将一个组织比喻为一艘轮船，那么没有领导就如船上没有舵，会迷失方向；没有管理，就如同船上漏了一个大洞，不久就会沉没。因此，领导与管理是相互交融、相得益彰的。

4.1.2.4　领导的实质是组织成员的追随

在传统理论中，人们强调领导作为一个社会组织系统，是由领导者、被领导者和领导环境三个因素所构成，强调领导者的权威和被领导者的服从。现在，从时代发展的特征来看，越来越多的学者强调领导的实质是一种追随关系。现代管理学之父彼得·杜拉克指出：“领导者的唯一定义是其后面有追随者。一些人是思想家，一些人是预言家，这些人都很重要，而且也很急需。但是，没有追随者，就不会有领导者。”①

追随与服从在主观意愿上的程度是不同的：追随是主动的行为；而服从可以是主动的，也可以是被动的行为。它与领导者所掌握的权力有关，这个权力是组织赋予的，因而组织成员必须服从。在现实生活中，可以导致追随关系的因素很多，比如品德、知识、才能、信仰、专长、情感等等。人们往往追随那些具有人格魅力、知识、技能和回报能力的人，追随那些可以满足自己的愿望、需求，以及为之提供手段、条件的人。因此，有各种各样的领导者和追随者，比如：家长和孩子、教师和学生、教练和队员、牧师和信徒、二人世界中的恋人、体育文艺领域中的明星和追星族等，他们之间都可以说是领导和追随的关系。领导的核心内容，就是通过引导和影响而建立的追随关系。

正因为如此，领导者也有各种各样。但从领导者产生的形式来分类，领导者基本上可以划分为两大类。

一类是从群体、社会中自发产生出来的。这种从群体中自发产生的领导者，在社会生活中广泛存在。比如：家庭就是一个正式的群体，父母是天然的领袖，父母按照自己的价值观和经验来引导孩子。对于孩子来说，最初的领导行为就发生在家庭。另

① ［美］F. 赫塞尔本. 未来的领导［M］. 成都：四川人民出版社，1998：6.

外，在社会生活中，那些自然涌现出来的领袖人物往往比正式组织中的领导者更具有权威性。像圣雄甘地、南丁格尔、马丁·路德·金等，他们在建立组织之前，就已经有成千上万的追随者，是无可争议的领导者。从这个意义上说，领导者与管理者不同，领导者可以没有组织，但必须有追随者；管理者可以没有追随者，但必须有组织，否则就不成其为管理者。

另一类领导者是通过选举或组织任命正式产生的，包括经过注册、登记而被承认的在正式组织有正式职位和权威的个人或集体。本书研究的主要是后者。

4.2 行政领导

4.2.1 行政领导的含义

跟领导的含义相一致，行政领导也有两种基本含义：名词意义上的行政领导是指在各级行政机关中，具有组织、管理、决策、指挥职能的行政人员，它具体包括各级政府的领导人员和各级政府机关中各部门的领导人员，即行政领导者；动词意义上的行政领导是在行政组织中，经选举或任命而享有法定权威的领导者依法行使行政权力，为实现一定的行政目标所进行的组织、管理、决策、指挥等的社会活动，即行政领导活动。

为了区分这两个概念，本章分别使用“行政领导”和“行政领导者”来表示。

4.2.2 行政领导的特点

行政领导是国家行政管理活动中的领导活动，它具有一般领导的共同特点，又有自身固有的特质。这些特点主要表现在以下方面：

(1) 从概念上看，行政领导只是对“行政”的领导。在我国，国家行政机关行使的是国家的行政权力，管理的是国家的行政事务，一般不包括政务活动。因此，行政领导者依据法律，主要是对纳入行政管理活动范围的事务展开决策、指挥、协调、控制、监督等领导活动，以保证国家行政权力的行使和行政目标的实现。

(2) 从行政领导活动方式的特性上讲，有着明显的执行性。在我国，行政机关是国家权力机关的执行机关，必须在权力机关发出的指令下依法行政，并按照权力机关的合法要求，组织人力、物力，高效、快捷地实现权力机关的工作意志，这使得行政领导活动的方式带有明显的执行性。

(3) 从行政领导活动的社会属性来看，又有鲜明的政治性。这是因为行政机关作为国家机关的重要组成部分，是经济上占统治地位的阶级为实现其阶级使命而建立的组织，必然要体现统治阶级的意志和利益，实现国家的统治职能，所以具有强烈的阶级性，从而决定了行政领导活动也具有鲜明的政治性。

4.2.3 行政领导的地位和作用

行政领导在行政管理中具有重要的地位和作用。具体表现为：

（1）行政领导是行政管理协调统一的保证。行政管理本身是一个复杂的社会系统。为了保证系统内行政活动的协调和统一，就需要行政领导的统一意志和统一指挥。随着社会发展和科技进步，行政机构日益庞大，涉及的领域越来越广，行政事务日益复杂，行政人员不断增加，统一意志和统一指挥的行政领导的必要性和重要性就显得尤为突出。

（2）行政领导贯穿于行政管理的全过程。行政领导作为高层次的行政管理，主要从事决策、组织、指挥、协调、控制、监督等管理活动。这些活动在整个行政组织活动中都居于主导地位，并贯穿于行政管理活动过程的始终。

（3）行政领导是行政管理成败的关键。行政管理是由众多因素构成的大系统，每个因素都对行政管理产生影响。但因行政领导在其中所具有的决策、指挥等功能，使它成为行政行为的指南和准则，是整个管理活动成败的关键。

4.2.4 行政领导的一般过程

（1）接受广泛的行政信息。所谓广泛的行政信息，是指所有可能对行政管理活动产生影响的人、事、物等综合情况反映，包括来自上下左右不同行政层级的信息，管理者和被管理者的信息，正面的和反面的信息。接受信息时，要注意信息的真实性和全面性。

（2）作出科学的行政决策。这是行政领导过程的中心和关键环节。制定目标、制定规范是决策的重要内容，但不是决策的全部内容。行政领导要遵循决策的原则和程序，实现决策的科学化和民主化。

（3）监督执行情况。作出决策之后，行政领导还要采取各种措施，包括接受行政信息反馈、亲临行政执行现场检查工作、对行政执行人员实施考核和奖惩等。通过对行政执行强有力的监督，可以及时纠正执行过程中的偏差，有效保证决策目标的实现。

4.3 行政领导者

4.3.1 行政领导者的职位

所谓行政领导者的职位，是指国家权力机关或党和国家组织人事部门根据法律法规，按规范化程序选择或任命行政领导者担任的职务并赋予其应履行的责任的统一体。其中，职务和责任是构成行政领导者职位的两个不可缺少的要素。只有担任了某一领导职务，才负有与其相应的指挥和统御权；而担任了某一领导职务，就必须承担相应的领导责任。它具有以下三个特点：

（1）职位是以“事”为中心确定的。这决定了行政领导者必须围绕轻重缓急程度不同的行政事务开展工作，并以高效率、高效益为标准推动工作任务的完成。

（2）职位的设置有数量的规定性。职位数量的确定要遵循最低数量的原则。在设置职位时，一要避免因人设事，官职重复；二要避免职权划分不当，权限不明，交叉管理。

（3）职位本身有相对的稳定性。这是由行政领导者职位的法定性所决定的，既不能随意增设，也不能随意废除。同时，某一职位上的行政领导者担任职务的时间长短与责任的主次对职位本身不构成影响。

4.3.2 行政领导者的权力

行政领导者是与权力紧密联系在一起的，其构成要素中首要的就是权力。这是行政领导者实现组织目标的重要手段。

4.3.2.1 领导者权力的构成

领导者的权力来自两个方面：职务和职务外的个人因素。相应地，领导者的权力也是由职务权力和个人权力两部分组成的。

（1）职务权力。这是本来意义上的权力概念，简称职权，是领导者为履行自己的职责而具有的发号施令的影响力。它来源于法定的职务或职位，是外部比如上级、组织、阶级、法律等赋予个人的权力。职务权力一般都是组织条文明确规定的，其特点是同职务具有不可分性：有职就有权，去职则无权；职务权力同职务的关系成正比，职高权大，职低权小。

（2）个人权力。这是职务之外的，由于领导者个人的品德、知识、才能、业绩、声望或其他个人因素而获得的影响他人心理和行为的能力，也就是个人影响力。这是一种具有持久性的、可以超越时空的影响、支配、控制他人的力量或能力。它不是通过行政命令的方式行使，而是通过领导者自身的素质和言行起作用，以对方的追随和自觉服从为前提。它在领导者权力中的作用是显而易见的，领导者用个人权力去影响追随者，通常有较高的绩效，追随者也比较满意。

这样，由职务权力带来的强制性影响力与个人权力带来的非强制性影响力的结合，就构成了现实的领导力，即领导权威。用公式表示为：领导权威 = 职务权力 + 个人权力。

同时还应当注意，职务权力和个人权力在权力结构中并不是均衡的，后者变得越来越重要。人们经常说的开发领导力或开发领导潜力，指的就是开发个人权力，而不是职务权力。在农业经济时代和工业经济时代，权力的来源是血缘关系、财富和暴力，谁拥有这些，谁就容易享有权力。当知识经济时代到来的时候，谁拥有知识、能力，谁就容易拥有权力。人们会更看重个人的品德魅力、知识能力和成功经历。谁拥有这三方面的优势，谁就拥有较大的影响力，也就容易获得正式的职务权力，或者强化自己的职务权力。

4.3.2.2 领导者的权力基础或基础性权力

领导者的权力还可以换一个角度来研究，即领导者的权力从何而来，领导者的权力为什么会对他人有影响力。这就涉及领导者的权力基础，或者说基础性权力的问题。一般说来，主要有以下五种：

（1）合法权，也称法定权、制度权。这是通过组织中正式的职位所获得的权力。领导者处在这个正式的职位上，因此而获得了指挥下属的合法权力。这是获得权力基础的最经常的途径。

(2) 惩罚权，又叫强制性权力。这是由合法权派生出来的，能剥夺他人有价值的东西或给他人造成不良影响，因此必须对合法权力作出反应。惩罚权是建立在下属惧怕的基础上的，如果不服从领导，就可能产生这样那样、直接间接的消极后果。

(3) 奖励权，又叫奖赏性权力。这是惩罚权的相对物。如果能带给他人某种积极的利益或帮助他人免于消极的影响，就是对他人拥有了奖励权。奖励权来自下属追求满足的欲望，下属人员知道领导有能力奖励他，服从领导能给他们带来好处。

(4) 模范权，又叫参照性权力。这是建立在下属对领导者的认同和仿效的基础上的。领导者率先垂范，要求别人做到的，自己首先做到，并且做得更好，就会受到下属的敬佩，引起人们的追随。

(5) 专长权，也叫专家性权力，即领导者确有专长，是专家，有权威。这主要体现在两个方面：一是领导者具有本组织需要的专门知识、特殊技能和创新能力，业务能力强；二是领导者在领导岗位上具有领导水平和管理能力，能胜任领导工作。这日益成为权力的主要来源之一。

在以上这五种基础性权力中，很显然，前三种权力属于职务权力范畴，是构成职务权力的基础；后两种权力则属于个人权力范畴，是构成个人权力的基础。

4.3.2.3 领导者正确用权的基本原则

领导者掌握的权力，必须正确运用，才能进行有效的领导，实现组织目标。其基本原则包括：

(1) 合法性原则。这是指领导者在一定的职权范围内行使自己的权力时，不应与法律相违背。它要求领导者权力的运用必须是在法定职权范围之内的充分运用，必须建立在正当考虑的基础上，必须符合组织目标。

(2) 民主原则。这是指领导者在运用权力的过程中，要充分听取组织内外成员的意见，实行决策民主化和领导集体的集体领导，要反对和抵制等级观念、个人专断作风等。

(3) 例外原则。这是指领导者在运用权力时，必须遵守和维护规章制度，但也有权超越规章制度进行例外处理。但这种例外处理不是为了破坏规章制度，而是为了使规章制度更加合理，用权更加有效。因此，在进行例外处理时，必须要有充分正当的理由，并符合合法性原则和民主原则。

4.3.3 行政领导者的责任与职责

行政领导者的责任，是指行政领导者违反其法定的义务所引起的必须承担的法律后果。它有着多方面的内容，主要由政治、工作、法律三个层面构成。

(1) 政治责任。政治责任即领导责任，是指行政领导者因为违反特定的政治义务或者没有做好分内之事而导致的政治上的否定性后果，以及所应遭受的谴责与制裁。这种政治上的否定性后果就意味着丧失了行使政治权力的资格，意味着不能再是政府行政权力的行使者。具体来说，指的是行政领导者必须积极贯彻党和国家的路线、方针、政策，在政治上与党中央保持一致。

（2）法律责任。法律责任是指领导者担任某一职务，运用某种职权而对法律所应作出的承诺。一旦违反法律规范，就必须承担法律后果，即行政领导者必须依法行政，必须在国家法律、法规允许的范围内工作，遵纪守法。

（3）工作责任。工作责任即行政领导者自己的岗位责任，是指行政领导者担任某一职务所应承担的义务和应负的责任。这一工作责任的进一步展开，就是行政领导者的职责。毛泽东曾经用“出主意，用干部”，“了解情况和掌握政策”，“领导就是预见”等，来高度概括领导者的主要职责。具体来讲，行政领导的职责主要包括以下几个方面：

①规划目标。这是指依据党和国家的方针政策，结合实际，制定出本系统、本单位的长期、中期和短期的奋斗目标，并作出相应的规划。任何一个领导者对本系统的目标都必须了如指掌，并且亲自参与制定。目标规划得好与坏，决定一个系统管理效能的高低；规划目标的正确与否，决定一个系统的兴衰存亡。因此，行政领导者必须亲自抓目标规划工作。

②制定规范。这是指领导、参与建立合理而有效的组织机构和制定各种全局性的管理法规及制度。其中，主要是指建立决策、执行、监督、反馈等组织机构和制定相应的规章制度。这是实现规划目标的保证。

③调查研究。这是行政领导工作的开端，是领导者的一项基本功，是做好全部领导工作的前提和基础。在现代社会，领导者必须努力认识和掌握现代调查研究的新方法、新技术，对占有的材料进行分析、综合、推理、判断，从中找出事物发展的规律和解决问题的方法。

④科学决策。这是行政领导者的一项主要职责。决策的好坏将在很大程度上影响到组织目标的实现，因而美国学者西蒙提出了“管理就是决策”的著名论断。决策是一门综合的学问和技术，成功的决策有赖于领导者本人的经验、学识、魄力与环境因素、科学的决策手段等的结合。

⑤选用人才。“为政之本在于选贤”，选人、用人是行政领导者的一项主要工作，是实现决策目标的决定性环节，领导者工作的成败在很大程度上取决于用人的得失。在现代社会，它是制度机制和领导者个人相互作用的结果。

⑥组织协调。在行政管理过程中，组织内部难免会产生一些矛盾和冲突。有时是因为工作计划本身存在不周到、不符合实际的情况，在执行过程中暴露出来一些问题；有时是因为客观条件发生了变化；更多的情况是因为部属之间的本位主义或个人、单位之间的感情隔阂，导致矛盾。如果不及时协调，这些矛盾冲突就会影响行政目标的实现。因此，协调便成为领导者必不可少的职责。

总之，以上这三个方面的责任，都可以归纳为职务责任，是基于行政领导者的职务权力而必须承担的强制性责任。另外，还有一种非职务责任，是行政领导者巩固权威基础，通过个人权力影响下属而承担的一种非强制性的责任。它主要包括：为下属提供一种希望；通过自己人格的力量培养一种组织精神；处理各种非工作关系，满足下属工作之外的需求；创建领导文化，培养新一代的领导者，为那些年轻有为的下属提供面对挑战的机会，等等。

4.3.4 行政领导者的素质

国家行政机关管理活动的展开，归根结底取决于其工作人员，特别是行政领导者的素质。要建立办事高效、运转协调、行为规范的行政管理体系，建设专业化的公务员队伍，素质建设是其中的重要问题，领导者素质尤其是重中之重。

"素质"一词最早见于生理学，指的是人的神经系统和感觉器官上的先天特点，后来被人们用来泛指事物本来具有的内在特征。所谓"领导者素质"，是指领导者在一定先天禀赋的生理素质基础上，通过后天的实践锻炼和学习所形成的、在领导活动中经常发挥作用的本质要素。领导者素质与先天遗传的生理、心理特点有关，受它们的影响与制约，但主要是后天在社会实践中自身努力的结果。

4.3.4.1 领导者素质的特征

领导者素质具有时代性、综合性、层次性的突出特点。

（1）时代性。所谓时代性，是指不同的历史时期和不同的任务，对领导者素质有不同的要求。同时，领导者的素质既有稳定性的一面，一经形成，便相对稳定地发挥作用，又处在不断变化之中，这也是时代性的表现。这种变化可以是积极的、上行的，也可以是消极的、下行的。如行政管理领域存在的领导者素质急剧蜕变的"59 岁现象"，就是下行变化的突出表现。

（2）综合性。领导者不是具体解决某方面问题的专才，而是综合处理多方面问题的通才，所以必须具备解决工作问题和协调人际关系的综合素质。美国著名领导学家华伦·本尼斯有一个形象的比喻，他说，一个领导者必须依靠三条腿来支撑：一是坚定的雄心壮志，二是领导工作的才能，三是优秀的道德品质，这些是领导者素质的最基本构成。而行政领导者最基本的素质要求是政治品质、政策水平、专业知识和领导才能。还有学者从领导才干方面总结为三才，即口才、文才、干才。只有三才具备，才是帅才。①

（3）层次性。所谓层次性，是指对处于不同层级、肩负不同责任的领导者，素质要求也是不同的。比如美国学者罗伯特·卡茨认为领导者必备三种技能：技术技能（专业业务能力）、人际技能（处理人际关系能力）、概念技能（分析和决策能力）。如果把领导者分为低、中、高三个层次，那么三种技能的结构比例依次为：低阶层——47∶35∶18，中阶层——27∶42∶31，高阶层——18∶35∶47。当行政领导者一步步向上升迁时，他对技术技能的需求将会逐渐降低，而对概念技能的需求程度将会急剧上升。一位高阶层的行政领导者若想发挥最高的效能，就必须具备良好的概念技能。②

4.3.4.2 行政领导者的素质结构要求

根据我国的具体国情，行政领导者的素质结构要求就是"德才兼备"。这是对行政领导者最根本的素质要求。

（1）"德"，是指政治、思想品德。行政领导者负有行使公共权力，维护公共利益，

① 朱立言. 行政领导学［M］. 北京：中国人民大学出版社，2002：119.

② 朱立言. 行政领导学［M］. 北京：中国人民大学出版社，2002：120.

履行公共责任的使命，追求的是社会公平与正义，因而自身的品德素质非常重要。德者，素质之首、人生之帅也。在市场经济条件下失去了德的要求和把握，就会迷失方向。所以，要加强对行政领导者德的方面的教育与考核，加强建章立制，使行政领导者自身具有迫切的修身立德要求，并落在实处。只有具备高尚的品德素质，才能使下属产生认同感和模仿效应，才能保证自身决策心理和领导行为符合公共利益，才能引导组织沿着正确的道路前进。

（2）“才”，是指行政领导者的业务知识、工作能力。这里需要强调两点：一是在知识经济时代，社会进步速度加快，社会公共生活中的科技含量提高，行政领导者必须加强学习，不断吸取新的业务知识，这样才能把握本行业工作的规律和特点，成为管理工作的内行，带领下属完成工作任务，提高工作效率。二是行政领导者要学会当领导，真正成为领导工作的内行。领导者都要结合工作实际，认真学习管理科学和领导科学，从具体工作的内行转变成领导工作的内行。只有不断提高领导水平、领导能力和领导艺术，才能尽到领导责任，科学有效地实施领导。这是保证行政管理和服务质量的一个重要方面。

行政领导者的德与才是相互联系和制约的关系，犹如船的舵和桨。有德无才等于有舵无桨，船难以启动，航行不了；有才无德等于有桨无舵，船会迷失方向，甚至会沉船。也就是说，离开德，才就失去了正确的方向；没有才，德就成为空洞的东西。因此，在实践中必须坚持德才兼备的全面素质标准。

德才兼备素质结构的进一步具体化，就是通常讲的革命化、知识化、专业化、年轻化这“四化”。它准确地揭示了领导者的素质特征。按照这“四化”标准，建设一支高水平、专业化的干部队伍，就是我国对行政领导者共同的素质要求。如果展开来说，则可以从政治素质、文化素质、能力素质、身体素质四个方面加以阐明。

（1）政治素质。行政领导者是最具有政治色彩的人物，必须是政治上的强者。领导干部，就是要讲政治。它主要包括明确的政治方向、坚定的政治立场、正确的政治观点、严明的政治纪律、敏锐的政治鉴别力等方面。这是对行政领导者首要的要求。其中，主要在于政治思想觉悟、政治理论水平和政治品质三点。

（2）文化素质，即文化程度、文化素养。作为一名现代的领导者，必须掌握现代科学文化知识，具有较高的文化程度，这样才能走在时代的前列。文化素质至少应从三个方面把握：一是专业知识的深度，要成为本部门本行业的内行和专家；二是社会知识的广度，要有广博的知识和阅历，成为一个通才；三是领导和管理知识的娴熟度，成为一个领导工作、管理工作的高手。

（3）能力素质。能力是领导者的一种内在素质，是各方面素质的综合作用和结果。行政领导者的能力素质主要包括思维能力（对客观事物进行观察、分析和思考的能力）、协调人际关系能力（善于团结人的凝聚力、带领群众一道前进的组织能力、化解各种人际矛盾的处理问题的能力）和表达能力（口头表达和书面表达能力）三个方面。

（4）身体素质。主要是指健康的体魄和健康的心理。健康的体魄是事业之本，是从事繁重的领导工作及提高自身素质的基础；而个性心理素质的优劣，对领导工作起着积极或消极的作用。一般说来，进取的积极性、开朗的心境、坚强的意志、良好的心理承受能力等优良的心理素质，是领导者应具备的；而自卑感、嫉妒心、软弱的性格、抑郁害羞的气质等，则是领导者开展工作的障碍。

4.3.4.3 行政领导班子的素质结构要求

行政领导者既表现为个人，也表现为集体。所谓领导集体，通常又称为领导班子，是由若干领导成员按照一定的原则、制度科学地排列组合起来相互作用、互相影响的，具有高度组织性和能动性的有机整体。领导班子的素质结构就是指领导成员素质的组合构成，其基本要求主要体现在以下四个方面：

（1）年龄结构。这是指行政领导班子由不同年龄合理构成的最佳的年龄结构。它是根据不同的领导层次，由老年、中年和青年干部按合理的比例构成的综合体，即各年龄区段的领导成员应各占一定的比例。这有助于他们互相取长补短，充分发挥各自的最佳效能；也有利于领导班子实现新陈代谢，保证领导力量的有序交替，从而保持领导活动的连续性和稳定性。

（2）知识结构。这是指行政领导班子中各种知识的合理构成。现代行政领导班子应有较高的文化知识水平，还要强调各类人才的合理搭配。在一个领导班子中，既要有精通管理知识、具有领导才能和管理水平，同时又具有一定的专业知识的“帅才”担任“一把手”，又要有在某个具体学科上有专长的“将才”，作为分管各方面工作的领导成员，才能胜任综合而复杂的行政领导工作。

（3）智能结构。这是指行政领导班子内不同智能的合理构成。所谓智能，是指人们运用知识认识世界、改造世界的水平和能力。而人的智能结构是有差异的，应据此把不同智能类型的行政领导个体组合到领导班子中，既有富有远见卓识、善于分析综合、有决断魄力的主要领导者，又有足智多谋、善于谋划、深思熟虑的智囊人物；既有能够识才、爱才、用才，具有组织人事工作能力的人才，又有兢兢业业、埋头苦干的实干家，从而形成高智能、多功能、高效率的领导集体。

（4）气质结构。这是指行政领导班子成员在不同气质类型方面的合理构成。心理学家通常把人的气质划分为胆汁质、多血质、黏液质和抑郁质四类，各有特点。在选配领导班子成员时，应当注意不同类型气质的互补，使领导成员能够彼此相容、相互协调、互为补充，充分发挥各自的优点，促进领导集体的和谐、高效。

4.4 行政领导的方法、方式和艺术

4.4.1 行政领导方法

所谓行政领导方法，是指行政领导者在行政活动中为实现行政领导目标而采取的各种手段、办法和程序的总和。它大体上可以分为基本领导方法与日常领导方法两大类型。

4.4.1.1 基本领导方法

（1）实事求是的方法。这既是中国共产党的思想路线，也是我国行政领导的最基

本的思想方法、工作方法。坚持和运用这一方法，必须做到以下三点：

①一切从实际出发，反对主观主义。客观实际是行政领导者发现问题、分析问题、作出决策和制订计划的基本依据。只有真正认识客观事物的本来面目，才能从中引出正确的方针、政策和方法。②发挥主观能动性。行政领导者必须善于思索，将获得的感性材料加以去粗取精、去伪存真、由此及彼、由表及里的改造制作，从中找出事物内部的规律性。③用实践检验和发展真理。通过实践检验，判定从“实事”出发求得的“是”，把被证明为“是”的认识，循着实践、认识、再实践、再认识的规律逐步提高、完善，并在实践的基础上实现主观与客观的具体的、历史的统一。

（2）群众路线的方法。一切为了群众，一切依靠群众，从群众中来，到群众中去的群众路线，是实现党的思想路线、政治路线、组织路线的根本工作路线。它科学地解决了领导和群众的关系，是行政领导者的基本领导方法。坚持和运用这个方法，必须做到：

①虚心向群众学习，有事和群众商量，把群众的智慧、经验和意见集中起来，从而实施正确的行政领导。②领导骨干与广大群众相结合。行政领导者任何时候都必须深入群众，依靠群众，善于发现、培养和使用骨干，并依靠他们团结处于中间状态的多数群众，热情帮助少数后进群众。③一般号召与个别指导相结合。行政领导者必须善于用一般号召去组织群众，向群众指明奋斗目标。同时，蹲点试验，取得经验以指导全局。

（3）矛盾分析的方法。学会分析矛盾，养成分析矛盾的习惯，是做好行政领导工作的重要保证。它主要包括：

①要具体问题具体分析。这是马克思主义活的灵魂。行政领导者必须坚持对事物的主要矛盾与矛盾的主要方面、矛盾的不同性质和解决矛盾的不同方法进行具体分析，凡事从实际出发，因地、因时制宜，防止和反对“一刀切”、“一风吹”、“一个模式”等简单化的做法。②要全面地看问题，学会“弹钢琴”和抓关键。事物内部的各要素及事物之间，都处于相互关联、相互制约、相互作用的发展状态。行政领导者必须全面、系统和发展地思考问题，处理矛盾，防止和反对片面性。③要创造条件，做好矛盾的转化工作。行政领导者必须善于从各方面创造有利条件，使矛盾朝着正确的方向转化。

4.4.1.2　日常领导方法

（1）运筹时间的方法。行政领导者的工作千头万绪，要想提高行政效率，必须学会运筹时间。比如，把日常事务按照重要性和紧迫性分成 A、B、C 三类，集中时间和精力去处理最重要的 A 类事务，兼顾比较重要的 B 类事务，而对不太重要的 C 类事务则交给别人去办。此外，要善于把零星时间集中起来使用；要集中一段时间不间断地处理主要的领导事务；要善于用电话、电子邮件等方式来处理公务，节约时间。

（2）主持会议的方法。行政领导者主持会议要做到以下几点：一要明确会议目的，事前做好充分准备；二要有议程的安排和议题的确定，必要时编印一些会议资料发给与会者；三要讲究语言技巧，始终围绕会议主题，引导与会者积极思维，使与会者产生感情共鸣；四要善于打破沉默和冷场，善于解决会议中临时出现的争吵和纠纷；五要把握会议时间，控制会议进程；六要有议有决，达成共识，形成决议；七要及时吸收会议中有用的信息、思想、创见，扩大会议成果；八要通过会议进行沟通交流，及时发现人才，培养人才。

(3) 处理公文的方法。公文是传递信息、实施领导的一种有效方法。行政领导者在签批处理公文时要注意以下几个问题：一是控制发文；二是筛选来文；三是限期办文；四是催促完文。此外，签批公文要具体、明确，要有针对性和时效性，要落到实处。

(4) 咨询评估的方法。现代行政领导工作比以前更加复杂，难度更大，单凭领导者个人的能力和经验是不够用的，因而在领导决策之前向专家学者进行咨询，以便决策时打开思路，减少失误。这是现代领导者普遍采用的一种有效方法。同时，行政领导者的绩效如何，领导决策实施的效果如何，都需要进行评估。评估可以是定性评估，也可以是定量评估；可以是自我评估，也可以请他人评估；可以是事中评估，也可以是事后评估。只有在评估的基础上，才能决定决策是否已经完成，或者是否需要调整与修正。

(5) 网上行政与网上领导的方法。行政领导者要善于利用计算机、互联网来获取信息，处理公务，与上下级和同级进行沟通交流。通过电子政务的手段实现行政管理的公开化、透明化、规范化，进一步提高办事效率。利用互联网，有利于行政领导者与追随者一对一地互动交流，有利于快速回应群众的需求，回应环境和系统的变化。

4.4.2 行政领导方式

行政领导方式是行政领导者从事领导工作的风格和行为，是在领导过程中领导者、追随者及其作用对象相结合的形式。它的核心问题是正确处理上下级关系，可以从不同的角度进行分类。

4.4.2.1 重人式、重事式与人事并重式的领导方式

这是按行政领导活动的侧重点进行的分类：

(1) 重人式致力于形成和谐的人际关系和宽松的工作环境，以人为中心进行行政领导活动。

(2) 重事式注重行政组织的目标、任务的完成和效率的提高，以事为中心进行行政领导活动。

(3) 人事并重式则既关心人，也注重工作，做到关心人与关心事的辩证统一。关心人，才能调动人的积极性；关心工作，才能使每个人都有明确的责任和奋斗目标。同时，这种划分并非绝对，其运用也非单一、不变。行政领导者应当根据其素质、能力和客观环境、工作性质、领导对象等条件，确定以某种方式为主，并辅以其他方式。

4.4.2.2 强制式、说服式、激励式、示范式的领导方式

这是按行政领导者作用于下属的行为方式进行的分类：

(1) 强制式。现代行政组织为了意志统一、行动一致、效率提高，往往会发出以惩罚为外在特征的、强制性的行政指令来约束或引导行政人员的言行。一个行政领导者要善于运用行政指令来规制和指挥行政人员和行政活动的参与者，保证他们不违反行政指令，保证他们服从自己的权威，并借此保证最低限度的行政效率。但同时，强

制总是有限度的，而且容易引起下属的逆反心理，务必慎用。

（2）说服式。这是行政领导者应当经常使用的领导方式，包括劝告、诱导、启发、劝喻、商量、建议等易于领导者与群众双向沟通的方式。它有利于贯彻行政领导者的领导方略，有利于上下级达成共识、建立上下级的共同情感、加强上下级协同的工作愿望，从而优化人力资源，提高行政效率。

（3）激励式。这是最直接服务于提高领导效能的领导方式，是行政领导者使用物质或精神手段激发下属的工作积极性，达到决策目标的推进型领导方式。它大致可分为两种：一种是普遍激励，针对组织中的所有成员，包括改善工作条件和提高工作报酬；一种是特殊激励，主要针对那些工作积极、态度端正、成效显著的人员，包括物质奖励和精神奖励。

（4）示范式。身体力行、率先垂范是塑造良好领导者形象的重要方式。领导者是一个组织的象征，其精神面貌、行为方式、工作方式、工作动机、价值观念，乃至个人趣味，对本组织人员都会产生明显的或潜移默化的影响。领导者吃苦在前、享受在后，本身就是对组织成员以高昂热情投入工作的无声号召。

4.4.3 行政领导艺术

行政领导艺术是领导者领导方法的个性化、艺术化，是领导者在工作中结合普遍经验与个人体会形成的。它是因人而异的，是领导者素质和能力、魅力和影响力的综合体现，具有创造性、随机性、权变性和非模式化的特征，最忌讳模仿。大致可分为两种类型：

4.4.3.1 行政范围影响意义上的领导艺术

（1）总体性领导艺术。这是作为领导者有效工作的基本要求，即要善于洞察形势，抓住有利时机，利用良好机遇。

（2）局部性领导艺术。这是对正确处理整体与局部关系的要求，以提高工作效率。

（3）专业性领导艺术。这是要求各级各类领导者需要结合自己的工作实际来加以把握和运用，对自己所从事专业的领导工作了如指掌，善于调动各种有利因素，确保工作的高效率。

4.4.3.2 行政领导事务类型上的领导艺术

（1）授权艺术。授权是上级授予下级一定的权利和责任，使其在一定范围内有处理问题的自主权，包括授权留责、视能授权、逐级授权、授权追踪等方式。运用授权艺术，既可以帮助领导者“分身有术”、“事半功倍”，又可以激发下属的责任心、上进心，提高工作绩效。

（2）用人艺术。它主要讲究人尽其才，这是高效率利用人力资源的必然要求。“知人善任”是用人艺术的基本要领。行政领导者要了解下属、知其短长、以诚相待、用长避短、用养结合、合理激励、奖惩有度，以达到提高工作效率的目的。

（3）处事艺术。领导者每天都有大量亟待处理的事务。干好领导工作，忠于职守，专心本业，统筹安排，学会“弹钢琴”等等，是领导者处事的要则。

（4）运时艺术。它既包括领导者处理本职工作的时间安排，也包括他对本组织内各类事务处理的时限运筹。要有时间意识、合理安排时间消耗比例、善于把握高效率的黄金时段、充分利用各种有利因素延长内在时间，从而提高时间使用效率。

4.5 行政领导者的选拔任用制度

4.5.1 行政领导者的选拔任用方式

4.5.1.1 选任制

选任制，是指按照有关法律、章程的规定，通过民主选举的方式产生行政领导者的一种制度。这是我国目前党政领导干部任用的主要形式之一。比如，各级党委、人大常委会、政府、政协及各人民团体和群众组织的领导干部，均由各自的代表大会或全体委员会议采取民主选举的方式产生。一般说来，选任制能够较好地反映民意，体现民主管理的原则，选举结果也具有较强的权威性和公正性，为领导者今后开展工作打下良好的基础。同时，选举通常是定期进行的，对领导者的任期有明确的规定，可以有效克服领导者终身制的弊端。但是，选任制也有一定的局限性。比如：由于人际关系的原因，得票最多的人不一定就是最佳人选；行政首长、行政长官意志常常左右选举结果，使选任制流于形式；科技和专业领域不适宜使用选任制，等等。为了克服选任制存在的不足，在实践中，往往把选任制与其他方式结合起来使用。

4.5.1.2 委任制

委任制，也称任命制，是指依法由上级首长或主管部门经过考察了解，直接下令委任其部属担任某种领导职务的制度。在西方国家，行政首长一般有权直接委任其助手和秘书等助理人员。我国行政领导者的产生则大多采用委任制。这种方式的优点是权力集中、程序简便、责任明确、行动迅速，有利于今后工作中上下级之间的支持与合作。但同时存在着局限性，主要是行政首长权力比较大，主要依赖于他个人的责任心、品质、价值评判等主观因素，由此会造成下属为了升职而阿谀奉承。随着我国各方面改革的深化，委任制在方式、方法和内容上也在不断调整。

4.5.1.3 考任制

考任制，是指通过公开考试的方式，按照法定程序要求，根据统一的评价标准，依照择优录用的原则产生行政领导者的制度。这是一种具有生命力的科学选拔方式，在世界各国得到越来越广泛的运用，我国对此也越来越重视。这种方式的优点是：广开才路，能够吸引更多有真才实学者；公开平等，客观性较强，能够有效防止任人唯亲、凭个人好恶决定晋升的弊端；择优录用，大家机会均等，严格按照考试成绩排序，在竞争的基础上鉴别人才；思想观点由“要我干”转变为“我要干”。但考任制也有一定的局限性，如对能力水平的测定不易准确，对政治素质和思想品质的衡量比较困难等。因此，考任制往往更多地用于基层行政领导者的选拔，对于高级行政领导者的选拔通常是采用考试与考察相结合的方式来进行。

4.5.1.4　聘任制

聘任制，是指根据工作需要和职务要求，通过协议或合同的方式选用行政领导者的制度。任用单位有聘用和解聘的权力，被任用者也有应聘和解聘的权力。在聘用合同中，要明确规定双方的责、权、利，以及合同的有效期限，期满后可续签。这种方式的优点是：有利于广招人才，破除人才的地区和单位所有制的限制，促进人才的合理流动；有助于克服常任制中存在的惰性，增强危机意识，建立竞争机制；可以减少财政人员支出，节约成本；促进行政系统的法制化建设。近年来，我国许多地方政府开始尝试采用聘任制，积累了一些经验。2006 年 1 月 1 日正式实施的《中华人民共和国公务员法》也明确提出要推行聘任制。

4.5.2　我国党政领导干部选拔任用制度的改革

所谓党政领导干部，通常是指在我国各级党委、人大、政府、政协、法院、检察院、人民团体等公共部门中担任县处级以上领导职务的人员。他们是我国公共权力的主要代表者、拥有者和行使者。如何科学选拔、培养造就一支优秀的党政领导干部队伍，直接关系到我国改革开放的成败和社会主义现代化建设的全局。

2002 年 7 月，中共中央制定并正式颁发了《党政领导干部选拔任用工作条例》，就认真贯彻执行党的干部路线、方针、政策，建立科学规范的党政领导干部选拔任用制度，形成富有生机与活力的用人机制，推进干部队伍的革命化、年轻化、知识化、专业化，作出了明确和科学的规定，成为管理我国党政领导干部的基本法规。

随着这一条例的正式颁布，我国开始全面推进党政领导干部制度改革，重点是深化党政领导干部选拔任用制度改革，推进领导干部能上能下。通过扩大民主，引入竞争机制，促使优秀人才脱颖而出；健全相关制度措施，形成正常的更新交替机制；逐步实现领导干部选拔任用、考核、交流、监督等工作的规范化，从制度上防止和克服用人上的不正之风和腐败现象。

4.5.2.1　加大公开选拔领导干部和竞争上岗的工作力度

公开选拔领导干部是干部选拔任用制度的重大改革。通过逐步提高公开选拔的领导干部在新提拔同级干部中的比例，力争使通过公开选拔产生的地厅级以下委任制领导干部的人数，达到新提拔同级干部总数的 1/3 以上。当党政机关内设机构出现空缺时，也要尽可能采取竞争上岗的方式确定任职人选。同时，进一步规范程序、改进方法、降低成本、完善公开选拔工作的配套措施，以实现公开选拔党政领导干部工作的规范化、制度化。此外，还要把推行公开选拔、竞争上岗与培养选拔优秀年轻干部和改进后备干部制度有机结合起来，保证他们健康成长。引入竞争机制，面向全社会选拔高素质的党政干部，打破人才和职位地域所有、部门所有、单位所有的限制，在更广阔的范围内，发现人才、选拔人才，促进优秀人才脱颖而出。

4.5.2.2　坚持和完善党政领导干部的民主推荐、民意测验、民主评议制度

要把民主推荐作为选拔任用党政领导干部的必经程序，没有经过民主推荐的不能列为考察对象。要充分尊重民意，对民主推荐中多数群众不拥护的，不能列为考察对象。要严肃民主推荐、民主测评纪律，对于打招呼、拉选票的要严肃处理，对贿选的

要绳之以法。同时，在考察方法上，要求通过个别谈话、发放征求意见表、民主测评、实地考察、查阅资料、专项调查、同考察对象面谈等方法，广泛深入地了解情况，在更大的范围内倾听群众的意见和呼声。此外，要根据考察对象的不同情况，通过适当方式在一定范围内发布干部考察预告。

4.5.2.3 完善党委讨论干部的民主决策制度

讨论决定是干部选拔任用的决定性环节。讨论决定干部必须坚持党委（党组）集体领导，不能以书记办公会代替常委会，不能个人说了算或少数人说了算。党委（党组）讨论干部任免，必须有2/3以上的成员到会，并保证与会成员有足够的时间听取情况介绍，充分发表意见。在此基础上，采取口头表决、举手表决或无记名投票等方式进行表决，以党委（党组）应到会成员超过半数同意形成决定。其中，对市（地）、县（市）党委、政府领导班子正职拟任人选和推荐人选，由上级党委常委会提名，全委会无记名投票表决。在全委会闭会期间，由党委常委会作出决定，但在决定前应充分征求全委会成员的意见。

4.5.2.4 推行党政领导干部任前公示制

实行领导干部任前公示制，是近年来党政领导干部制度改革的一项新成果，对于调动群众参与干部选拔任用工作的积极性、加强对干部工作的监督具有重要作用。提拔担任地（厅）、司（局）级以下领导职务的，除特殊岗位和在换届考察时已进行过公示的人选外，在党委（党组）讨论决定后、下发任职通知前，应在一定范围内进行公示，进一步征求干部群众的意见，自觉接受群众监督。下级机关和党员、干部、群众对干部选拔任用工作中的违纪违规行为，有权向上级党委（党组）及其组织（人事）部门、纪检机关（监察部门）举报、申诉，受理部门和机关应当按照有关规定认真负责地核实处理。对群众反映的问题要认真查实，对于确实存在影响任用问题的干部，不能提拔任用。这是扩大干部工作中的民主，加强群众监督，减少和防止用人失察失误的一种好方法。

4.5.2.5 采取多种措施解决干部“能下”问题

根据不同类型、不同层次、不同岗位的职务特点，细化不称职和不胜任现职干部认定标准。通过民主评议、民意测验、实绩考核等方法，确定调整对象。通过实行待岗、转岗或辞职、降职等办法，疏通干部“下”的渠道。逐步建立领导干部任期制、任职试用期制、部分领导职务聘任制等制度，从制度上进一步解决好干部能上能下的问题。

（1）实行党政干部任期制度。科学规定领导职务任期制的实施范围，合理确定领导职务任（届）期限制。主要领导职务和其他领导职务、专业技术性强的部门领导职务与其他领导职务、执行部门领导职务与参谋咨询部门领导职务、要害部门与一般部门的领导职务应有所区别。凡属选举产生的领导职务，连续任职一般不得超过两届。同时，完善领导干部任期管理制度，建立任期目标责任制，确保领导活动在任期内良好、有效、健康地开展。

（2）实行党政干部任职试用制度。严格按照中央组织部《党政领导干部选拔任用工作条例》的规定，对提拔担任非选举产生的地（厅）、司（局）级以下领导职务的，实行试用期制度。试用期为一年，试用期满，经考核胜任的正式任职，不胜任的免去试任职务。

(3) 实行和完善干部辞职制度。调整和撤销不称职、不胜任现职干部，健全和完善对领导干部和干部选拔任用工作自上而下和自下而上的监督体系。党政领导干部因工作严重失误、失职造成重大损失或恶劣影响，或者对重大事故负有重要领导责任，不宜再担任现职，由本人主动提出辞去现任领导职务，包括因公辞职、自愿辞职、引咎辞职和责令辞职四种。

4.5.2.6　完善党政领导干部考核制度

建立健全党政领导干部定期考核制度，普遍实行届中和届末考核。在建立党政领导班子任期目标责任制和党政领导干部岗位职责规范的基础上，研究制定以工作实绩为主要内容的考核指标体系。建立考核举报、考核申诉、考核结果反馈等制度。改进实绩考核方法，加大考核结果运用的力度。同时，研究制定防止干部考察失真失实的对策。要拓宽考察渠道，广泛听取意见，不仅了解干部工作方面的情况，而且了解干部思想、生活、社交等方面的有关情况。要重视核查知情人提供的情况，对在考察中群众反映强烈、情况复杂或意见分歧较大的问题，要深入进行专项调查，并根据实际情况实行考察预告制。

4.5.2.7　使干部交流工作规范化、制度化

各地区、各部门要结合实际，制定具体办法，对培养锻炼性交流、回避性交流、任职期满交流，逐步规范化和制度化。对一些重要岗位的领导干部，实行跨地区、跨部门交流。抓好中央、国家机关与地方之间，东、中部地区与西部地区之间，党政机关与企事业单位之间的干部交流。尤其要疏通从国有企业、高等院校、科研院所和其他社会机构中选拔党政领导干部的渠道。除少数民族地区外，凡在原籍任职或在一个地方任职时间较长的县（市）委书记、县（市）长、县级纪委书记、组织部长、公检法三长等重要职务，要有计划地实行易地交流。同时，逐步健全党政领导干部交流的激励机制和保障机制，把干部交流同培养使用结合起来，形成正确的政策导向，引导干部向艰苦地区和艰苦岗位交流，并严肃干部交流工作纪律，妥善解决干部交流工作中的各种实际问题，完善配套政策。坚持在实践中、在艰苦的环境中培养锻炼干部。

4.5.2.8　加强对领导干部和干部选拔任用工作的监督

监督的重点是各级党政“一把手”、年轻干部、执纪执法部门和掌管人财物等部门的领导干部。建立和完善干部谈话制度、诫勉制度、回复制度、领导干部报告个人重大事项制度、廉政鉴定制度、任职经济责任审计制度，以及组织部门和纪检、监察部门联席会议制度；加强上级党委对下级领导干部的监督；建立领导班子内部监督制度，改进和完善党员领导干部民主生活会制度；拓宽监督渠道，积极支持人大代表、政协委员的评议监督和人民群众、新闻媒体等各方面的监督；研究制定有关法规和制度，明确各有关监督主体的权利、责任，规范监督行为，实行依法监督。

同时，加强对党政领导干部选拔任用工作的监督。切实做到没有经过民主推荐的不提名，没有经过组织考察的不上会，党委集体讨论时多数人不赞成的不通过，逐步建立并实施干部选拔任用工作责任制和用人失误追究制度，明确选拔任用工作过程中

推荐、考察、决定等各个环节的责任主体和责任内容，明确规定各级党委（党组）及其组织（人事）部门、各级纪检机关（监察部门）对干部选拔任用工作都承担有监督的责任。对干部选拔任用工作中的失职、渎职行为，依照有关纪律和法律规定追究责任，加大对用人上的不正之风和腐败现象的查处力度。

通过以上制度建设及其改革，把坚决贯彻邓小平理论、忠实实践“三个代表”重要思想和努力践行科学发展观作为党政领导干部选拔任用的首要条件，同时注重工作实绩和群众认可度，并围绕科学决策能力、驾驭全局能力、开拓创新能力，构建党政领导干部核心能力框架，以更好地体现时代要求，赋予干部队伍“四化”方针和德才兼备原则崭新的内容，从而促进党政领导干部整体素质的提高。

本章小结

尽管领导和行政领导有着丰富的内涵，但如果从领导科学的角度来看，它们只有两种基本的含义：一种是名词意义上的，指领导者和行政领导者；一种是动词意义上的，指领导活动和行政领导活动。行政领导是行政管理协调统一的必要保证，并贯穿于行政管理的全过程，在行政管理中居于主导地位，发挥着关键作用。行政领导者是职位、职权、职责的统一体，一旦他担任了领导职位，就拥有了一定的领导职权，也必须承担相应的领导职责。同时，要成为行政领导者，必须有较高的政治素质、文化素质、能力素质、身体素质等。行政领导活动是一个综合复杂的过程，体现了科学性与艺术性的统一。行政领导者在领导活动中必须掌握必要的领导方法，运用正确的领导方式和高超的领导艺术，不断提升自己的领导力，更好地达成组织目标。党政领导干部是我国公共权力的主要代表者、拥有者和行使者。如何科学选拔、培养造就一支优秀的党政领导干部队伍，直接关系到我国改革开放的成败和社会主义现代化建设的全局。当前，我国开始全面推进党政领导干部制度改革，其中的重点就是深化党政领导干部选拔任用制度改革，并取得了重大成果。

复习思考题

1. 什么是领导？领导的特点表现在哪些方面？
2. 什么是行政领导？行政领导在行政管理中的作用表现在哪些方面？
3. 行政领导者的权力和责任主要有哪些？
4. 行政领导者的素质要求有哪些内容？
5. 简述行政领导的方法、方式与艺术。
6. 结合现实，论述我国党政领导干部选拔任用制度的改革与创新。

5 人事行政

本章学习目标

了解人事管理与人事行政的含义、特点、职能和作用；弄清公务员管理的含义、原则、机制和主要内容；把握中外公务员制度的建立过程、主要特点和发展趋势；展望传统人事管理向人力资源管理的转变。

行政管理活动的主体是人，人是整个行政活动中最活跃的因素。没有人，就构不成行政活动、行政关系和行政组织，行政职能也就无从体现。任何行政组织为了更好地实现组织目标，必须建立一支能够充分了解组织使命并努力完成组织任务的队伍，并且采取一定的措施和手段对他们加以管理和监督，从而不断提高行政管理活动的效率。这些都涉及人事行政。

5.1 人事管理

5.1.1 人事的含义

“人事”一词在我国古代就已经出现，在汉语中有着不同的含义：一是指人情事理或人世间的事情；二是指人为之事或人力；三是男女间之事；四是指交际应酬或送人礼物；五是指国家机关和社会组织中用人治事行为。

现代的“人事”一词，则是指人与所做的“事”之间的关系。世界上的任何一件事情，都要靠人去做；任何一个成年的、有劳动能力的人，都要做事。人要去做事，事要人去做，就必然发生人与事的关系，即人事关系。它包含了多方面的内容：

(1) 事的数量与人的数量相适应。这是指事的总量和做事人的总量的关系。一定数量的事要有相应数量的人去做：人少了不行，会造成一部分事没人干；人多了也不行，会造成有些人没事干，都将导致事与人的脱节。

(2) 人与事在结构上相适应。这是指事的种类和做事人类型的关系。社会中的事有千万种，每一种又可分为许多类。每一类事在性质、特点上都各不相同。因此，做事人也应有多种类型，并且各类人员应该和各种事所要求的数量相一致。

(3) 人员的资格条件和他从事的具体事情的要求相适应。这是指每一件事对人员资格的要求和事与人的资格的关系。各种事由于具有性质、特点和繁简、难易程度的不同，因而对人员资格的要求（受教育程度、专业水平、经历、心理特征和身体状况等）也不同。

(4) 共事人相适应。这是指人与人之间的关系。任何一个人都不可能脱离别人而孤立地与事发生关系，只有在和别人建立某种关系，并在别人支持、协助下才能做事。这充分表明，人事关系不仅包含人与事的关系，而且包含共事人之间的关系。

因此，在现代管理科学中，“人事”是指人们在社会生产劳动过程中形成的人与事、人与人之间的关系。

5.1.2 人事管理的含义

所谓人事管理，就是对人事关系的管理，是指以从事社会劳动的人和有关的事的相互关系为对象，通过组织、协调、控制、监督等手段，谋求人与事，以及共事人之间的相互适应，以实现人尽其才、事尽其功这一目标所进行的管理活动。它具有以下丰富的内涵：

(1) 人事管理并不直接管理社会劳动过程，也不是简单地对人或事进行管理，而是对社会劳动过程中人与事之间的相互关系进行管理。它的基本职能是谋求社会劳动过程中人与事相互适应，做到事得其人、人尽其才。离开了人与事的关系，把人与事各自孤立起来，说人事管理就是管理人和管理事都是不正确的。人事管理的对象是人与事的关系，离开了这种关系就没有人事管理。

(2) 人事管理是通过组织、协调、控制、监督等手段进行的。组织是指在“知人”和“识事”的基础上，根据因事择人的原则，使人与事结合起来；协调是指根据人与事各自的发展变化，及时调整它们之间的关系，保持人事相宜的良好状态；控制是指采用行政的、组织的、思想的种种办法，来防止人与事关系的对抗；监督是指对组织、协调、控制人事关系活动的监察，促进人事管理的公开化和法制化。

(3) 人事管理并不是让人消极地、被动地适应事的需要。根据人的能力特点和水平，以及才干的提高，把人安置并及时调整其工作岗位，给他提供充分施展才华的条件和机会，是人事管理的基本职能。可见，人事管理不是消极、静态的管理，而是积极、动态的管理。

5.1.3 人事管理的职能

人事管理的职能主要包括以下几个方面：

(1) 招聘。这是人事管理的开端，即根据工作岗位对任职者的资格要求，通过各种渠道和方法选拔人员，并把他们安排到合适的工作岗位上。

(2) 调配。这是人事管理中的一项经常性工作。员工能力和素质随着时间的推移和主客观条件的变化处于动态之中，需要人事管理工作者及时发现变化，并结合组织管理的实际，适时地调整其工作岗位，从而达到人与事的最佳结合，即“人尽其才、才尽其用、事得其人、事尽其功”。

(3) 培训。这是帮助员工不断提高个人工作素质和能力，实现人事相宜的重要手段。它包括对新员工进行培训，内容涉及管理制度、管理职责、工作流程、工作标准和组织文化等，以及对工作岗位发生变动的员工进行相应的培训，对所有员工进行提高素质和技能的再教育和再培训。

（4）考核。这是人事管理中的一个基本要素。通过考核，全面了解员工的优劣短长，既可以为识别、使用、培训、调动、奖惩员工，以及实行按劳分配原则提供可靠的依据，也是激励先进、鞭策后进、巩固岗位责任制的重要措施。

（5）薪酬。这是人事管理的物质保障，即根据按劳分配的原则，按照工作量的多寡、责任的轻重、所需技能要求、工作条件、任职年限等科学设计薪酬制度，提供一个合理而又有吸引力的报酬待遇，解决员工本人及其供养人口的物质需要，使之安心工作。

（6）劳动关系管理。这是人事管理的法律保障。当员工进入组织后，就与该组织形成了契约基础上的劳动关系，必须对这种关系实施依法管理，包括劳动合同管理、职业安全卫生管理、劳动争议和仲裁管理等内容。

5.2 人事行政

5.2.1 人事行政的含义

所谓人事行政，是指为实现行政目标和社会目标，通过各种人事管理手段对国家行政人员所进行的制度化管理。这一定义包含下列三层意思：

（1）人事行政的管理对象主要是国家行政机关的工作人员，或者说人事行政主要是对国家行政人员所进行的管理活动。所以，人事行政是一种特殊的人事管理工作，是国家行政机关的人事管理工作，也被称为政府人事管理。

（2）人事行政的管理主体是国家行政机关。凡是属于政府权限范围内的人事立法、人事政策、人事安排和人事活动，都必须由政府依法统一制定、管理和实施。

（3）人事行政是一种法制化管理。它的所有管理都是以国家权力为后盾，以法律法规为依据的。无论是行政机构的设置、行政人员的编制，还是行政人员的权利义务、录用、考核、培训、晋升、奖惩、工资、退休等等，都必须依法办理。

5.2.2 人事行政的特点

人事行政与其他领域的人事管理相比，特别是与企业的人事管理比较，具有如下特点：

（1）管理对象不同。我国人事行政的管理对象是国家行政机关的工作人员，而企业人事管理的对象则是在某一企业任职和工作的人员。

（2）管理权来源不同。人事行政管理权来自国家法律和国家行政机关的授予，是国家行政权的一部分，管理主体是国家行政机关。企业的人事管理权来源于对企业资产的产权和经营权，其管理主体则视经济成分的不同而不同，比如股份制企业的人事权掌握在由股东组织的董事会，民营企业的人事权掌握在民营企业主手里。

(3) 权威性不同。人事行政的管理主体是拥有一定国家权力的政府机构，在与其管理对象的关系中存在着一定的不对等性，往往以一种主权者的身份凌驾于管理对象之上，后者几乎没有讨价还价的权利，必须服从管理主体的强制性安排。而企业人事管理的管理对象在这些方面有选择的自由。

(4) 性质不同。人事行政有明显的公益性，基本目的是要不断提高行政效率，为社会提供更多更好的公共产品和公共服务。而企业人事管理则主要体现自利性，主要目的是通过调动员工的积极性，使他们更好地完成工作任务，最终实现企业的利益最大化。

(5) 复杂性不同。政府组织是一个纵横交错、等级严密、规模庞大、人员众多的组织系统，纵向上有若干层次、横向上有众多部门、人员结构也有不同专业和文化背景，构成为一个庞大的系统工程。单单对几百万工作人员进行分类管理就是一件纷繁复杂的工作，其复杂性不是企业组织所能比拟的。同时，企业更多关注的是效率、效益，对其员工业绩的衡量标准比较刚性和简单；而政府更多追求的是公平、正义，对其工作人员政绩的衡量标准难以进行定量评估，比较复杂。

(6) 法律规范程度不同。人事行政必须依法管理，在人事管理的各个环节都有法律法规的严格规范，用人单位往往没有很大的自主权。比如：公务员只要没有重大过错，单位就无权辞退和开除他。企业的人事管理也必须依法进行，但法律往往只是规定了最低要求和标准，因而使企业拥有较大的自主权。比如：企业可以自主设定招聘条件、自主加薪、灵活决定员工的职务升降、解聘等。

5.2.3 人事行政的地位和作用

行政管理的内容很多，但无论哪种管理活动，都需要人去完成。因此，能否选好人、用好人，是各项行政管理活动成功与否的关键。可见，人事行政在国家政权和行政管理中占有极为重要的地位，发挥着巨大的作用。

(1) 人事行政是统治阶级巩固政权、实现统治的首要条件。任何统治阶级要维持其统治地位，都必须在建立和完善适合本阶级统治需要的国家机器的同时，选用一些能够贯彻统治阶级意志的、专门管理这些机构的人员。没有这样一个管理集团，国家机器就不能正常运转，体现统治阶级意志的一切法律、决议和命令就无法执行。因此，统治阶级在夺取政权、建立国家机器之后，首要的任务就是选用能管理国家事务的工作人员。

(2) 人事行政是推动社会经济发展的重要手段。人类社会的发展，归根到底是生产力的发展，也是行政管理的主要职能。通过科学的人事行政管理，努力创造一个公开、平等、竞争、择优的用人环境，建立一套能上能下、能进能出、充满活力的管理机制，开创人才辈出、人尽其才的局面，培养造就一支适应现代化建设需要的行政管理人才队伍，为实现经济社会的可持续发展提供充足的人才保证。

(3) 人事行政是行政管理体系有效运转的组织保证。如果把组织的行政体系比作一架机器，人事行政工作负责的就是这架机器的设计、组装。设计、组装得不好，机器就无法运转。所以说，人事行政工作首先要做好的就是行政体系中机构和行政人员的合理配置。任何行政组织，如果没有高素质的行政人员，没有对这些优秀的行政人员进行合理的配置，没有一个适应组织发展变化的、严密的行政组织系统，就难以实现行政管理目标，也难以有较高的行政效率。

5.3 公务员管理

公务员制度作为一种现代人事管理制度，是人事行政的制度化、法制化、科学化管理较为完备的形式，体现了人事行政发展的一般趋势。所以，它被许多国家所采纳，成为对政府工作人员依法进行管理的基本制度。我国在对原有的干部人事制度的改革过程中，也逐渐认同了公务员制度，决定建立有中国特色的公务员制度，来加强对国家行政机关工作人员的科学化、法治化管理，以适应改革开放和社会经济发展的需要。

5.3.1 公务员的含义和范围

从一般意义上来讲，公务员是指代表国家从事社会公共事务管理、行使国家职权、执行国家公务的人员。2005 年 4 月 27 日第十届全国人大常委会第十五次会议通过的《中华人民共和国公务员法》（自 2006 年 1 月 1 日起生效实施）第一章第二条对我国公务员所下的定义是："本法所称公务员，是指依法履行公职、纳入国家行政编制、由国家财政负担工资福利的工作人员。"

这个定义中包含了我国公务员必须具备的三个缺一不可的条件：依法履行公职是从职能上对公务员规定的条件，也是公务员最本质的特征；纳入国家行政编制是指其经费由行政费开支，与国家行政预算有直接关系；由国家财政负担工资福利，通俗地讲，就是"吃皇粮"，由国家财政供养。

按照公务员定义的三个条件，我国公务员包括下列七类机关的工作人员：

（1）中国共产党机关的工作人员，具体包括：①中央和地方各级党委、纪检委的领导人员；②中央和地方各级党委工作部门的工作人员；③中央和地方各级纪检机关内设机构的工作人员；④街道、乡、镇党委机关的工作人员。

（2）人大机关的工作人员，具体包括：①各级人大常委会的领导人员；②各级人大常委会工作机构的工作人员；③各级人大专门委员会的办事机构的工作人员。

（3）行政机关的工作人员，具体包括：①各级人民政府的组成人员；②县级以上各级人民政府工作部门和派出机构的工作人员；③乡镇人民政府机关的工作人员。

（4）政协机关的工作人员，具体包括：①政协各级委员会的领导人员；②政协各级委员会工作机构的工作人员；③政协专门委员会的办事机构的工作人员。

（5）审判机关的工作人员，具体包括：最高人民法院、地方各级人民法院的法官、审判辅助人员和行政管理人员。

（6）检察机关的工作人员，具体包括：最高人民检察院、地方各级人民检察院的检察官、检察辅助人员和行政管理人员。

（7）八个民主党派机关的工作人员，具体包括：①中央和地方各级委员会的领导人员；②中央和地方各级委员会职能部门和办事机构的工作人员。

另外，由于工会、共青团、妇联等群团组织有其特殊性，各自代表着特定的群体，是党和政府联系广大人民群众的桥梁和纽带，其机关工作人员不列入公务员范围，有利于发挥他们各自的特殊作用，有利于其参与国际交流和合作。同时，又因为他们承担着类似党政机关的职能，所以其机关工作人员参照公务员法进行管理。

5.3.2 公务员管理的含义

公务员管理是研究公务员管理规律的学科，其任务在于揭示反映公务员管理客观规律的科学原则和方法。它是随着公务员制度在英国产生，然后被多数国家所采用而兴起，并逐步从行政学和人事管理学中分离出来，而成为一门新兴学科。在我国，公务员管理是在中共十一届三中全会以后，随着改革开放的不断深入而出现的。尤其是自1993年中国全面推行公务员制度以来，为这门新兴学科的发展创造了极为有利的条件。同时，如何运用公务员制度，加强对公务员的管理，并从中找到公务员管理的规律，也就成为一个重要的研究课题。

这是因为根据人力资源开发与管理的理论，在各种人力资源中，公务员属于高层次的人力资源，公务员管理是高层次人力资源开发，是人力资源开发与管理中的重要环节。可以说，一个国家公务员的素质、公务员队伍的建设，在很大程度上决定了这个国家政府的工作效率、工作水平、工作质量和形象，乃至在国际社会中的地位和实力。因此，搞好公务员的开发与管理，选拔、培养、造就一支高素质、高水平的公务员队伍，健全公务员制度，将为我国建立起办事高效、运转协调、行为规范的行政管理体系提供重要的保障，可以大大地推动政府行政管理的科学化、民主化和法治化。

5.3.3 公务员管理的原则

搞好公务员管理，应当遵循一定的原则。这些原则相互联系、相互促进，贯穿于公务员管理的各个环节。

(1) 公平竞争原则。这是公务员管理的基本原则，也是现代人事行政区别于传统人事行政的重要标志，贯穿于公务员管理的全过程，并主要体现在公务员的考试录用、晋升与降职、职务任免和辞职辞退等环节中。它要求遵循公开、平等、竞争、择优的原则，选优汰劣、选贤任能、奖勤罚懒，促使优秀人才脱颖而出。它确认了每个公民、每个公务员都具有平等的人事竞争权，国家通过法律保护公平竞争的环境和公民、公务员在竞争中的合法权益，以保证公务员队伍的高素质。

(2) 注重实绩原则。这既是现代人事管理的突出特点，也是激励公务员勤奋并创造性工作的主要手段。它的核心内容是在政治素质、政策观念、职业道德、工作能力、工作成绩、资历学历、身体条件等诸多因素中，以工作实绩作为考核、评价公务员的主要标准和依据，并把考核的结果同公务员的职务升降、工资待遇、奖惩措施直接联系起来。这是因为工作实绩集中反映了一个人的思想政治觉悟、专业能力和工作态度，是衡量“德才兼备”的具体尺度。注重实绩可以有力地克服“干好干坏一个样”和无功受禄等现象，并有利于创造一种人人向上、积极进取的组织气氛。

（3）党管干部原则。这是我国作为社会主义国家不可动摇的人事制度根本原则，是党的民主集中制组织原则在公务员管理工作上的体现。实行公务员制度，是党的干部制度在新的历史条件下的自我发展和自我完善，不是摆脱、削弱或淡化党对机关干部人事工作的领导，而是适应现实的需要，根据机关自身的特点，建立起科学、合理的人事行政管理制度，以加强和完善党对机关工作人员管理工作的领导，并通过把党的组织路线、方针、政策按一定程序转化为机关人事管理的法规，依法对机关工作人员进行管理。

（4）依法管理原则。这既是公务员管理的基本特征，也是我国人事管理制度法制化、科学化的重要标志。公务员管理内容复杂、涉及面广、政策性强，只有坚持依法办事，才能有效展开管理活动。只有建立健全法律法规，才能使其管理从录用、考核、培训、奖惩、升降到工资、辞职、辞退、退休、监督等各个环节，都有严密的基本法律或单项条例和具体措施加以规定，做到有法可依、有法必依、执法必严、违法必究，从而将公务员管理纳入规范化、法制化的轨道。

5.3.4 公务员管理的机制

要对公务员进行有效管理，还必须具备一些相应的机制，才能保证整个公务员管理的正常运转。

（1）择优机制。择优机制是指用统一的标准，在公开、平等、竞争的原则下，采取公开考试、择优录用的办法来选拔公务员，从而确保进入公务员队伍的人员具有良好的素质。这是把好公务员管理“进口”关的关键环节。

（2）竞争机制。把竞争机制引入公务员管理，是建立公务员制度所必需的。只有在公开、平等条件下展开竞争，合格的公务员才会大量涌现，大批人才才能脱颖而出。引入竞争机制，有利于增强人们的竞争意识，激励人们积极进取；有利于改变论资排辈、“当太平官”、“坐铁交椅”的陈旧观念；有利于克服平均主义，干部能上不能下、能官不能民、能进不能出的现象；有利于人才的合理流动、合理使用，充分发挥人的聪明才智；有利于克服用人上拉关系、任人唯亲的不正之风，等等。

（3）激励机制。建立以考核实际工作成绩为主要环节的激励机制，严格考核公务员的工作成绩，并把考核结果作为职务升降、奖惩、调整工资级别的主要依据。这是公务员制度优越性的重要体现，有利于优胜劣汰，克服“干好干坏一个样”现象，提高政府的工作效率。

（4）更新机制。公务员队伍要永远保持生机与活力，就必须不断地更新、交流与流动，要做到该进的能进、该出的能出、该退的能退、该解职的能解职，并允许自愿辞职。同时，还要注意公务员知识的更新，要不断进行培训，进行继续教育，从而使公务员的知识、技能适应工作职务的需要，并与社会发展保持同步。这就必须建立、健全考试、录用、交流、培训、退休、辞职、辞退等各项管理制度。

（5）调节机制。一种好的制度，单有竞争机制还不够，在竞争的前提下还要引入社会调节机制。通过建立社会调节机制，负责人员流动和交流中的培训、职业介绍、社会保险等工作。这样，才能使人才合理流动，有选择职业的余地。同时，调解和裁决人员流动过程中发生的各种纠纷的人事仲裁制度，也是不可缺少的。

（6）保障机制。公务员制度的推行要依靠严密、有效的保障机制。科学、有效的工资、福利、保险制度，是推行公务员制度的重要保障。它既是公务员个人生存、满足其基本生活需要的保障，也是公务员个人发展、受人尊重、自我价值实现的保障，同时还是吸引优秀人才、提高公务员和公务员队伍素质，保持公务员队伍的稳定、廉洁、高效的重要保证。因此，必须制定一个科学、有效的公务员工资、福利、保险制度。

（7）监督机制。公务员是代表国家行使行政权力的特殊群体，必须要建立相应的监督机制来约束公务员的行为，使他们依法行政、勤政廉政。因此，必须完善公务员立法，健全监督体系，充分发挥党的监督、立法监督、司法监督、行政监督和人民群众监督的作用，从制度上确保公务员廉洁奉公。

5.3.5 公务员管理的内容

根据系统学理论的观点，可以把公务员管理看成一项系统的管理工程。作为一个复杂的大系统，它的各个管理要素又自成系统，可以按照功能和层次分成若干个子系统，子系统又可以进一步细分为若干个小系统。这些相互作用、相互依赖，具有特定功能和共同目标的若干子系统、小系统组合在一起所形成的有机整体，就是公务员管理系统。它主要包括了“进口”、“管理”、“出口”、“监管” 四大子系统，每个子系统又包含了许多个小系统。

5.3.5.1 公务员的“进口”系统

所谓公务员的“进口”，是指由党政部门系统外进入国家各类机关，由非公务员变成公务员的途径。它是公务员管理的首要环节，也是最关键的环节。只有严把“进口”关，才能从根本上保证公务员队伍的素质，保证公务员管理的正常运行。

（1）职位分类。职位分类就是根据公务员职位的工作性质、责任大小、难易程度和所需资格条件，把职位分成不同的类别和等级，为公务员录用、考核、晋升、培训、奖惩、工资待遇等各项管理提供依据。它在整个公务员制度中占有十分重要的地位，是公务员管理的基础，主要包括设置职位、制定职位说明书、确定职务与级别等内容。

目前，我国依据责任大小、工作难易程度、任职资格条件的不同设置了领导职务序列和非领导职务序列两大类，形成了机关的层级结构。其中，领导职务序列包括国家级正职、国家级副职，省部级正职、省部级副职，厅局级正职、厅局级副职，县处级正职、县处级副职，科级正职、科级副职10个层次，非领导职务序列的职务包括巡视员、副巡视员，调研员、副调研员，主任科员、副主任科员，科员，办事员8个层次。同时，按照公务员职位的性质、特点和管理需要，我国公务员职位初步划分为综合管理类、专业技术类和行政执法类，若加上法官检察官类，一共是四大职位类别。以后根据实践的需要，再增设其他职位类别。

（2）考试录用。这是公务员管理的初始环节，是指国家机关采取公开考试、严格考核的办法，面向社会，择优录用公务员。它分为两种：一种是公开招考担任一定领导职务的公务员；一种是通过公开考试，择优录用担任主任科员以下及其他相当职务层次的非领导职务的公务员。目前，我国公务员录用的程序主要包括：制定和发布招考公告、报名和资格审查、笔试和面试、考核和体检、录取和公示、审批和备案、录用和试用、正式任职等环节。这一过程构成了一个完整、有序的系统，而且一环扣一环。每一个环节都是一次筛选，前一个环节不合格者均不得进入下一个环节，从而保证了录用对象的素质。

(3) 义务与权利。公务员的义务是指法律关于公务员在执行国家公务的活动中必须作出一定行为或不得作出一定行为的约束。具体包括：模范遵守宪法和法律；按照规定的权限和程序认真履行职责，努力提高工作效率；全心全意为人民服务，接受人民监督；维护国家的安全、荣誉和利益；忠于职守，勤勉尽责，服从和执行上级依法作出的决定和命令；保守国家秘密和工作秘密；遵守纪律，恪守职业道德，模范遵守社会公德；清正廉洁，公道正派；法律规定的其他义务等。

公务员的权利是指法律关于公务员可以享受某种利益或可作出一定行为的许可和保障，与公务员的义务是有机统一的关系。具体包括：获得履行职责应当具有的工作条件；非因法定事由、非经法定程序，不被免职、降职、辞退或者处分；获得工资报酬，享受福利、保险待遇；参加培训；对机关工作和领导人员提出批评和建议；提出申诉和控告；申请辞职；法律规定的其他权利等。

5.3.5.2　公务员的“管理”系统

这里所讲的公务员的“管理”系统，是指对在职公务员的管理，或者称之为公务员在职期间的管理，是公务员管理中的重要环节，直接关系到公务员队伍的素质和国家机关的工作效率。它主要包括公务员的素质优化管理、纪律约束管理和物质保障管理三个方面的内容。

(1) 素质优化管理。它包括两个重要的环节：

①考核。公务员考核是指国家机关根据有关法律法规，按照管理权限，对公务员的思想品德、工作成绩、工作能力和工作态度等进行考察，作出评价，并以此作为对公务员进行奖惩、任用、培训、晋级、增资等的依据的管理行为。它是公务员管理中的一个重要环节，是提高政府工作效率的中心环节。没有考核，或者考核不公正，就失去了衡量公务员的客观依据和客观标准，就难以保证对公务员的选拔和合理使用。公务员考核的内容是德、能、勤、绩、廉五个方面，重点考核工作实绩。考核分为平时考核和定期考核即年度考核，其结果分为优秀、称职、基本称职和不称职四个等次。定期考核的结果作为调整公务员职务、级别、工资和奖励、培训、辞退的依据。

②培训。公务员培训是指国家机关根据经济、社会发展的需要和职位的要求，对公务员有计划、有组织地进行政治和业务素质等方面的教育培养和训练。它是公务员管理系统中更新机制的重要组成部分，目的在于不断提高公务员的素质，以适应日益发展的行政管理工作的需要。参加培训既是公务员的一项权利，也是一项义务。培训的种类主要包括机关对新录用人员在试用期内进行的初任培训，对晋升领导职务的公务员在任职前或者任职后一年内进行的任职培训，对从事专项工作的公务员进行的专门业务培训，对全体公务员进行更新知识、提高工作能力的在职培训四种。同时，公务员的培训情况、学习成绩要作为公务员考核的内容和任职、晋升的依据之一。

(2) 纪律约束管理。主要包括公务员的奖惩、职务任免、职务升降、交流、回避五个重要环节。

①奖惩。公务员奖惩是指国家机关依照公务员管理法规，对工作中表现突出、作出了显著成绩和贡献或有其他突出事迹的公务员给予奖励，对玩忽职守、违法乱纪的公务员进行惩罚的各项具体规定的总称。它是通过奖励公务员不断发掘自身的潜能、惩罚公务员的违法过失行为正反两方面的功能，来提高公务员的素质和能力，从而保证公务员管理机制的有效运行。在实施公务员奖惩的过程中，要注意贯彻精神奖励和物质奖励相结合、公平合理与奖惩得当、奖励与惩戒相结合、惩戒与教育相结合、奖惩及时与注重实效等原则。公务员奖励的种类，分为嘉奖、记三等功、记二等功、记一等功、授予荣誉称号五种；公务员惩处的种类，包括警告、记过、记大过、降级、撤职、开除六种行政处分。

②职务任免。公务员职务任免是指国家机关依据有关法律、法规，在任免的权限范围内，通过法定程序，任命或者解除公务员担任某一个职务的各项具体规定的总称，包括公务员的任职和免职两个方面。无论是任职还是免职，都是对公务员的职务实施的一种管理行为，是公务员管理的一个重要环节，几乎同每个环节都发生联系，是对公务员进行其他管理的前提。比如：公务员的录用、晋升、降职、调动等环节就必须通过职务任免来实现；考核、培训、工资、奖惩也与职务任免关系密切。

我国公务员职务实行选任制和委任制。选任制是指按有关法律、章程的规定，通过民主方式选举确定任用对象的任用方式，主要包括各级国家机关和组织的领导成员。选任制公务员在选举结果生效时即任当选职务，任期届满不再连任，任期内辞职、被罢免、被撤职的，其所任职务即终止。委任制是指由任免机关在其任免权限内，直接委派特定工作人员担任一定职务的任用方面。委任制公务员遇有试用期满考核合格、职务发生变化、不再担任公务员职务，以及其他情形需要任免职务的，应当按照管理权限和规定程序任免其职务。

③职务升降。公务员职务升降是指有关机关根据工作需要和公务员本人的工作表现与德才情况，在其法定权限内，依法定程序提高和降低公务员职务层级的行为，包括职务晋升和降职两个方面的基本内容。在公务员管理中，职务升降是一个不可分割的统一机制。晋升，是从积极方面鼓励公务员勤奋工作；降职，则是从消极方面制约公务员的行为，促使他们努力做好本职工作，两者缺一不可。有升有降，才能保证公务员队伍的人员不断更新，使公务员队伍充满生机与活力。

公务员晋升职务，应当具备拟任职务所要求的思想政治素质、工作能力、文化程度和任职经历等方面的条件和资格。一般情况下，公务员晋升职务，应当逐级晋升。特别优秀的或者工作特殊需要的，可以按照规定破格或者越一级晋升职务。随着公务员制度的完善，配合政府机构改革，公开选拔和竞争上岗正日益成为公务员晋升职务的主要形式。公开选拔是面向整个社会，通过公开考试、考核，择优选拔领导干部，一般是副厅级以下的副职领导职务。竞争上岗则主要是严格按照规定的程序，在机关内部现有公务员之间展开。

公务员在定期考核中被确定为不称职的，按照规定程序降低一个职务层次任职。

降职不是一种行政处分，主要是由于公务员不能胜任现在职位而采取的一种管理措施，是对我国原有干部人事制度的重大改革，具有积极的作用。它有利于行政机关的各个职位经常保持最佳人选，提高政府工作效率；它有利于增强行政机关和公务员队伍的生机与活力，真正形成激励竞争机制，改变过去那种能上不能下、能官不能民、干好干坏一个样的不良现象。同时，在一定的条件下，根据国家和工作的需要，被降职的公务员可以通过自身的努力，提高能力，从而获得继续晋升的机会。

④交流。公务员交流是指根据国家的有关法规，有计划地将国家机关以外的工作人员调入机关担任公务员，或者在机关内部对公务员进行职位调动的活动。它是公务员管理的一个重要环节，有利于加强公务员队伍建设，提高公务员的素质；有利于各个部门之间互通有无，有利于人尽其才、事尽其功，达到人与事的最佳结合；有利于冲破“关系网”，加强政府的廉政建设；有利于提高政府的工作效率。

公务员交流的方式包括调任、转任和挂职锻炼。调任是指国有企业事业单位、人民团体和群众团体中从事公务的人员调入机关担任领导职务或者副调研员以上及其他相当职务层次的非领导职务。转任是指公务员因工作需要或其他正当理由在机关系统内部的平级调动，既包括同一部门和单位内不同职位之间的调动，又包括跨地区、跨部门、跨单位的调动，但不涉及公务员身份的改变。挂职锻炼是指公务员机关根据培养锻炼公务员的需要，选派公务员到下级机关或者上级机关、其他地区机关，以及国有企业事业单位担任一定的职务，但不改变与原单位的人事关系。它是一种特殊的交流方式，主要是为了丰富公务员的经验，增长其才干，提高其组织领导和管理能力。

⑤回避。公务员回避是指为了防止公务员因为某种亲情关系而不能秉公执行公务，甚至徇私枉法，而对其任职和执行公务加以限制的行为。它是保证公务员秉公办事、忠于职守的防范性措施。主要有三种：一是任职回避，指公务员之间有夫妻关系、直系血亲关系、三代以内旁系血亲关系以及近姻亲关系的，不得在同一机关担任双方直接隶属于同一领导人员的职务或者有直接上下级领导关系的职务，也不得在其中一方担任领导职务的机关从事组织、人事、纪检、监察、审计和财务工作；二是地域回避，指公务员担任乡级机关、县级机关及其有关部门主要领导职务的，应当避开原籍，主要包括县长、副县长、乡长、镇长、副乡长、副镇长，以及担任公安、监察、人事、审计、工商、税务等部门主要领导职务的公务员，但民族区域自治地方人民政府的公务员不适用地区回避的规定；三是公务回避，指公务员在接受某一项公务或者执行某一项公务的过程中，涉及本人或与本人有上述亲属关系人员的利益问题时，应当提出回避，并不得参加有关的调查、讨论、审查、决定，也不得以任何方式施加影响。

（3）物质保障管理。主要包括三个重要环节：

①工资。公务员工资是指国家根据按劳分配原则，分配给公务员个人消费品的货币表现。或者说，它是公务员以其知识和技能为国家提供服务后，以货币形式从社会领取的劳动报酬。它具有保障、激励和调节三大职能与作用，不仅是公务员管理的重要环节，也是公务员制度中最敏感的问题，将直接影响到公务员队伍的稳定与工作积极性的发挥，关系到国家的建设和社会的安定。

首先，公务员实行国家统一的职务与级别相结合的工资制度，主要由基本工资、津贴、补贴和奖金等构成。其中：基本工资包括职务工资和级别工资两大部分；津贴包括地区附加津贴、艰苦边远地区津贴、岗位津贴等；补贴包括住房、医疗等补贴、补助；奖金是指公务员在定期考核中被确定为优秀、称职的，按照国家规定享受年终奖金。其次，公务员工资制度贯彻按劳分配的原则，体现工作职责、工作能力、工作实绩、资历等因素，保持不同职务、级别之间的合理工资差距。再次，国家建立公务员工资的正常增长机制，使公务员的工资水平与国民经济发展相协调、与社会进步相适应。为此，国家实行工资调查制度，定期进行公务员和企业相当人员工资水平的调查比较，并将工资调查比较结果作为调整公务员工资水平的依据。

②保险。公务员保险是指因生育、年老、疾病、伤残、死亡等原因，国家对暂时或永久丧失劳动能力的公务员给予物质帮助的一种保障制度，是整个社会保障制度的一个重要组成部分。建立和实施公务员的保险制度，对于保障公务员的基本生活，解除他们的后顾之忧，调动他们的工作积极性，促进经济的发展和社会的稳定等，都具有重要的作用。国家建立公务员保险制度，主要是为了保障公务员在退休、患病、工伤、生育、失业等情况下获得帮助和补偿。公务员因公致残的，享受国家规定的伤残待遇。公务员因公牺牲、因公死亡或者病故的，其亲属享受国家规定的抚恤和优待。

③福利。公务员福利是指国家和单位为解决公务员生活方面的共同需要和特殊需要，在工资之外给予经济上和生活上照顾的制度。它也是社会保障制度的重要组成部分，有利于改善公务员的工作生活条件，减轻他们的经济负担和促进他们的身心健康，从而有利于稳定公务员队伍，调动他们的工作积极性，提高工作效率。公务员按照国家规定享受福利待遇。国家根据经济社会发展水平提高公务员的福利待遇。公务员实行国家规定的工时制度，按照国家规定享受休假。公务员在法定工作日之外加班的，应当给予相应的补休。

5.3.5.3　公务员的“出口”系统

公务员的出口，是指由公务员变为非公务员的通道、途径。在这个系统中，公务员管理的基本要求是要保证“出口畅通”。为此，就必须建立起合理的人才流动机制、优胜劣汰的竞争机制和正常的新陈代谢机制，来保证公务员“出口”的畅通。目前，我国公务员的“出口”主要有以下三种途径：

（1）辞职。公务员辞职是指根据公务员本人的申请，经有关领导和部门批准，辞去公务员职务，解除他和所在单位职务关系的行为或事实。这是公务员享有的一项权利。凡是符合辞职条件的公务员，都有权根据自己的意愿而提出辞职，这是法律所允许和保护的，任何机关及其领导人都不得以任何借口阻挡、刁难或予以变相惩罚。同时，公务员辞去公职应当向任免机关提出书面申请，任免机关应当自接到申请之日起30日内予以审批。但公务员有下列情形之一的，不得辞去公职：一是未满国家规定的最低服务年限的；二是在涉及国家秘密等特殊职位任职或者离开上述职位不满国家规定的脱密期限的；三是重要公务尚未处理完毕，且须由本人继续处理的；四是正在接受审计、纪律审查，或者涉嫌犯罪，司法程序尚未终结的；五是法律、行政法规规定的其他不得辞去公职的情形。

（2）辞退。公务员辞退是指公务员机关依照法律规定，通过一定的法定程序，在法定的管理权限内，作出解除公务员全部职务关系的行为或事实。这是机关拥有的一项权利，这种决定是否作出，与公务员个人意志没有直接关系。但由于辞退公务员是一件极为严肃的事情，不仅会给公务员本人及其家属，也会给国家机关内部其他人员造成较大影响，因而任何机关及其领导人都不得随心所欲地行使辞退权，必须严格遵循法律规定的条件和理由。非因法定事由，不得辞退公务员。只有当公务员有下列情形之一的，才能予以辞退：一是在年度考核中，连续两年被确定为不称职的；二是不胜任现职工作，又不接受其他安排的；三是因所在机关调整、撤销、合并或者缩减编制名额需要调整工作，本人拒绝合理安排的；四是不履行公务员义务，不遵守公务员纪律，经教育仍无转变，不适合继续在机关工作，又不宜给予开除处分的；五是旷工或者因公外出、请假期满无正当理由逾期不归连续超过 15 天，或者一年内累计超过 30 天的。

（3）退休。公务员退休是指公务员达到一定的年龄和工龄，符合退休条件，根据国家规定，办理手续，离开工作岗位，并享受一定数额的退休金和其他退休待遇。建立健全公务员的退休制度，是公务员管理中的一个重要环节，对公务员队伍的优化、精干、廉洁、高效，发挥着重要的更新作用、激励作用和保障作用。一方面，公务员退休制度的正常化、经常化，是精简机构、更新公务员队伍，提高工作效率的重要措施；另一方面，实行公务员退休制度，是人类生理发展规律的客观要求，可以使退休公务员老有所养，使在职公务员免除后顾之忧，安心工作，并吸引更多的优秀人才加入公务员队伍。

我国公务员退休的方式主要有两种：一是自愿退休，即公务员达到一定年龄和工龄，有资格提出自愿退休的申请；二是强制退休，即根据退休的有关法律规定，公务员达到法定最高退休年龄，或者符合法定退休条件，必须停止工作，办理退休手续。我国《公务员法》中所规定的“可以提前退休”和“应当退休”就分别属于“自愿退休”和“强制退休”。其中，“可以提前退休”的条件包括：①工作年限满 30 年的；②距国家规定的退休年龄不足 5 年，且工作年限满 20 年的；③符合国家规定的可以提前退休的其他情形的。“应当退休”的条件包括：①男性年满 60 岁，女性年满 55 岁；②丧失工作能力。同时，公务员退休后，享受国家规定的退休金和其他待遇，国家为其生活和健康提供必要的服务和帮助，鼓励其发挥个人专长，参与社会发展。

5.3.5.4 公务员的“监管”系统

要保证公务员管理的正常运转，充分调动公务员的主动性、积极性、创造性，鼓励公务员尽职尽责、尽心尽力，还必须建立起一个强有力的监督与管理机制。这不仅关系到公务员的整体素质和队伍建设，而且还直接影响到国家机关的整体效能。因此，在公务员的“进口”、“管理”、“出口”这三个子系统之外，还应当有第四个子系统，即公务员的“监管”系统，来对前面的三个子系统及其各个具体管理环节实施全程的监督与管理，从而确保公务员管理系统的正常运行。它主要包括公务员的监督、申诉控告和管理三个环节。

（1）监督。公务员监督是指党和国家及人民群众对公务员在执行公务活动中，履行国家法律、法规、政策和执行纪律等情况实行的监督。其中，党和国家及人民群众是监督公务员的主体，具体包括：执政的中国共产党和其他参政的民主党派的监督；国家权力机关、审判机关、检察机关和行政机关自身的监督；公民、社会团体、群众组织和新闻媒体的监督等。而公务员监督的客体主要是指公务员的公务行为，具体包括：对公务员是否执行党和国家的基本路线、方针、政策、法律法规等方面情况的政治监督；对公务员在公务活动中是否正确行使了职权方面情况的权力监督；对公务员在公务活动中完成工作任务情况的任务监督三个方面。

（2）申诉控告。公务员申诉控告是指公务员对涉及本人的人事处理不服的、对合法权益受到侵犯的，可以依法分别提出申诉和控告。公务员申诉是指公务员对机关作出的涉及本人权益的人事处理决定不服，向有关机关提起申诉的行为；公务员控告是指公务员对机关及其领导人员侵犯其合法权益的行为，向上级机关或者有关的专门机关提出控告的行为。一方面，公务员提出申诉、控告，应当坚持实事求是，忠于事实的原则；另一方面，有关机关处理公务员的申诉、控告，应当坚持有错必纠和依法、及时、适当的原则。公务员申诉控告不仅是公务员管理中的一项重要内容，而且也是整个社会主义民主政治和法制建设中的重要环节，直接影响着公务员的执法行为和积极性、主动性、创造性的充分发挥，并对国家行政管理的有效实施具有重要的监督作用。

（3）管理。这里所讲的公务员管理是指由专门的公务员管理机构实施的全面管理。这些专门机构是根据公务员管理的需要而设立的组织机构，主要负责从开始进入公务员队伍到离开有关机关的全过程的管理，以达到调动和发挥公务员的积极性和创造性，保障和促进机关行政工作的目的。如果管理机构的工作做好了，使年轻、优秀人才脱颖而出，充分发挥了他们的积极性和创造性，那么就会保证机关工作的高效、稳定。反之，如果管理机构的工作做得不好，录用和晋升的公务员不符合要求，制止不住用人上的不正之风，就会严重影响机关的声誉和工作的顺利开展。

我国的公务员管理机构主要分为两大类：一类是各级党委和政府设置的综合管理机构，从中共中央组织部和国务院所属的人力资源和社会保障部，到地方各级党委的组织部和政府的人力资源管理部门，都是我国公务员的综合管理机构。它们主要行使公务员管理的决策、协调、监督等职能，是具有多种职能的综合性的公务员管理机构。另一类是各级政府所属的各个工作部门内部设置的人事管理部门，主要负责本部门公务员的管理工作，主要行使执行性的职能。它们既分工又合作，相互协调，相互促进，共同做好公务员的管理工作。

5.4 公务员制度

公务员制度，即国家对公务员的管理制度，是指国家对公务员进行管理所依据的法律、法规和规章的总称。凡是涉及公务员的一系列管理制度，都是公务员制度的重要内容。建立和推行公务员制度，就是通过制定法律、法规和规章，对行使国家公共权力、执行国家公务的人员，依法进行科学管理，促使他们依法行政、科学行政，履行职责，完成工作任务，实现工作目标。

5.4.1 西方国家的公务员制度

公务员制度并不是自古以来就有的，它是资本主义经济和政治发展的必然结果，首先产生于西方资本主义国家。

5.4.1.1 西方国家公务员制度的产生和建立

公务员制度最早产生于英国。在此之前，在封建专制制度统治下的英国，国王独揽立法和行政大权，所有的官吏都是"国王的仆人"，官吏的任用和升迁取决于门第出身和对国王的忠诚，而不是本人的表现和能力。这种官吏制度被称为"恩赐官职制"。

到了17世纪后期，英国资产阶级革命取得胜利后，国王和贵族拥有的权力被削弱，议会的权力增大。重要官员的任免权，被议会中占多数席位的党派所掌握。随着两党轮流执政体制的形成，执政党的更迭和内阁的变迁，经常引起政府机关行政人员的大规模换班。新上台的执政党公开把官职作为"战利品"来分配，营私舞弊，导致许多无能之辈进入政府部门，担任要职，使政府管理效率低下。这种官吏制度被称为"政党分赃制"或"政党分肥制"。

由此可见，无论是"恩赐官职制"，还是"政党分肥制"，都不可能做到人尽其才，无功受禄者大有人在。这两种制度显然有利于封建残余势力和资产阶级化的贵族，却严重损害了工业资产阶级的利益，并且引起了广大公众的强烈不满。他们迫切要求变革官吏制度，建立高效率的政府，以维护自身的利益。

在此背景下，英国率先对阻碍资本主义经济发展的人事管理制度进行了改革，逐步建立了现代文官制度。1853年，英国明确提出对公职人员实行考试任用制度。1854年，《关于建立英国常任文官制度的报告》中提出了建立常任文官制度的建议。1855年，英国政府颁发枢密院令，成立文官事务委员会，办理各级公务员的选拔考试事宜，为公务员制度的形成奠定了基础。1870年，英国政府又以法令形式正式确立了公开竞争考试制度，规定所有职业性的事务官非经考试并取得合格证书不得任用。这标志着英国公务员制度的正式形成。

通过择优选拔出公务员在政府任职，改变了政府的工作作风，提高了行政管理效率，从而促进了英国资本主义经济的发展，在西方世界引起了很大反响。其他一些国家纷纷仿效，比如美国在1883年、法国在1946年、日本在1947年、德国在1950年也陆续建立起了具有本国特色的公务员制度。第二次世界大战以后，许多发展中国家也相继建立了公务员制度，使公务员制度在世界范围内逐渐发展起来，从少数国家普及到了今天的大多数国家。

5.4.1.2 西方国家公务员制度的基本特点

西方各国由于国情不同，彼此的公务员制度也不尽相同，但因基本原则一致，所以具有一些共同的特点。

（1）公开考试，择优录用。这是西方公务员制度最重要的原则之一，也是现代公务员制度最根本的标志之一，还是公务员制度与以往的官吏制度在选拔、录用工作人员方式上的根本区别。它可以防止主管人员营私舞弊、随意录用不合格的人；它有利于政府选贤任能，广开才路，网罗人才；它有助于提高公务员的素质，适应政府工作日益复杂化和专业化的需要，以达到提高行政效率的目的。

（2）人事分类，职责规范。为了明确公务员的岗位职责和合理使用人才，西方国家对人事进行了严格的分类。公务员被划分为很多等级和类别，分别规定各自不同的职责、权力关系和任职条件。美国实行职位分类，因事设职，因职选人；英国实行品位分类，以文官的个人条件包括学历、资历等作为分类的主要依据，强调以人为中心。不管是职位分类，还是品位分类，每位公务员的职责都是十分明确、规范的。

（3）严格考核，功绩晋升。制定严格的考核制度和具体的考核标准，对公务员的实际工作成绩定期进行考核，并根据考核的结果，决定公务员的任用、加薪、晋级、降职、免职等等。这种论功行赏的考核制度也被称为“功绩制”。它同考试录用制度一起，共同构成了公务员制度的两大基石。其考核的项目主要包括工作态度、工作成绩、工作能力、知识及业务水平等等。

（4）职务常任，终身任职。在西方国家，一般很少有终身制的职业，但事务类的公务员是一个例外。他们只要没有重大过失，就可以在政府中长期供职，直至退休，并依法享受较为优厚的工资福利及退休金待遇。事务官实行职务常任、终身任职，适应了资本主义经济发展日益复杂化、专业化的需要，有利于维持政局的稳定，避免了因政府领导人的更换而产生的波动，也可以使事务官长期安心本职工作，以提高专业化素质，最终有利于维持国家行政机构的正常运转。但同时，这种制度也会带来一些弊端，使一些人产生不求有功，但求无过的心理，养成熬年头、积年资、等晋升的习惯，导致官僚主义作风，影响工作效率等。

（5）政治“中立”。西方国家公务员制度一般都规定公务员不得参加某些政治活动，要保持政治的中立性。比如：不得利用职权，作出有利于或不利于任何政党的偏袒行为；公务员必须忠于政府，不得参加游行、示威、罢工等政治活动，不得接受政治捐款，等等。这些政治中立的规定，是要求事务官在执行公务活动中，对政党政治采取公正、超然的态度，借以达到忠实地执行政府的政策，为政府服务的目的。同时，它也保证了公务员队伍的稳定性和连续性，提高了政府管理的效能。但这种政治中立是相对于政党政治而言的，并非纯粹的、绝对的中立。

（6）强调官风官纪和职业道德。西方国家一直强调公务员由于承担公务的特殊性，必须保持高标准的个人行为准则和执行公务时的高度正直。为此，公务员不仅要遵守国家所颁布的有关公务员纪律的各种法规，而且还要自觉遵守职业道德。包括必须忠于国家、严守国家机密、依法行事、廉洁奉公、不得经商、未经许可不得接受与职务有关的他人的报酬和赠与等等。这是保证公务员提供有效服务不可缺少的重要环节，对公务员制度的巩固起着积极作用。

（7）较完善的制度和配套的管理体系。为保证公务员系统的正常运转，西方国家都制定了一系列制度，建立起一套较为科学的管理体系。它涉及公务员管理的各个方面，从职位分类、考试录用、权利义务、考核奖惩、升降任免，到工资福利、行为规范、培训、回避、退职退休等等，都制定了相应的法规，设立了相应的管理机构，形成了配套的管理体系，依法对各级各类、不同层次、不同部门的公务员实行科学的统一管理。

（8）有较完备的法律作保障。西方国家都有专门的公务员法规，对公务员的身份、地位、权利义务，以及对权利的保障都作了详细的规定，使公务员职业稳定，并在法律上得到保障，从而确保公务员制度的正常运转。

5.4.1.3　西方国家公务员制度的发展趋势

第二次世界大战以来，由于科学技术的进步和经济的发展，国家之间经济、政治交往日益频繁，政府职能不断扩大，公务员职责日益复杂，队伍逐渐庞大，公务员在政府系统和社会发展中的作用也越来越大。尤其是随着20世纪七八十年代“新公共管理运动”的兴起，以韦伯的官僚制理论为基础的传统公务员制度开始遭到普遍的质疑和批判，推动了西方国家政府人事管理制度的改革，开始从以官僚制为基础的公务员制度时代逐步进入后官僚制的人力资源管理时期。这些都推动着公务员制度改革的不断深入，出现了一些新的发展趋势，从而使公务员制度不断完善。

（1）公务员职业的永久性和稳定性传统被打破。主要途径是将原来由政府机构直接提供公共服务的方式，转变为通过其他组织形式和机制提供。对现有的公共雇员，增加雇佣关系的灵活性。比如：公共部门使用临时性、兼职或季节性的雇员；通过雇佣契约使用不受传统公务员制度保护的外雇人员；以签约方式受聘、担任顾问性工作；公务繁忙时临时聘请人手等。这就打破了公务员职业的永久性和稳定性，使公务员的管理走向多样化和非职业化。

（2）分类制度的兼容并蓄。各国公务员的分类制度主要分为职位分类和品位分类两种。美国的职位分类最典型，以精密细致著称，20世纪80年代以来开始改革，职位分类的体系结构趋于简化，并重视“人”的积极作用。英国是品位分类的代表，近年来也表现出向专业分工和职业分类方向发展的趋势，建立起品位分类与职位分类相结合的分类制度。从总的趋势看，西方各国的公务员分类制度正在逐渐趋同。

（3）工资制度的改革。推出“功绩工资制”和“功绩奖励制”，将公务员的工作绩效与工资待遇相结合。对中、下级公务员实行功绩工资制，按照其工作绩效来决定其工资水平，打破了过去那种公务员按照服务年限平均、自动地增加工资的制度；对高级公务员实行功绩奖励制，以鼓励公务员提高工作效率和质量，吸引并留住优秀人才，带动整个公务员队伍素质的提高。

（4）简化法规和制度规定，增强公务员管理的灵活性。这一改革打破了公务员制度法规严密、整齐划一的传统格局，取消了过程取向的控制机制，相信并依靠公务员的责任心和能力来从事新的创造性工作，提高了工作效率。同时，也改变了照章办事的传统，清除政府管理实质以外的其他附着物，让政府最大限度地释放潜在能量和创造力，以新的创造性工作实现社会的整体利益。

（5）从封闭走向开放的人力资源管理模式。这就要求对公务员的选拔由封闭走向开放，由限于民族、国家到面向全球，政府人事职能由对公职人员的管理到对整个国家的人力资源开发，高度重视教育、培训和开放式地吸纳人才。比如：公共部门临时性岗位的增加快于固定岗位的增加；实行聘任制成为世界文官制度改革的趋势；有些国家的高级公务员职位向本国私营企业家和教育学术界专家开放，部分中低级公务员职位还向外国公民开放等。

(6) 公务员政治中立原则的逐渐消解。政治中立和政治回应性一直是西方国家政府人事管理中难以调和的一对矛盾。在公务员制度产生之前，占主导地位的是政治回应性，并主要通过政党分赃制来实现，但导致了大量腐败现象。为此，公务员制度中设计了事务官政治中立的原则，同时通过其向民选官员负责来达成政治回应性。但这又带来了新的问题：公务员参与了政策制定却不承担相应的责任，也缺乏与公众沟通、回应公众的直接途径。于是，一些国家开始以赋予高级公务员更多责任的形式，要求高级事务官辅佐政务官，并代为执行某些功能，使得一些高级事务官开始越来越有力地影响着政务官的政治决策过程。

(7) 活水"放鱼"，拓宽公务员出口。精简机构和裁员被公认是一种最复杂的改革，涉及整个政府管理体制。"小政府"的改革设想必须以精简公务员为前提，而公务员的精简又依赖于出口的顺畅。欧美国家政府采取的主要措施有：一是提倡和鼓励退休；二是花钱买离职；三是机构合并裁员；四是成建制转为企业；五是进行再就业培训。①

总之，西方国家公务员制度经过一百多年的发展与改革，已经相当完善、成熟。它们通过实行科学的公务员制度，保证了政府工作人员的素质，造就了一支素质优良、相对稳定的公务员队伍，并促进了政府管理的科学化、民主化、法治化。

5.4.2 我国的公务员制度

公务员制度作为一种政府人事管理的规范体系，适应了社会经济发展的需要，是人类人事管理史上的一项优秀成果，是人类的共同财富，为今天世界上多数国家所普遍采用。它既可以服务于资本主义国家，也可以服务于社会主义国家。我国正是在吸收、借鉴西方国家公务员制度的科学思想、先进方法的基础上，结合自身的国情，经过多年的研究、探讨、比较、思考、试点之后，大胆突破了原有的干部人事制度，最终建立起了公务员制度。

5.4.2.1 我国原有的干部人事制度及其改革

我国原有的干部人事制度是在革命战争年代和计划经济时代产生和发展起来的。由于受军事斗争历史、前苏联模式和高度集中的计划经济体制和行政管理体制的影响，它最大的特点就是高度集中的统一管理，即在中共中央及各级党委的统一领导下，在中央及各级党委组织部门的统一管理下，分部（门）分级（别）管理干部的体制。

从总体上看，这一套干部人事制度基本上符合当时的特定环境和时代，为党和国家培养、造就了一支数量可观的干部队伍，为完成各个历史时期的革命和建设任务提供了组织保障。但中共十一届三中全会以来，党和国家工作重心转移，随着经济体制、政治体制改革的不断深入和发展，特别是市场经济的发展，原有的干部人事制度的缺陷、弊端越来越明显地暴露出来。

(1) 我国原有干部人事制度的弊端。主要表现在以下四个方面：

---

① 李和中，陈广胜．西方国家行政机构与人事制度改革［M］．北京：社会科学文献出版社，2005：21－26.

①“国家干部”的概念过于笼统，缺乏科学分类。新中国成立以前，我们把在党和军队以及革命根据地的苏维埃政府中担任一定职务并从事军事、政治、经济、文化、教育等工作的人员，统称为干部。新中国成立以后，基本上保留了原有干部的含义，并在范围上进一步有所扩大，把党和国家机关的工作人员，工会、共青团、妇联等群众团体的工作人员，企业事业单位的管理人员，各类专业技术人员比如科技教育界的知识分子、文艺界的演职人员、卫生界的医护人员，甚至宗教界的一些人士（主持、阿訇），等等，一律统称为“国家干部”，使得“国家干部”的含义不清，外延不断扩大，队伍日益庞杂，管理混乱。

②管理权限过分集中，管人与管事相脱节。长期以来，人事管理的权限过分集中于党委和上级领导部门，使得本来应当由政府人事部门办的事情，也由党委组织部门去做，政府缺乏用人的自主权，形成了管人与管事相脱节的局面。各类人员在党管干部的体制下，都统一由各级党委管理，而各级党委管人不一定管事；具体管事的行政部门、生产经营单位等又管不了人。这种局面既影响了各级政府部门管理干部的积极性，又不利于人才的培养与成长。

③管理方式陈旧、单一，阻碍人才成长。由于“国家干部”这个概念含混不清，基本上是用管理党政干部的单一模式去管理所有人员，使人事管理方式落后、僵化，缺乏活力。一方面，它忽视了各类人员不同的工作性质、社会责任、职业特点和成长规律，不利于各类人员的培养，不利于优秀人才的脱颖而出；另一方面，在干部的各种政治待遇、物质生活待遇上，形成了一切以行政级别划线的“官本位”。比如，看文件、听报告、出席列席会议、配备办公用具和交通工具、差旅标准、接待规格、工资标准、住房标准、医疗保健、紧俏商品的供应、去世后的丧葬规格和抚恤标准，甚至骨灰的安放地点和位置，等等。这必然强化了全社会的“官本位”意识，形成了千军万马奔“官道”的局面。

④管理制度不健全，用人缺乏法治。新中国成立以后，在干部人事管理方面建立了一些法规和制度，但大多数是政策性规定，缺乏明确的、规范的法律法规性规定，执行起来伸缩性很大，因而“人治”现象比较严重，人事工作随意性强。长期以来，选拔、推荐人才和人员的晋升都是靠“长官意志”决定，人事管理无法可依。这就为任人唯亲、拉帮结派、官僚主义等不正之风大开方便之门，挫伤了人民的积极性，也使优秀人才难以脱颖而出。同时，对领导干部和公职人员也缺乏有效的法律监督。

（2）新时期干部人事制度改革的基本思路。由于干部人事制度存在这些弊端，所以必须进行改革，才能适应新时期经济、政治发展的要求。因此，党和政府在全面总结我国干部人事管理的经验教训和对世界各国政府人事制度进行比较研究的基础上，逐步形成了干部人事制度改革的基本思路。

第一步，对现有干部队伍实行科学的分类管理。针对“国家干部”概念笼统、干部队伍庞杂、管理方式陈旧单一的弊端，在进行干部人事制度改革时，首先就要对国家干部进行合理分解，改变集中统一管理的现状，建立科学的分类管理体制；要改变用党政干部的单一模式管理所有人员的现状，形成各具特色的管理制度；要改变缺乏民主法制的现状，实现干部人事的依法管理和公开监督，逐步建立起一套管理形式多样、民主法制健全、充满生机与活力的干部人事制度，实现干部人事管理的科学化、法制化和民主化。

第二步，根据加强政府职能，提高政府工作效率的现实要求，首先建立起科学的政府机关工作人员管理体系。实行分类管理是一项复杂、浩大的系统工程，不可能齐头并进，必须重点突破，以点带面。而在我国确立了实现社会主义现代化的宏伟目标以后，迫切需要实行党政职能分开，充分发挥政府在组织经济建设和管理国家事务方面的作用，提高政府工作效率。为此，就应当首先将政府机关工作人员从庞杂的干部队伍中分解出来，建立适合政府机关工作人员特点的管理制度，以保证政府机关工作人员的优化、精干、廉洁和稳定，使他们能够卓有成效地管理国家行政事务。

第三步，建立科学的政府机关工作人员管理体系，关键在于建立健全各项管理制度，实现干部人事管理的法制化。它要求对政府机关的干部队伍从“进口”到“出口”有一套完整的管理制度：“进口”要严格把关，保证录用人员的基本素质；“出口”要畅通，健全辞职、辞退、退休等各项制度；要明确工作人员的权利义务和岗位职责；考核要有严格标准；晋升要有严格的程序；要实行正规化的培训；还要有科学合理的工资制度，等等。总之，各项制度要健全，并逐步形成法律法规，做到依法管理。

当今世界上许多国家实行的公务员制度，集中反映了各国政府中行使国家行政权力、执行国家公务的工作人员的共性。它所遵循的原则、所具备的机制、所具有的特点，以及一些科学思想、科学方法，正好可以借鉴过来，帮助我们达到建立起科学的政府机关工作人员管理体系的目标。因此，我们进行干部人事制度改革，就是要建立公务员制度。

5.4.2.2　我国公务员制度的建立过程

我国公务员制度从酝酿到提出，从后台到前台，从理论探索到实践，从全面实施到基本建立，走过了二十多年的历程。这一过程大致可以分成五个阶段：

（1）准备阶段（1984—1986 年），主要是调查研究和起草条例。1984 年，中央组织部和劳动人事部根据中共中央的指示，专门组织官员、专家、学者开始起草国家机关工作人员法。因为“国家机关工作人员”的范围太广，制定“国家机关工作人员法”的条件不成熟，所以在 1985 年改为“国家行政机关工作人员条例”。到 1986 年，又考虑到“工作人员”这个概念过于笼统，而“国家公务员”这个概念更能体现行使国家行政权力、执行国家公务的特点，同时又包含有人民“勤务员”与“公仆”的意思，经中央研究同意，最终将条例的名称定为《国家公务员暂行条例》。

（2）决策阶段（1987—1988 年），主要是党和国家最高权力机关决定推行国家公务员制度。1987 年，国家公务员制度作为政治体制改革的一项重要内容，在中共十二届七中全会上讨论通过，并在随后召开的中共十三大上正式宣布：我国将建立和推行有中国特色的国家公务员制度。1988 年 3 月召开的全国人大七届一次会议又明确提出：“要在改革机构的同时，抓紧建立和逐步实施国家公务员制度，尽快制定国家公务员暂行条例，研究制定国家公务员法”，并决定组建国家人事部，专门负责这项工作。

（3）试点阶段（1989—1993 年 9 月），主要是进行公务员制度的试点工作，并继续修改《国家公务员暂行条例》。从1989年开始，首先在国务院的六个部门，即审计署、海关总署、国家统计局、国家税务局、国家环保局、国家建材局进行公务员制度的试点。1990年开始，试点工作从中央扩大到地方。哈尔滨和深圳两个市进行了地方政府推行公务员制度的试点工作。1992年邓小平南巡和中共十四大召开以后，试点工作在全国展开，步伐加快。到1993年上半年，全国已有20多个省、市、自治区程度不同地开展了试点工作。其间，有关部门又对《国家公务员暂行条例》（草稿）进行反复修改。

（4）全面实施和基本建立阶段（1993年10月—2000年）。经中央讨论、决定，国务院于1993年8月13日向全国颁布了《国家公务员暂行条例》，规定自1993年10月1日起施行。最初是计划用三年或者更多一点时间，在全国范围内基本建立起国家公务员制度，然后再逐步加以完善，但后来经过七年的努力，到2000年一个具有中国特色的公务员制度才得以基本建立。公务员制度的建立和推行，对推进政府机关干部人事制度的科学化、民主化、制度化，优化干部队伍，增强机关干部的生机与活力，促进机关勤政廉政，提高工作效能，起到了重要作用，也为进一步健全和完善公务员制度积累了经验。

（5）完善阶段（2001年至今）。我国的公务员制度刚刚建立，还很不完善，管理很不规范，还有许多工作要做。2001年9月，国家人事部提出，以队伍建设为主题，以完善、创新制度为动力，以能力建设为核心，以作风建设为重点，力争用5到10年的时间，建立起充满生机活力、法制体系完备的公务员制度。到2005年4月27日，第十届全国人大常委会第十五次会议审议通过了《中华人民共和国公务员法》（以下简称《公务员法》），并自2006年1月1日起实施。这是我国第一部属于干部人事制度管理总章程性质的法律，标志着我国公务员管理进入了法治化、科学化的轨道，在人事行政工作历史上具有里程碑的意义，为继续完善公务员制度指明了方向。

5.4.2.3　我国公务员制度的特点

我国的公务员制度是在吸收和借鉴西方国家公务员制度的基础上，对我国原有的干部人事制度进行大胆改革的结果。因此，它所具有的特点就应当从两个不同的角度来加以概括：

（1）同原有干部人事制度相比较，我国公务员制度具有下列特点：

①体现了分类管理的原则。公务员制度适用于党政部门、国家各类机关，与企业、事业单位的人事管理制度相比，改变了以往无论什么干部都按一个模式管理的办法，是对原有干部人事制度的重大改革。它的建立不仅标志着有中国特色的公务员制度的形成，而且标志着我国人事分类管理制度的确立。

②具有科学的激励竞争机制。这是针对我国原有干部人事管理长期存在的端“铁饭碗”、坐“铁交椅”，缺乏生机与活力所进行的改革。比如：在公务员的“进口”环节，公务员制度改变了过去那种“统分统配”的做法，实行面向社会公开考试、择优录用的办法；公务员的考核，按照德、能、勤、绩、廉全面进行，重点是考绩，并把考核结果作为奖惩、培训、升降及其工资待遇的主要依据；公务员的晋升，坚持德才兼备、任人唯贤的原则，注重工作实绩，强调群众参与，等等。这些规定都从总体上

贯彻着公开、平等、竞争、择优的原则，做到了公务员职位的能上能下，体现了优胜劣汰的精神，保证了公务员队伍的素质。

③具有正常的新陈代谢机制。这是针对我国原有干部人事管理遗存的能进不能出、能上不能下和领导任职年龄偏高等弊端而进行的改革。一方面，在公务员的“进口”上，严格把关，选拔优秀人才充实公务员队伍，解决了增强活力的问题；另一方面，在公务员的“出口”上，建立健全辞职辞退和退休制度，如公务员可以根据自己的意愿主动辞职，机关也有权辞退连续两年考核不称职的公务员，公务员到了法定最高退休年龄则必须退休等，来保证“出口”的畅通。这些措施和办法有利于公务员能进能出、能上能下，增强了机关的生机与活力。

④具有勤政廉政的保障机制。这是针对机关及其工作人员中滋生的消极、腐败现象所进行的改革。公务员制度将勤政廉政作为对公务员的一项基本要求，贯穿于公务员的义务与权利、纪律、录用、晋升、考核、奖惩等各项制度和管理环节之中。比如：通过公开考试、择优录用、严格考核、加强培训，促使公务员勤奋工作，提高效率；通过思想教育、纪律约束、奖惩机制、交流回避、监督体系，促进公务员廉洁奉公，使以往那种“出勤不出力”的陋习得以纠正，为政不廉的腐败现象得以消除，从而从制度上保证公务员队伍形成既有一心为公的高效率的工作作风，又有为政清廉、为民谋福利的良好形象。

⑤具有比较完备的法规体系。这是针对人治弊端所进行的改革。公务员制度的建立和发展，改变了过去干部人事管理中法规不健全的状况。我国的公务员制度除了《公务员法》这一基本法律外，还会陆续出台一系列配套的单项法规及其实施细则，共同构成一个完整的法规体系，使公务员管理的各个环节都有法可依，从而不断提高我国公务员管理的规范化、法制化水平。

（2）同西方国家的公务员制度相比较，我国公务员制度的特点是：

①坚持党的基本路线，公务员不搞“政治中立”。我国《公务员法》“总则”中明确规定，坚持以马克思列宁主义、毛泽东思想、邓小平理论和“三个代表”重要思想为指导，贯彻中国共产党的基本路线是建立中国公务员制度的根本指导原则。公务员必须始终与党中央保持一致，坚决捍卫和执行党的路线、方针、政策。西方国家公务员制度则强调所谓的“政治中立”原则，要求公务员不得以公务员身份参加党派等政治活动，在公务活动中不得带有党派的政治倾向性等等。

②坚持我国干部人事工作中的优良传统。它主要包括：

一是坚持“党管干部”的原则。我国公务员制度是党的干部制度的一个组成部分，各项具体管理制度是按照党的根本路线、方针、政策来制定的。各级政府组成人员和其他重要干部是由各级党委管理，他们的任免也是由党委组织部门考察、党委讨论决定，并依法由各级人大及其常委会选举或决定任免的。西方国家公务员制度则强调公务员管理必须独立于党派之外，“不受任何党派干预”，“与党派政治脱钩”，是一个独立的管理系统。

二是坚持德才兼备的用人标准。按照德才兼备的标准选拔和任用干部，坚持任人唯贤，反对任人唯亲，是党和国家几十年来干部人事工作的一贯原则。“德”主要是指干部的政治思想、道德品质等；“才”主要是指干部的工作能力和业务水平；“德才兼备”就是要求公务员既要有“德”，又要有“才”，两者同时具备，不可偏废。西方国家公务员制度则缺乏统一的、全面的用人标准，只强调所谓的“专才”或“通才”。

三是坚持为人民服务的宗旨。做人民公仆，为人民办事，对人民负责，受人民监督，这是中国公务员最根本的行为准则。中国公务员没有自己集团的特殊利益，也不允许存在任何形式的特权。西方国家的公务员则是一个独立的利益集团，他们同政府的关系是雇员与雇主的关系。公务员工会为了公务员的利益经常同政府谈判，国家也设有专门机构来调节公务员集团与政府的关系。

③坚持富有中国特色的分类制度。我国不搞多党轮流执政，公务员制度中没有“政务官”与“事务官”的划分。无论是领导职务序列、非领导职务序列，还是综合管理类、专业技术类、行政执法类，所有的公务员不管职位高低，都是人民的勤务员，在政治上都要与党中央保持一致，并可以根据需要相互转任，是一个开放的管理体系。西方国家公务员制度则实行“两官分途”，强调政务官的政治化和事务官的职业化，并且相互之间不能转任，分属两个截然不同、相对封闭的管理体系。

5.5 从传统人事管理走向人力资源管理

我国的公务员制度与西方国家公务员制度差别很大，并且发展程度也不同，西方国家公务员制度遇到的问题与我国公务员制度所面临的问题是有区别的。比如，西方公务员制度普遍出现规制过多的弊端，而我国的公务员制度只有十多年的历史，基本制度还有待进一步完善，所以规制不足反而是问题。现阶段，我国公务员制度面临的最大问题是如何由传统的人事管理模式转向现代的人力资源管理模式。

5.5.1 传统人事管理与人力资源管理的比较

人力资源管理作为一种管理理念兴起于20世纪六七十年代，是传统的人事管理的突破与创新，指的是对人力资源进行有效开发、合理配置、充分利用和科学管理等活动的总和。它最先在工商管理界得到普遍认可，并逐渐在政府部门日益体现出其价值，是人事管理发展的新阶段。与传统的人事管理相比，人力资源管理存在着以下明显的特点：

（1）人力资源管理以人为本，以人为中心。传统的人事管理以事为中心，通常只重视组织目标的达成与任务的完成，恪守“进口、使用、出口”的模式；人力资源管理更注重调动人的积极性与创造性，以最大限度利用人力资源为目标。

（2）人力资源管理中把人当成资源。传统的人事管理视人为成本，而人力资源管理把人看成一种重要的资源，并且是第一资源。

（3）人力资源管理部门在组织中的地位突出。传统的人事管理部门通常被视为非生产性、非效益性的部门，因而在组织中的地位通常较低，只是作为日常的行政部门而存在，管理人员素质相对较低；人力资源管理部门则被看成直接带来效益的部门，在组织中居于决策层，管理人员的素质与专业化程度都很高，地位也高，作用很大。

（4）人力资源管理注重人力的开发。传统的人事制度以“管理”为特征，强调以严格的规章、纪律约束工作人员；人力资源管理注重通过服务与开发，激发工作人员的潜力、积极性与创造性。据有关调查显示，人力资源管理把80%的力量放在人力的开发上，而传统人事管理只投入了不到40%的力量。

（5）人力资源管理强调战略性。传统的人事管理往往陷入被动应对式的管理模式，常常只着眼于短期效益；而人力资源管理着眼于未来，把对工作人员的管理放到组织发展战略的高度。

（6）人力资源管理重视团队精神。传统的人事管理将工作人员视为孤立的个人，而人力资源管理重视工作人员之间的相互激励，强调以合力取胜。

（7）人力资源管理是一种开放性的管理制度。传统人事管理往往容易成为封闭保守的同义词，而人力资源管理则注重组织内部与外部的人力交流，善于借助外力实现自己的目标。

5.5.2 从传统人事管理向人力资源管理的转变

随着改革开放的深入，我国需要建设一支高素质的公务员队伍，需要变革公务员制度；而实现从传统人事管理到人力资源管理的转变，就是回应这一要求的关键所在。在政府部门推进人力资源管理，融人力资源管理理念于公务员制度之中，需要做到以下几个方面：

（1）转变观念，从以事为中心转变为以人为中心。公务员制度并不意味着仅仅是一种“管人”的制度；相反，公务员制度要重视管理中“人”的关键作用，及时发现公务员的自身要求与发展潜力，以服务与开发的方式激发公务人员的各方面能力。

（2）注重战略管理。公务员管理也要向战略管理发展，行政部门要为自身的人力素质与结构制定战略规划，使公务员的管理富有前瞻性与长远性。

（3）突出公务员培训的重要地位。传统的公务员管理制度注重公务员的考试、录用与考核，对于公务员培训的重视程度不够；在公务员管理中引进人力资源管理理念，意味着管理部门需要加大公务员培训的投入，以及时、高效、经济、多样的培训方式增加公务员的知识存量，提高公务员队伍的整体素质，使中国公务员的素质符合时代的要求。

（4）增强公务员管理的开放性，与社会建立良好的合作关系。传统公务员管理制度比较封闭，与外界的交流不多；在人力资源管理理念指导下的公务员制度将充分开展与外界的交流，用足外界的资源。加强政府部门与非政府部门之间人员的流动，有利于增强公务员队伍的活力，优化公务员队伍的知识结构。

（5）提高人事部门在行政系统中的地位。我国政府的人事部门在整个行政体系中的地位不够突出，所承担的管理事务比较狭窄，承担的责任相对不足；实现传统人事管理到人力资源管理的转变，人事部门必须承担更为重要的职能与职责，管理人员的素质与专业化程度也需要得到长足的提升。

（6）继续完善公务员制度的法律体系。人力资源管理同样离不开法制化，中国公务员制度的法制化程度还很低，现在虽然出台了《公务员法》，但法规体系还不够完善齐备；实现传统人事管理到人力资源管理的转变，需要以法律的形式确定这一变革的规则，巩固这一变革的成果，推进公务员管理的法制化进程。

本章小结

人事管理就是对人事关系的管理，而人事行政作为一种特殊的人事管理，专指国家行政机关的人事管理，具有自身的显著特点，在行政管理中地位和作用十分重要。公务员制度作为一种现代人事管理制度，是人事行政的制度化、法治化、科学化管理较为完备的形式，体现了人事行政发展的一般趋势。它是资本主义经济政治发展的必然结果，首先产生于西方资本主义国家，并逐渐被许多国家所采纳，成为对政府工作人员依法进行管理的基本制度。我国在对原有干部人事制度改革的过程中，在借鉴西方国家公务员制度的科学思想、先进方法的基础上，结合自身的国情，逐步建立起了极具中国特色的公务员制度。公务员管理是研究公务员管理规律的学科，是逐步从行政管理学和人事管理学中分离出来的一门新兴学科。根据系统学理论的观点，可以把公务员管理看成一项系统的管理工程。它主要包括了“进口”、“管理”、“出口”、“监管”四大子系统，其中每个子系统又包含了许多小系统。人力资源管理是传统人事管理的突破与创新，是人事管理发展的新阶段。当前，我国公务员制度面临的最大问题和挑战是如何实现由传统人事管理向人力资源管理的转变。

复习思考题

1. 什么是人事管理？它的职能有哪些？
2. 什么是人事行政？它具有哪些特点？
3. 我国公务员管理应遵循的原则和应具备的机制各有哪些？
4. 简述西方国家公务员制度的主要特点和发展趋势。
5. 分析我国公务员制度的特点。
6. 联系实际，论述如何实现从传统人事管理向人力资源管理的转变。

6 行政决策

本章学习目标

了解决策和行政决策的含义与特点；弄清行政决策的地位和作用、类型和原则、程序和方式；把握行政决策的构成要素与行政决策体制的系统构成；思考我国行政决策存在的问题及其解决对策。

美国著名行政学家西蒙有一句名言，“管理就是决策”。没有决策，就没有行政管理。决策在行政管理中居于基础和核心的地位。行政决策是否科学，直接关系到国家行政管理职能能否顺利实现，直接关系到能否有效地管理国家事务和社会公共事务。

6.1 行政决策概述

6.1.1 决策的含义和特征

“决策”一词最早出现在我国先秦古籍《韩非子》中，意思是决定某种策略或计谋。它作为现代管理学上的一个术语，最早由美国开始使用。英文“Decision - making”的意思就是作出决定，是随着20世纪30年代管理科学的兴起而被引入企业管理领域的。

决策概念有狭义和广义之分。狭义的决策专门指决策者在几种备选的行动方案中作出最终抉择，即通常所说的“拍板定夺”；广义的决策是把决策理解为决策者制定、选择、实施行动方案的整个过程。本书使用的是广义的决策概念。这是因为就整个决策过程来说，决策方案的最终选择只是其中的一个环节。虽然它是决策过程中的关键环节，但如果没有最终选择前的一系列活动，就无法确定科学的决策方案。决策方案的最终选择，是以选择前的各项工作为前提，是决策活动全过程的成果。

一般来说，决策具有以下一些特征：

（1）针对性。任何决策都是针对某一个需要解决的问题而进行的。如果该问题没有提到需要解决的日程上，就不需要决策。

（2）目标性。任何决策都是为了实现某一个特定的目标，没有目标就无从决策。

（3）预测性。任何决策都是在行动前进行的，是决策未来的行动，因而需要对未来行动所面临的环境、条件和行动结果作出科学预测。

（4）选择性。任何决策都要求占有全面、准确的信息和资料，需要对各种备选方案进行分析和比较，最终作出方案选择。

（5）实施性。任何决策最终都必须付诸实施。通过实施解决问题，达到理论目标，并检验正确与否。

6.1.2 行政决策的含义和特点

所谓行政决策，是指国家行政机关及其工作人员在履行国家行政管理职能的过程中，根据掌握的行政信息，依法确定行政目标、选择行动方案并付诸实施的过程。它是行政管理的核心内容，是国家行政机关在履行国家行政管理职能过程中一项最重要的工作。比如，各级政府发布的行政决议和行政指示、对重大工程的审批方案、政府各职能部门制订的工作计划和签署的行政指令等，都属于行政决策的范畴。

行政决策除具有一般决策所共有的特征外，还具有一些自己的特点，主要体现在以下五个方面：

（1）决策主体的特定性。行政决策的主体必须是拥有法定行政权力的国家行政机关及其工作人员。行政机关之外的某些国家机关和社会组织，依照宪法、法律规定或授权，具有一定的行政权后，也可成为行政决策的主体。这是行政决策与企事业单位决策的根本区别。

（2）决策目标的公益性。行政决策以社会公共事务为决策对象，目的是实现对国家和社会的有效管理，因而在决策目标的选择上，必须从公共利益出发，追求的是社会的公平与正义，在任何时候都不能以营利为目的。这和其他方面的决策截然不同。

（3）决策内容的广泛性。这是由行政管理范围和对象的广泛性所决定的。整个国家的政治、经济、文化、社会等各个方面的重大事务，都需要通过行政决策加以解决。其他的决策一般只涉及本组织内部或与之相关的事务。

（4）决策程序的规范性。行政决策作为一种管理决策，要遵守一般管理决策的程序；作为一种具体的行政行为，更要遵守行政程序法律规定的程序，具有较强的规范性。

（5）决策实施的强制性。行政决策是国家行政机关代表国家行使管理社会的一种职能，是国家意志的体现，并以国家权力为后盾，以行政方式作用于社会，具有强制力。它一旦作出，所有在其行政管辖区域内的机关、团体、企事业单位和个人都必须无条件地遵照执行；否则，就将受到法律的惩罚。

6.1.3 行政决策的地位和作用

“管理就是决策”，没有决策，就没有行政管理。行政决策在行政管理中居于基础和核心地位，发挥着极其重要的作用。具体表现在以下三个方面：

6.1.3.1 行政决策是行政管理的首要环节和各项管理职能发挥作用的基础

行政管理活动是一个十分复杂的行政职能系统，包括了决策、执行、指挥、协调、控制和监督等多个环节。其中，决策是首要职能，其他的职能都是以决策职能为基础，并为实现决策目标服务的。同时，行政管理的各项职能本身也都有需要采取行动的问题，有各自相关的决策。因此，行政决策又是行政管理各项职能发挥作用的基础。在行政管理活动中，行政决策职能的有效发挥将使整个行政系统释放出最大限度的行政能量。

6.1.3.2　行政决策是行政领导者的首要职责

在行政管理过程中，行政领导者处于管理的核心地位，承担着行政管理的多项职能，包括决策、指挥、协调、控制和监督等。其中的决策是行政领导者的首要职责。我国宪法和法律规定，国家行政机关实行行政首长负责制，行政首长享有对重大问题的行政决策权。因此，在行政管理活动中，行政领导者的主要任务就是确定目标，并为实现目标而对各种备选方案进行有效的选择和决断，从而为行政活动确定方向。

6.1.3.3　行政决策正确与否是行政管理成败的关键

行政决策决定行政管理活动的方向和措施。它的质量和效果如何，小的关系到一个机关的行政效率，大的关系到一个政府工作的成败。愈是高层次的行政管理，决策是否正确，对行政管理的结果影响愈大。特别是国家最高领导层的决策正确与否，就直接关系到国计民生的重大进步或巨大损失。在科学技术飞速发展加快了社会的运行节奏，把全球连为一体又加剧了竞争的条件下，政府行政管理的影响明显增大，行政决策的重要性也日益突出。

6.1.4　行政决策的类型与原则

6.1.4.1　行政决策的类型

行政决策可以依据不同的划分标准作出不同的分类。各种类型的决策在行政管理中的地位、作用、规模、过程和后果等情形都不尽相同，各有各的特点。

（1）依据行政决策主体地位的不同，可分为国家决策和地方决策。①国家决策是由中央政府在一定时期作出的处理全国性具有战略意义的行政管理问题的决策，具有全局性、方向性、宏观性、导向性等特点。它是最高行政层次的决策，一般涉及全国经济和社会发展方针、原则、目标、方案、法规、政策、规划等重大问题。②地方决策是指在一定阶段内，由地方各级政府依据中央政府的政策法规，作出的处理各自管辖范围内的地方性行政管理问题的决策，具有局部性、连接性的特点。一方面，它要处理好与国家决策的关系，把握好与国家决策的连接点；另一方面，也要处理好自身内部各层次之间的关系，有效地把握好与下级政府的连接点。

（2）依据行政决策涉及问题的规模和影响不同，可分为战略决策、战役决策和战术决策；有的又把这种决策分为宏观决策、中观决策和微观决策。①战略决策是指那些事关全局、影响深远的重大问题上的决策，决定着一定时期内行政事务的发展方向，具有规划性、公共性、决定性的特点。②战役决策是指事关全局的某一个方面或某一个阶段的决策，即为了保证战略决策的实现所作的局部性或阶段性的决策，是战略决策的延续和指令化。③战术决策是指那些处理事务性、个别性、短期性问题的决策，具有具体性、技术性、枝节性的特点，是落实战略决策和战役决策的具体行动方案。

（3）依据决策条件和决策对象所处状态的不同，可分为确定型决策、风险型决策和不确定型决策。①确定性决策是指决策者有一个确定的目标，面临一种确定的自然状态，各个行动方案都有确定性的结果，决策者只要按照要求从中择优，就可获得准确无误的决策结果。②风险型决策是指存在一个确定的目标，面临多种自然状态，不同方案在不同自然状态下的结果不同，未来出现哪一种自然状态虽不能确定，但可预测其出现的概率，因而决策后果带有一定的风险性。③不确定型决策与风险型决策基本相似，不同的只是不能有效预测自然状态出现的概率，因而结果不确定，决策难度更大，风险更大。

（4）依据决策行为采取的方式不同，可分为程序性决策和非程序性决策。①程序性决策，又称常规性决策或重复决策，是指对行政管理中重复出现的问题所进行的例行性决策，具有方法和程序上的重复性、常规性、定型化等特点，通常是有章可循的。②非程序性决策，又称非常规性决策，是指对行政管理中首次出现或偶然发生的重大问题所进行的非例行性决策，具有应变性、不定型化的特点，通常无先例可循，只能通过创造性思维活动来解决问题。

6.1.4.2　行政决策的原则

行政决策原则是行政决策过程固有的客观规律的反映和概括，是决策工作中应遵循的准则。主要包括以下几个原则：

（1）目标原则。决策的首要条件是要有合理的决策目标。没有目标或目标不合理的决策是盲目的决策，它所造成的危害比不作任何决策更大。因此，在进行行政决策时，首先要确定一个合理的目标。坚持目标性原则，可使决策避免舍本求末的现象，使整个决策过程明白主次，抓住中心。

（2）信息原则。信息是决策的基础，决策的每一步骤和环节都离不开信息。无论是目标的确定，还是备选方案的拟定和优选，以及方案实施过程的补充、修正，都必须建立在掌握全面、准确的信息资料的基础上。因此，在进行行政决策时，掌握最新、最全面、最准确的信息，是行政决策正确、避免失误的重要条件。

（3）预测原则。预测是决策的必要前提。因为任何行政决策都是对未来行动所作的一种设想，是在事情发生之前的一种预先分析和抉择。凡事预则立，不预则废。现代科技和经济的高速发展，社会生活各方面的急剧变化和激烈竞争，更要求运用科学预测，高瞻远瞩，了解行政决策对象的发展趋势、时空和条件、影响后果等，从定性、定时、概率各要素作综合预测，才可能减少和避免决策失误。

（4）客观原则。行政决策备选按事物发展的客观规律和人们思维活动规律来进行。决策者一定要坚持实事求是的思想路线，深入调查研究，摸清决策对象的特点和环境情况，使决策符合国情、省情、县情和经济与社会发展的客观规律。如果主观随意行事，必将导致决策的失败，给国家和人民造成损失。

（5）系统原则。行政决策对象本身具有系统性特点，因而在制定与实施行政决策时，应当注意决策对象所处的整个系统及相关系统和构成各系统的相关环节，要对整体与局部、内部条件与外部环境、当前利益与长远利益、主要目标与次要目标及其相互关系、相互作用加以分析，才能正确决策。

（6）可行原则。决策是为了实施，要实施就必须具备人力、物力、财力等条件。只有各方面的主客观条件都具备了，决策才具有可行性。决策者应从政治和经济效益、现实与未来、有利与不利、成功的几率与失败的风险等多方面加以权衡比较，作出可行性论证，才能作出正确决策。

（7）择优原则。决策优化是决策者追求的目标。一般来说，决策总是在几个方案中进行选择。如果只有一个方案，没有比较和选择，就无从优化。不追求优化，就难以作出最好的决策。因此，至少应有两个以上的决策方案供决策者权衡比较，择优汰劣，从中选出最优方案。

（8）动态原则。行政决策对象是在不断的发展变化的，而一项决策的制定、执行、修正又是一个较长的动态过程。为此，决策者在决策时要富有远见、留有余地，准备应变性措施，以便适应变化了的形势。一旦发现决策同客观情况不相适应，就要及时调整，修正决策。

6.1.5 行政决策的程序与方式

6.1.5.1 行政决策的程序

行政决策程序是指行政决策过程中的逻辑顺序和基本步骤。主要包括以下六个阶段：

（1）界定问题。任何行政决策的目的都是为了解决行政管理领域中发生的各种政治、经济、文化和社会问题，从而实现行政管理目标。因此，发现问题是决策的开始。决策者必须广泛搜集信息，并进行科学的加工处理，以弄清问题的性质、特点、内容、范围、价值和影响，以及问题产生的原因和环境制约条件，从而找出解决问题的依据。

（2）确立目标。发现问题之后，就要确定解决问题要达到的目标。目标是在一定时期内主体必须达到或期望达到的指标，规定了决策活动的方向，是行政管理活动的出发点和归宿。它既为决策者判断备选方案优劣提供了评判标准，又是检验决策实施结果的基本尺度。

（3）设计方案。方案设计是行政决策中最重要的一环，也是咨询参谋系统参与最多的一个环节。它是指在明确决策目标的基础上，经过调查研究，运用适当的技术与方法，设计或者规划出各种实现决策目标的备选方案的行为或过程。其中，备选方案的质量常常在很大程度上影响到最后决策的质量，因而在设计方案时应当注意它的目的性、可行性、周全性和差异性。

（4）预测后果。后果预测是为了对方案进行评估和完善而对决策方案实施的客观条件的变化和方案在各种可能的客观条件下预期效果的预测。它在行政决策中的地位由行政决策本身面向未来的特征所决定，是方案评估和选优的前提。特别是在社会生产力高度发达、科学技术突飞猛进的今天，决策的成功越来越依赖于对未来的周密规划和长远思考，对决策后果的科学预测在决策中的地位就显得越来越重要。

（5）抉择方案。方案抉择是指行政决策中枢系统中享有行政决策权的行政领导者依据其权力、经验和科学知识在对各种备选方案进行比较权衡的基础上，按照全面性、长远性、效益性、适应性等原则进行优选，从中选择或综合出一个最优或满意的决策方案。这是行政决策过程中最核心、最关键的一环。方案一经抉择和批准，即成为行政人员和行政对象的行动准则。

（6）追踪决策。任何决策都要付诸实施，才能使决策方案变为现实。决策的实施过程，既是对决策设计方案的全面检验，又是根据主客观变化了的条件，不断调整乃至作出必要的追踪决策的过程。这就要求对决策方案的实施要加以严密的监控，随时观察其发展的趋向是否与方案相一致。如果发现方案在实施过程中出现了可能危及决策目标实现的异常情况时，就应当对方案进行及时的调整、修正，甚至重新决策。

6.1.5.2　行政决策的方式

（1）全体一致规则。这是指行政决策方案的通过需要参与行政决策的全体投票者都对该方案投赞成票的决策方式。只要其中任一投票人反对，其他人的一致选择结果就无效。它的优点是使每个人都能通过自己的投票行为获益，至少没有人因此受损，并使每个决策者都在形式上享有平等的决策权；缺点是决策往往要经历一个反复的“讨价还价”过程，导致成本高昂、效率低下，成本经常要远远超过决策者从中获得的收益，因而其适用范围有限，主要是一些小范围的投票活动，几乎无法适用于大规模的投票决策活动。

（2）多数规则。这是指获得投票人支持最多的决策方案获胜的决策方式。在这种规则下，代表多数人利益或反映多数人偏好的决策方案获胜，但这一多数可能是绝对多数，也可能是相对多数。与全体一致规则相比，多数规则可以大大降低决策成本，不需要进行无休止的“讨价还价”。但在投票人偏好差异的影响下，极有可能形成多数只是一种相对多数而实际上是“少数”的局面。因此，在实践运用中，人们往往都对多数规则的比例有详细的规定，如1/3、2/3等。

（3）过半数规则。这是指至少有1/2以上的投票人支持的决策方案才算有效的决策方式。它的特点是在决策过程中无需人人都投赞成票，只要有超过半数的赞成票，决策方案就能获得通过；方案对全体参与者都具有强制性，少数反对者要服从多数支持者作出的决策，即“少数服从多数”。因此，过半数规则相对于全体一致规则来说，更能节省决策成本；相对于多数规则来说，更能保护多数人的利益，是目前应用范围最广泛的规则。

（4）民主集中制。这是指在民主基础上的集中和集中指导下的民主的有机结合的决策方式。它要求在决策过程中应在集体充分讨论的基础上，按照少数服从多数、个人服从集体、局部服从整体和地方服从中央的原则作出决策。这一方式既具有现代民主决策方式的各种优点，又可以有效地避免议而不决、长期讨价还价耗费巨大成本的一般决策规则的局限性。

6.2　行政决策的构成要素

行政决策作为一项活动过程，一般由决策者、决策目标、决策备选方案、决策情势和决策后果五个要素构成。没有这些要素，就没有行政决策；缺乏任何一种要素，都不是完整的行政决策。

6.2.1 决策者

决策者即决策的主体，是从其他社会角色中分化出来的，由专门的人士担当。在决策活动中，决策者作为一种角色有时是由个人来担当，有时是由集体来担当的。前者称为个人决策，后者称为集体决策。不管是个人决策还是集体决策，决策者这一角色在决策活动中起着决定性的作用。没有决策者也就无所谓决策，因而决策者是决策的第一要素。对于行政决策来说，其决策的主体是具有法定行政权的国家行政机关，或者是在国家行政机关中有合法职位的政府官员。非经上级国家机关和法律的授权，任何其他机构、社会组织和个人都不拥有行政决策权力。

6.2.2 决策目标

决策目标，是指决策要达到的目的。任何决策都是为了实现某种目标而进行的，决策目标是决策的前提。它有两个要求：一是正确；二是明确。决策目标是否正确，直接关系到决策效果的好坏，甚至决定着决策的成败；决策目标是否明确，关系到决策实施的方向性和行动的针对性。一般来说，决策目标的制定必须满足以下检验准则：①目标是有的放矢的，即目标要具有针对性，它要解决的问题必须明确。②目标是具体的，它要有衡量目标的具体标准。③目标是系统的。有的决策问题比较复杂，就应当全面考虑决策目标的主次、先后关系，建立起层次结构明确的目标体系。④目标是切实可行的，即目标必须建立在现实条件允许的基础上，而不能凭空设想。⑤目标是符合规范的，即决策目标必须符合特定的规范体系。对于国家行政机关来说，其目标必须符合体制性的规范要求，不能超越其权限范围。

6.2.3 决策备选方案

在现代管理活动中，单方案决策已经越来越少。在管理上，有一句格言可以说明单方案决策的危险性："如果看来似乎只有一条路可走的话，那么这条路很可能就是走不通的。"在决策理论中，只有单方案而没有其他选择余地的决策被称为"霍布森选择"。这是从一个历史故事中得来的：1931 年，英国剑桥商人霍布森在卖马时，把马匹放出来供顾客挑选，但他同时有一个附加条件，即只允许挑选离围栏门最近的那匹马。这实际上是不让顾客挑选，所以后人讽刺这种无选择的"选择"为"霍布森选择"。因此，许多科学的决策活动都是多方案决策。决策者的任务就在于根据已掌握的信息资料，对各种方案进行分析、比较，从中选出满意的方案。如果只有一个方案，则无从选择，也就无所谓决策。

6.2.4 决策情势

所谓决策情势，是指决策面临的时空状态，也就是通常所说的决策环境。一个决策方案能否顺利实施，其影响和效果如何，不仅取决于决策方案本身，同时还直接取决于决策情势，受到一系列自然环境和社会环境的制约。可以说，决策行为实际上是决策者的主观因素和决策情势这两方面共同作用的结果。决策者必须把决策情势纳入到决策过程之中。

6.2.5 决策后果

决策后果，是指一项决策所产生的效果和影响。在作出最终决策之前，对每一个备选方案的实施后果进行客观的、公正的预估和评价，既是保证决策科学性的重要前提，也是方案选优的依据之一。如果对某一方案的实施后果作出了错误的评估，往往会导致决策的整体性失败。那么，如何对决策后果进行正确的评估呢？

首先是“科学评估”，应该抛弃自己一些想当然的判断，依靠专家或决策集体的智慧，对决策实施后所产生的影响进行正确的分析。其次是“心理评估”，要把决策实施后所面临的各种挑战性因素估计充分，抛弃任何乐观的判断，对任何决策所能产生的后果都要有心理上的准备。再次是“经验评估”，对前人实施同种性质的决策所产生的后果进行分析，从这些具有相同性质的案例中，判断决策实施后会产生什么样的后果。最后是“模拟评估”，即决策者把自己或者自己信赖的人作为受决策影响最大的对象，然后设身处地地思考一下决策实施后可能产生的反应和后果。

6.3 行政决策体制的系统构成

行政决策体制是指行政决策组织和决策人员所组成的有机体系及其具体运作制度的总称。在现代决策体制下，行政决策体制的要素的结合构成了一个相互配合、有机联系的系统工程，包括灵敏的信息情报系统、科学的咨询参谋系统、权威的决策中枢系统、高效的执行实施系统和强有力的监督反馈系统。

6.3.1 信息情报系统

这是由从事行政信息处理的机构、人员及信息通道、信息工具所形成的有机整体。现代行政决策的信息系统是由信息处理专门工作人员、电子计算机，以及其他传输工具组成的人—机系统，一般由信息收集、信息加工、信息传递、信息储存、信息输出、信息反馈等环节组成，每个环节都很重要，缺一不可。它的主要任务是把来自各种信息源的行政信息集中起来，进行科学的加工和处理，然后传输给咨询参谋系统和决策中枢系统，为它们的决策工作服务。因此，信息系统必须保证进入行政决策过程的信息的真实性、及时性、准确性、系统性和适用性。这就要求信息系统在信息处理的各个环节做到信息收集制度化、信息传递规范化、信息内容系统化、信息形式标准化、信息工作程序化、信息人员专业化、信息技术现代化，从而建立起一个健全、灵敏、高效的信息系统，来保证行政信息通道的畅通。

6.3.2 咨询参谋系统

咨询参谋系统又称“智囊团”或“思想库”，是由政策研究组织和各种专家学者组成的为决策中枢系统出谋划策的智力辅助机构的总称。它具有辅助性、独立性、科学性的特点，是现代行政决策体制不可缺少的重要组成部分。其主要任务是辅助决策中枢系统发现问题、确定目标，拟订并论证各种决策方案，为决策领导者评估选优、确定方案提供科学依据；同时，还辅助决策领导者发现、纠正决策中的偏差，提供修正意见和追踪决策方案。由于现代行政决策任务的复杂性、艰巨性和咨询系统自身具有的特性，咨询参谋系统在现代行政决策体制中显示了越来越重要的作用，是行政决策科学化、民主化的一个重要条件。

行政咨询参谋机构主要分为官方咨询机构和非官方咨询机构。官方咨询机构比如美国政府系统内部建立的白宫办公厅、总统的一些办事机构，我国党政部门内设立的政策研究室、参事室、调研室、发展研究中心等等。非官方咨询机构包括半官方咨询机构（得到官方的资助，但服务对象较广）和民间咨询机构，比如美国著名的兰德公司、斯坦福国际咨询研究所，日本的野村综合研究所，英国的伦敦战略研究所，我国的中国科学院、社会科学院、高校的研究机构、各种学术研究团体、咨询服务组织和专家顾问委员会等等。

这两种咨询机构各有自己的优缺点。官方咨询机构的优点是：了解决策领导者之所急；容易获得与公共政策相关的信息；研究成果容易被采纳。缺点是：容易受决策领导者的思想的影响，自主性、独立性较少；受政府面临的现实问题压力的影响，注重短期问题的研究。非官方咨询机构在独立性、灵活性、视野广阔性等方面都优于官方咨询机构，但缺点是在信息的获取、与高层决策者联络沟通、建议方案被采纳等方面均不如官方咨询机构。这也往往导致一些政府决策的重大失误。

6.3.3 决策中枢系统

决策中枢系统由拥有行政决策权的领导机构、领导人员及其他相关的要素组成，是行政决策体制的核心。它的主要任务是领导、协调、控制整个决策过程，确认决策问题和目标，并对决策方案进行评估选优，最终拍板定案。同时，中枢系统对决策及实施后果负全部责任。所以，决策中枢系统的决策水平和工作质量，直接关系到行政决策的质量并进而影响整个行政管理的成败。这势必要求决策中枢系统的每一个成员都应具有过硬的政治素质和良好的文化基础，具备丰富的决策经验，掌握科学的决策方法，并善于组织和发挥参与行政决策的广大专家和专业人员的积极作用。同时，作为决策中枢系统的领导集体，还必须有科学合理的年龄、知识和能力结构，从而发挥最优的集体效能。

在我国，中央政府的决策中枢系统事实上由三部分组成：第一个是党的领导及其机关，处于决策的中心、核心地位，更多地表现为制定党和国家的大政方针。第二个是全国人大及其常委会，拥有国家生活中重大事项的决定权，法律的修改和制定权，政府组成人员的选举、监督和罢免权，对政府经济社会发展计划的审查与批准权，对政府决定的改变和撤销权等。第三个是国务院。虽然人大是立法机关，但许多法律、法规是由国务院及其职能部门起草、制定的，其在实践中发挥着重要作用。国务院的决策中枢系统是由总理、副总理、国务委员、审计长、秘书长和各个部委的部长及主任组成，其决策方式是在集体领导基础上的总理负责制。这是指重大事务要在集体讨论的基础上由总理定夺，主要通过召开国务院全体会议、常务会议（由总理、副总理、国务委员、秘书长等组成）、总理办公会议等形式，而一些具体的日常行政事务则由总理决定。

在地方，各级政府的决策体制与中央政府的决策体制大致相同。

6.3.4 执行实施系统

执行实施系统，是指国家行政机关及其工作人员为使行政决策付诸实施，达到预期目标而进行的全部活动所构成的组织体系，是行政决策体制中的重要环节。它是把决策方案付诸实施，把决策的设想转化为现实。如果没有执行实施系统，再好的决策方案也只是一纸空文；如果在执行实施过程中不认真落实，也不可能达到预期目标。因此，执行实施系统必须按照决策目标的要求，群策群力，保质保量、按时完成任务，从而实现决策目标。

6.3.5 监督反馈系统

监督反馈系统，是指对决策的制定与执行过程进行检查、监督，并把其具体情况反馈回决策中枢系统所构成的组织体系。它的主要任务是根据决策中枢系统的指令，对执行实施系统进行监督，并把决策方案实施过程中的具体信息、资料、数据，以及发现的问题迅速传递给决策中枢系统，使决策者能够及时地对原方案运行的内容、程序、步骤、方法进行修正、补充、完善或者是重新决策，以实现决策的优化控制。如果没有监督反馈系统，或者减弱这个系统的功能，就不可能有决策的科学化、现代化。

总之，行政决策体制这五大系统的有效运作、相互配合，是保证行政决策民主、科学、合理的关键。

6.4 我国行政决策的完善

当前，我国行政决策有待完善，存在的主要问题是行政决策成本居高不下。这常常是由于行政决策失误，行政决策方案的制定、实施、评估缺乏必要的监督与约束所导致的，会给国家造成重大损失。为此，应当重视行政决策的软约束问题。

这是因为从经济学的角度看，任何一项行政决策的制定与执行，都存在着投入与产出的关系。行政决策的投入，是指国家行政机关为实现行政决策目标所能动用的一切资源。这些资源不是无限的。只有在既定的、有限的公共资源投入范围内，达到了行政决策目标，产生了积极的结果，行政决策才算完成。因此，既定的、有限的公共资源投入，就构成了对行政决策的约束。当决策者严格按照完成决策目标所限定的公共资源进行投入时，决策实施前确定的有限公共资源就成了行政决策的硬约束；相反，如果在行政决策实施过程中，为了达到决策目标，决策者不断追加投入成本，超出预先确定的公共资源投入界限，这时既定的、有限的公共资源投入就演变成了行政决策的软约束。由此，既定的、有限的公共资源投入是衡量行政决策硬约束与软约束的分野，同时也成为行政决策失误与否的判别标准。那种违反行政决策的硬约束，任意扩大决策投入，滥用公共资源，使决策成本的硬约束演变成决策投入的软约束的做法，在我国各级政府的行政决策中是比较普遍的。

6.4.1　行政决策软约束的分析

与企业的经济决策相比，导致行政决策软约束的主要因素有以下四个：

6.4.1.1　决策机制不一样

在完全的市场经济条件下，企业和私人性营利组织的决策者，必须面对市场，决策效益是制约决策投入的重要因素。企业决策投入的所有资源，必须通过决策产生的效益予以收回，还要有所增值，否则企业就难以生存。行政决策则不同，它提供的公共物品和公共服务是一种“非市场产出”，一般不进入或很少进入市场交换领域，也很少有竞争对手，因而导致行政决策的效益不受市场机制的制约。同时，决策投入的资源又是靠政府合法权力获得的，不是市场等价交换的产物，也无需决策者自行垫付。这样，行政决策资源的公共性使得政府官员很少重视决策的投入成本。相反，为了政治的或非经济的目的，决策主体常常滥用决策资源，经济决策的硬约束在行政决策中变成了软约束。

6.4.1.2　决策追求的目标不同

追求最大限度的利润，是所有营利性组织的根本目标。受社会平均利润的限制，企业往往要从成本节约上寻找利润空间，因而最大限度地从每一个环节上降低消耗，就成了企业决策者的行为准则。这时，决策成本的硬约束早已内化到企业家自觉的行为中去了。行政决策则不以营利为目的，是以全社会的发展、公平、民主、稳定为决策的价值标准。但如何将这一价值标准内化到行政决策主体中，还存在种种问题。在现实生活中，对行政决策的评价主要来源于决策主体的上级领导。但上级领导往往不是行政决策产出的直接消费者，因而上级领导对行政决策的投入成本并不敏感，他关注的是决策实施带来的政绩效应。对于决策当事人来说，即便降低了行政决策的成本，节省了公共资源，这些资源并不能据为己有。相反，只有让上级领导高兴和满意，才对自己未来的升迁有好处。于是，为了取悦上级领导，不惜重金搞形象工程、样板工程。

6.4.1.3　决策享用的资源不同

企业决策动用的资源，无论以什么形式出现，最终都要用老板钱袋中的钱去支付。资金是企业决策成本中的终极资源。对企业家而言，决策失误造成的资金损失，既无法转嫁，也无法替代。因此，它是一种硬约束。行政决策凭借的是国家权力，能调动的资源远比企业多得多，并且可以通过转嫁决策成本、追加决策投入，变决策失误为“政绩”。比如，政府提供的公共物品和公共服务，如电信、电网、道路、桥梁等工程，因行政决策上的失误造成工程成本居高不下。为弥补决策造成的损失，决策者可凭借手中的权力，提高收费标准，将决策失误的成本转嫁给社会。而这些对企业来讲是无法做到的。可见，政府管理权限的广泛性，给行政决策者调动多种决策资源提供了左右逢源的机会。堤内损失堤外补，成本损失价格补，经济损失政治补。行政决策的软约束已经成了行政决策失误中难以治愈的顽症。

6.4.1.4　决策失误承担的责任不同

企业和私人营利性组织遵循的是市场经济游戏规则。决策失误，轻者亏本负债，重者倾家荡产。因此，决策失误是一种硬约束。对政府官员来讲，行政决策失误责任则是一种软约束，具体表现为“追究难，难追究”。所谓“追究难”，是难在现行的领导体制上。由于一些地方还存在党政不分，以党代政的现象，决策出现了失误，责任究竟在谁，是党委还是政府，是主管领导还是分管领导，是参与决策的所有领导还是提出决策意向的个别领导，这些都很难确定。所谓“难追究”，是难在谁来追究，怎样去追究。群众追究领导，在目前的体制下，很难做到。上级追究下级，怎样追究，决策失误的责任如何界定，是故意还是过失，动机与效果又如何把握，也很难界定。这样，由于行政决策责任的模糊性和不确定性，责任追究实际上是一种软约束，而这种软约束又反过来促成了行政决策成本的软约束。

6.4.2　行政决策软约束的治理

解决行政决策软约束的基本途径是增强行政决策的民主参与程度，充分发挥市场机制的作用，强化行政决策硬约束的制度建设。具体的对策包括以下几个方面：

6.4.2.1　建立行政决策听证和公示制度

行政决策软约束产生的根本原因，是决策主体凭借国家权力，在决策公共资源用于社会发展需要时，不受或很少受公民以及相关利益团体的制约，从而养成了滥用决策资源的陋习。建立行政决策听证制度，公民和不同的利益集团与行政决策主体平等地坐在一起，共同商讨行政决策的目标、方案，分析、论证决策的可行性和资源约束条件，从而起到约束、限制决策主体滥用公共资源的目的。对于重大行政决策听证，除了应广泛邀请公民代表和不同利益团体外，还要通过广播、电视、报纸、互联网让全社会知晓，发动全社会公民参与讨论。

同时，由于受人、财、物和时间等的制约，行政决策听证一般适用于与公众利益密切相关的重大决策。对于政府职能部门的一般决策，则可以采取决策公示的形式。当决策方案确定后，将决策的内容、背景、目标、方案、成本投入、预期效果等等，通过各种媒体向社会公示。这样，就从决策的外部环境上，建立起行政决策的硬约束机制。

6.4.2.2　建立行政决策审计制度

由于行政决策游离于市场竞争的制约机制，所以一些政府官员在决策执行时，经常为了自身政绩和形象，不断违背决策成本的硬约束，追加有限的公共资源投入，甚至不惜一切代价地扭转决策的失败。而在行政决策效果的宣传上，由于决策主体掌握着媒体资源，往往会以偏概全，夸大决策产出的效果，掩盖和忽略其成本投入，从而使一些行政决策在人为夸张的效果下，掩盖了资源投入的巨大浪费的事实。

因此，必须建立起行政决策审计制度，对行政决策从开始制定到实施完成后所消耗的成本进行全面的审核。首先，重点审计决策执行过程中有没有超出原来制定的决策成本。如果超出了，那么究竟超出多少，为什么要超出，怎样超出的。超出后，现有决策投入与产出相比较，究竟还有多少积极意义。其次，还要进行横向比较，看看其他地区类似的行政决策投入的公共资源是多少。最后，将决策审计的结果公开，把公众的注意力从决策政绩转移到决策成本上，并通过投入产出的比较，让公众来判断行政决策的得失，以便形成对行政决策主体的硬约束压力。

6.4.2.3 充分发挥市场机制的作用

在行政决策中，有相当数量的决策是对有形的公共产品、公共服务的决策，其目的在于弥补市场缺陷，在市场做不到、做不好的领域发挥作用。但由于政府权力的高度垄断性，每当行政干预在起作用时，也就同时排斥了竞争的外在压力，消除了提高公共服务质量、降低公共产品成本的内在动力，决策投入的硬约束也就演变成了软约束。因此，政府决策者要善于利用市场机制的作用，确立决策的市场导向，引入竞争机制来强化行政决策的硬约束。比如：政府可以通过契约关系，允许私营企业直接参与公共产品、公共服务的生产和经营；通过招投标的市场竞争，将公共资源的投入降到最低限度，将工程和质量保持在最佳水平，用承包商之间的硬约束机制代替行政决策的软约束机制，最大限度地减少公共资源的投入。

6.4.2.4 建立行政决策失误责任追究制度

进一步建立行政决策失误责任追究制度，对盲目决策造成重大损失者，依法追究领导责任，甚至是法律责任。这是因为决策上的失误，从某种程度上看，给国家、集体造成的经济损失要比一般的贪污受贿和以权谋私行为所造成的损失更大，带来的后果和影响更为严重。但长期以来，人们习惯于把决策失误看成一般工作失误，把造成国家和集体成百上千万元、甚至上亿元损失的重大决策失误说成“交学费”，很少追究决策失误者的责任，从而导致“三拍决策工程”（“决策拍脑袋，工作拍胸脯，事后拍屁股”）随处可见。先拍脑袋决策，再拍胸脯保证实施，出现失误后拍屁股走人，换个地方照样当他的官，严重影响和败坏了党和政府的形象。所以，只有明确规定行政决策者要承担行政决策的相应责任，才能促使他们集思广益，励精图治，精心决策，有效地杜绝随意决策、盲目决策。

总之，只有在行政决策体制上建立起一套比较完备的防范制度和机制，强化行政决策的硬约束，根治行政决策的软约束，才能逐步推进行政决策的科学化、民主化、法治化进程，从而不断提高行政决策的水平。

本章小结

行政决策是指国家行政机关及其工作人员在履行国家行政管理职能的过程中，根据掌握的行政信息，依法确定行政目标、选择行动方案并付诸实施的过程。它在行政管理中居于基础和核心地位，发挥着极其重要的作用。它可以依据不同的划分标准进行分类。各种类型的决策在行政管理中的地位、作用、规模、过程和后果等都不尽相同，各有各的特点。为了搞好行政决策工作，必须遵循目标、信息、预测、客观、系统、可行、择优和动态八大原则。行政决策的程序或者说一般过程主要包括界定问题、确立目标、设计方案、预测后果、抉择方案、追踪决策六个步骤和阶段。行政决策的方式主要有全体一致规则、多数规则、过半数规则和民主集中制。行政决策作为一项活动过程，一般由决策者、决策目标、决策备选方案、决策情势和决策后果五个要素构成，它们之间相互联系，缺一不可。一个严密的现代化的行政决策体制一般由灵敏的信息情报系统、科学的咨询参谋系统、权威的决策中枢系统、高效的执行实施系统和强有力的监督反馈系统所构成。针对当前我国行政决策成本居高不下的情况，应当重视行政决策软约束问题，采取各种有效措施，强化行政决策硬约束的制度建设，推进我国行政决策的完善。

复习思考题

1. 什么是行政决策？它的特点主要表现在哪些方面？
2. 行政决策应遵循的基本原则有哪些？
3. 简述行政决策的一般过程。
4. 行政决策的构成要素有哪些？
5. 行政决策体制的系统由哪些方面构成？
6. 结合现实，论述我国行政决策存在的问题及其解决决策。

7 行政执行

本章学习目标

了解行政执行的含义、特点、原则、作用、影响因素和一般过程；弄清行政指挥、行政沟通、行政协调、行政控制的基本内容和方式方法；思考政府执行力增强的问题。

行政执行是行政管理过程中的重要环节，是实现行政决策及管理目标的最重要、最直接的行政活动。只有做好行政执行，才能保证行政决策的实施，保证决策目标的实现。

7.1 行政执行概述

7.1.1 行政执行的含义和特点

所谓行政执行，是指国家行政机关及其工作人员实施行政决策，以达到预期目标的全部行政管理活动。它包括了从行政决策形成起，到决策目标实现为止，国家行政机关及其工作人员贯彻实施行政决策的全部活动和过程。因此，行政执行是把行政决策方案变为现实，实现行政管理目标的最重要、最直接的行政活动。

行政执行的效果如何，直接关系到行政管理活动的质量。行政机构设置是否合理，人员配置是否恰当，决策内容是否正确，也要通过行政执行的结果加以检验。可以说，行政执行是国家行政机关最根本的职能，是行政权的集中表现，是行政管理活动的重要环节。行政执行有以下几个方面的特点：

7.1.1.1 目的性和时效性

行政执行是一种目的性很强的活动。执行者无论采取什么样的具体方式方法，总是为实现决策目标而进行的。没有明确目标的执行活动，是一种盲目的执行。同时，行政目标的实现，又有着特定的时限要求。行政执行必须在规定的时间内，迅速、高效、及时地实现行政决策的目标，完成行政执行的任务。

7.1.1.2 经常性和连续性

行政执行首先表现为国家行政机关及其工作人员大量的日常工作。行政机关及其工作人员每天不仅要贯彻执行某些特定的决策，还要执行大量的常规性、例行性的决定，而这些执行活动具有明显的经常性特征。另外，在行政管理中，决策—实施—反馈—再决策—再实施—再反馈，是一个不断循环反复的链条，没有终点。所以，行政执行也会连续不断地进行下去，具有连续性。

7.1.1.3　灵活性和创造性

行政执行是把决策目标具体化的过程。由于各地区、各部门千差万别，因而在行政执行中，一方面要因时、因地制宜，具体问题具体分析、具体处理，切忌千篇一律，搞“一刀切”，要具有灵活性；另一方面，必须根据自己的特定条件，按照行政决策的要求，发挥各自的积极性、主动性和创造性，作出适合本地区、本部门的最佳选择，因而是一个不断丰富原来的决策，进行创造性工作的过程，又具有创造性。

7.1.1.4　原则性和强制性

行政执行作为一种执行性活动，必然要求做到雷厉风行，及时准确、不折不扣地把行政决策落到实处，这反映了行政执行的原则性。与此相适应，行政执行在方法、手段上，要求执行者按严格的法律规范和组织程序来工作，可以通过命令、指示等行政手段进行指挥，必要时还可以采取一些强制性和制裁性措施，所以行政执行又具有很高的强制性和权威性。

7.1.2　行政执行的基本原则

7.1.2.1　忠实决策

这是行政执行的根本原则。行政执行的过程就是将行政决策付诸实施的过程，行政执行的每一个阶段、每一个环节都与行政决策有关。因此，行政执行者必须不折不扣地依照决策本身所规定的对象、范围，保质保量地实施行政决策，而不能有偏离决策目标的行为。要忠于决策目标，坚持决策标准，而不能擅自修改决策目标、降低决策标准。如果对决策有异议，也只能向决策机构反映情况、提出建议，但不能影响决策的执行。

7.1.2.2　开拓创新

行政执行既要求忠实于决策，使贯彻执行不走样，又要求从实际情况出发，创造性地贯彻执行。行政执行是一个具体、丰富的过程，它要求在遵循决策原则的前提下，根据行政执行所处的具体环境，根据条件变化后出现的新情况，创造出灵活有效的执行方式和方法，保证行政执行的顺利和决策目标的实现。如果行政执行者只是机械地理解和执行上级的决策，毫无创新精神，也会导致行政效率低下，甚至事与愿违。

7.1.2.3　坚决有力

行政执行的意义就在于以最快的速度、在最短的时间内圆满地实现决策目标。因此，正确的决策作出之后，贯彻执行越坚决果断、迅速有力，效果就越好。如果在行政执行活动中犹豫不决、软弱无能、拖拉疲沓，就会错过时机，贻误大事。当然，行政执行也不可操之过急，简单图快；否则，往往会事倍功半，导致不能准确、圆满地实现决策目标。

7.1.2.4　跟踪检查

这是为了防止和纠正行政执行过程中偏离决策目标的行为，目的是提高工作质量和效率。一般来说，行政执行是一个较长的过程，会牵扯方方面面的诸多因素，稍有疏忽，就会出现偏差，造成失误。因此，行政领导者要对各项执行工作随时进行检查、指导，执行过程结束后还要进行全面的验收和总结。通过检查和监督，可以促进和推动工作的进程，督促工作人员依法办事，防止违法违纪行为，及时发现执行中的意外事件，纠正失误和偏差，从而保证在行政执行的全过程中始终与决策标准保持一致。

7.1.2.5　方法合法

行政执行是政府的行政行为，是以强制力为后盾的。政府为了达成决策目标，必然会使用各种行政方法和手段，包括强制手段。这是法律所允许的。但是，这些方法和手段不能违背宪法和有关法律，不能违背党的政策，更不能损害公民和法人的基本权利，尤其是不能侵犯人权。没有触犯法律就不能抓人，更不能私设公堂，进行严刑拷打、非法逼供。这是社会主义法制所不容许的。

7.1.3　行政执行的地位和作用

7.1.3.1　行政执行是国家行政机关的主要职能

行政执行是国家行政机关的主要职能，表现在两个方面：①国家行政机关作为国家权力机关的执行机关，要贯彻执行国家权力机关的重大决策，并负责把决策方案落到实处；②各级国家行政机关及其工作人员要认真执行上级国家行政机关和行政领导的决策指令，围绕既定的决策目标而开展一系列具体实施工作。因此，行政执行的好坏，关系到国家行政机关职能的发挥和工作人员职责的履行情况，在行政管理中是不可缺少的重要组成部分。

7.1.3.2　行政执行是检验和修正行政决策的实践依据

行政执行是实现行政决策的根本途径，任何一项决策都离不开准确、有效的执行活动。如果决策不能付诸实施，那只能是纸上谈兵，毫无意义。同时，行政决策是否正确，既要靠执行活动来检验，又要通过在实践中及时发现决策存在的问题，为决策的修正、补充和完善提供事实依据，从而使行政决策更正确、更科学，管理更有效。

7.1.3.3　行政执行是判断和衡量行政管理成效的重要尺度

在全部行政管理活动中，行政执行是最经常、最实际、最具体的活动。一个行政组织能否顺利完成工作任务，一是靠正确的决策，二是靠强有力的执行。从行为的角度看，行政执行甚至比行政决策更重要：通过行政执行不仅能检验行政决策本身的正确性，同时也能检验行政机构设置是否合理、行政人员配备是否恰当、组织规章制度是否健全、信息反馈是否灵敏、监督检查是否有力，等等。可见，行政执行事关行政管理的成败。

7.1.4　影响行政执行的因素

行政执行活动是一个非常复杂和充满各种困难的过程，要受到外部各种条件的制约和内部各种因素的影响。要真正发挥行政执行的作用，顺利完成行政执行的任务，就必须认真研究影响行政执行的相关因素和条件。

7.1.4.1　内部相关因素

（1）行政决策是否正确、合法。决策是执行的前提，行政决策如果不正确、不合法，那么就必须坚决抵制行政执行，否则行政执行将导致失败或者属于违法活动。此外，行政决策总体上正确，但如果方案不完善、办法不先进，也就是说决策质量不高，那么行政执行也难以取得好的社会效益。

（2）行政执行主体的条件是否具备。行政执行主体的状况如何，直接关系到行政执行能否顺利进行并达到预期的效果。影响行政执行主体状况的要素包括：行政执行机构的设置和运作是否相适应；行政领导是否得力；人员的配备合不合理，人员的素质是否够高；技术力量、财力物力是否充足，等等。如果行政执行主体的上述这些状况不符合要求，那么行政执行也难以完成各项任务。

7.1.4.2　外部相关环境

任何行政执行都要受所处外部环境因素的影响和制约，十分复杂。这些外部因素包括：人民群众对决策、目标的理解、认同和支持程度；社会的经济水平、文明程度；社会的政治状况；周边国家环境的影响；国际政治、经济形势的发展趋势，等等。这些都会给行政执行带来直接或间接的影响，都要给予充分的重视。同时，每一项行政任务所面临的外部环境都不可能完全一致，在行政执行过程中必然会出现差异，必须具体问题具体分析。

7.2　行政执行的一般过程

行政执行是一项复杂的管理活动，为了有效地做好执行工作，就必须制定行政执行的工作程序，并做到各个环节之间的有效协调。行政执行的一般过程大体上可以分为三个阶段，即准备阶段、实施阶段和总结阶段。

7.2.1　准备阶段

行政执行的准备工作是否充分，对整个执行过程有着直接的影响。准备阶段的工作可以概括为编制实施计划和做好“三落实”工作。

7.2.1.1　编制实施计划

这是行政执行准备阶段的首要工作，其目的在于确定在什么时间，通过什么方法，用多少经费，用多少人力、物力来达成决策的目标。它一般包括对决策整体目标进行分解；计算并筹划人力、物力、财力；确定实施步骤、方法及有关的制度、规定等方面的内容。据此，可以把计划的内容概括为六个“w”，即行动的目标是什么（what），为什么要采取这些行动（why），何时开始并完成这些行动（when），何人负责实施这些行动、受何人指挥、可以指挥何人（who），在何处或由何部门实施这些行动（where），如何实施这些行动（how）。

同时，制订实施计划要求做到以下三点：第一，切合实际，积极可靠。对人、财、物的计算要具体、精确，各项安排要具有较强的可操作性。第二，要有灵活性，要留有一定的变化、调整余地。第三，要照顾全局，统筹安排，能够前后衔接，左右平衡，切忌顾此失彼。

编制计划在行政执行中具有重要的作用。首先，通过编制实施计划，可以使人、财、物各种资源得到合理的配置和使用，有利于降低执行成本和提高效率。其次，通过编制实施计划，能够增强工作的预见性，有利于抓住时机，利用各种有利条件和排除可能出现的障碍，确保行政执行的顺利实施。最后，有了实施计划，才可能使执行过程处于必要的控制之中，保证执行活动遵循政策、法规和预定的目标有序地进行。相反，没有计划的行政执行，只会是一些无目标的杂乱活动或临时性的应对措施。

7.2.1.2 做好“三落实”工作

所谓“三落实”，是指对行政决策的实施要做到组织落实、思想落实和物资落实。

（1）组织落实。这是指把决策的执行明确落实到具体的机构和人员身上，并建立必要的管理制度，主要包括以下几个环节：一是确定机构。这是组织准备中的首要任务，任何一项行政执行都必须有明确的执行机构或主办机构和协办机构。二是配备人员，主要是指配备行政执行的主管负责人员和一般工作人员。选好人、用好人，科学的人员配备是行政执行顺利进行的关键。三是明确责权。这是指在调配人员的同时，要通过适当手续，授予必要的权力，做到职责清晰，事权统一。四是建立制度。这是为了保证决策执行的有效实施而建立必要的管理制度，比如检查制度、监督制度、考核制度和奖惩制度等。

（2）思想落实。它要求行政执行的相关人员，包括领导、一般工作人员和人民群众，对行政执行任务的目的、意义、内容、做法等，都有充分的了解，达成必要的共识。只有这样，行政决策才能获得所有执行人员及有关各方的理解与支持，决策的意图才能变为群众的自觉行动，才能最大限度地激发群众的热情，共同为实现决策目标而努力奋斗。所以，要通过宣传、动员、学习等措施，认真做好思想落实工作。

（3）物资落实。它要求及时筹备好行政执行所必需的材料、设备、经费等物资和资金。常言道“三军未到，粮草先行”。行政机关要完成任何一项行政执行任务，都离不开特定的物资，包括办公用品、通信设备、文书档案、交通工具，各种相关的材料及必需的经费，等等。所需经费不仅要求作出预算，制订出使用计划，还要落实资金的来源渠道和获得有关方面的批准。同时，还要注意适用、节俭，力求以最小的行政成本获取最大的执行效益。

7.2.1.3 进行试点工作

对一些重大、特殊的行政决策，还需要进行一定的试验。在一个较小的范围内先进行试点，以便观察效果，发现问题，为全面执行做好必要的准备。

7.2.2 实施阶段

各项准备工作基本完成以后，就可以进入实质性的工作阶段，即行政执行的实施阶段。这是整个行政执行过程的关键，直接关系到行政执行能否获得理想的成果，关系到行政决策的目标能否实现。在行政执行的实施阶段，行政管理的主要任务是要做好指挥、沟通、协调、控制方面的工作。这四个方面的工作构成了行政执行过程中的主要环节。

7.2.3 总结阶段

行政执行完成之后，要及时总结，这是行政执行的最后一步，同时又为制定新的决策、新的执行活动做准备，是整个行政执行活动的重要环节，在行政管理中具有重要的作用。

7.2.3.1 总结的作用

（1）肯定成绩，鼓舞斗志。通过对行政决策和计划执行情况进行全面分析，充分肯定成绩，总结经验，表彰先进，鼓舞斗志。因为任何一个工作人员，在他完成工作任务之后，总是期望人们对他的行为作出客观、公正的评价，希望自己的劳动能被社会所承认，从而产生成就感、满足感，激励他更加努力地工作。

（2）找出差距，研究对策。通过总结，可以及时发现执行工作中的缺点和错误，以便研究对策，改进工作。同时，还可以及时发现原来决策目标存在的问题，进行必要的修正，甚至重新制定新的决策目标。

（3）积累经验，提高水平。总结既是行政执行的一个必要步骤，又是下一个新的决策执行的准备；既是对行政执行的全面评价和深刻反思，又为下一个新决策的执行积累了经验。因此，通过总结，能够在积累经验的基础上，提高行政人员的思想水平和工作能力。

7.2.3.2 总结的主要内容

（1）对行政决策正确与否作出客观、公正的评价。总结实际上是对决策方案的再认识，包括决策目标的选择是否准确、决策论证是否充分、决策方案是否优化、决策执行的结果是否有效。这样，有利于下一个新的决策的科学形成。

（2）对行政执行任务的完成情况进行全面的对照检查。看是否达成了目标，是否完成了任务，以及执行进度、经费支出、人员使用、机构效能等方面是否达到了预期要求，整个执行活动是否速度快、质量高、效果好，还有哪些应总结的经验和吸取的教训。

（3）对行政执行的单位和人员的执行工作情况进行实事求是的考核和奖惩。通过总结，要把成绩和失误落实到具体的单位和人员身上，区分优劣，为奖惩提供客观依据。总结要做到实事求是、恰如其分、奖惩分明、公平合理，这样才能奖励先进、鞭策后进，达到提高工作效率的目的。

（4）在全面评估的基础上，总结经验教训，研究改进办法，探讨行政执行活动的规律，把对行政执行的感性认识上升到理性认识，提高行政人员的思想业务水平，提高今后工作的科学性。

7.2.3.3 总结的基本方法

（1）自下而上和自上而下相结合的方法。在一般情况下，行政执行情况应当自下而上地进行，先由基层执行单位总结，再由上级单位集中。但有时也需要自上而下的总结，给下级单位的总结作出指导。两者相结合，既有利于下级单位扩大视野，增强全局观念，也有利于上级机关克服官僚主义，全面了解实情。

（2）定性与定量相结合的方法。一方面，要认真研究行政执行各个因素在整个执行过程中的作用，确定它们相互联系、相互区别的质的规定性；另一方面，要尽力使被分析的因素具体化、数量化，具有明确的量的规定性，把定性分析与定量分析结合起来，从而增强评估结论的科学性和可信度。

(3) 领导与群众相结合的方法。一方面，行政领导者对全局有比较透彻的了解，容易抓住问题的关键，有利于领导干部掌握实情、取得经验、吸取教训，提高领导水平；另一方面，群众是完成行政执行任务的主要力量，是行政计划的具体执行者，他们最了解情况，在总结中最有发言权。

因此，总结工作一定要走群众路线，充分发扬民主，不能只是几个领导者说了算。应当把两者结合起来，在群众民主评议的基础上，由领导集体综合研究，分析归纳，最后形成总结结论。

7.3 行政执行的主要环节

7.3.1 行政指挥

行政指挥，是指行政领导者按照既定决策目标和计划，对下级的行政执行活动进行指示、引导、监督和控制的管理过程。它是行政执行的主要环节之一，是行政领导作用在执行过程中的直接体现。

现代行政执行活动涉及面广，参与人员较多，分工较细；政策性、连续性、准确性、时效性都要求很高；执行中的各项工作任务环环相扣，互相制约。一个环节脱节，就会影响全局。如果没有强有力的指挥，整个行政执行过程就不可能有秩序、有节奏地进行，就不可能完成决策任务。因此，必须要有高度统一和强有力的指挥。

行政指挥的方式主要有口头指挥、书面指挥、会议指挥和现场指挥四种。不同的指挥方式具有不同的功效，适用于不同的场合，运用时要根据任务要求、时空条件、指挥对象的不同情况来加以确定。但不论采取何种方式，都要注意明确、坚定、果断、灵活，同时还要善于鼓励下级发扬自主创新精神，大胆地开展工作。

行政指挥的效果如何，主要取决于指挥者的权威。这种权威一方面来自职位的法定指挥权，另一方面则来自指挥者本人的德才素质所形成的人格威信。行政领导者既要善于正确运用法定的指挥权，敢于指挥、善于指挥、精于指挥，积极主动地开展工作。同时，指挥者也要特别注意加强自身思想作风的修养，发挥模范表率作用，不断提高个人的人格威信。

7.3.2 行政沟通

行政沟通，是指行政组织、行政人员之间相互交流信息，谋求共识与合作的行政行为。它是行政执行得以正常进行的必要环节。

行政管理的对象和范围十分广泛，行政组织机构又十分庞大，涉及的人和事非常复杂，如果没有信息沟通，思想和情报的交流就不可能使各个工作部门和行政人员协调一致地进行管理工作，就可能产生各自为政、相互推诿等现象，从而影响行政执行的效率。所以，通过加强行政沟通，就可以交换意见，交流思想和感情，达成共识，取得谅解，加强团结，改善各方面的关系，使政令畅通，执行有力。

行政沟通的方式很多，有个人与个人、团体与个人、团体与团体的沟通；有单向或双向沟通；有按组织系统进行的正式沟通或者是系统之外的非正式沟通；有下行沟通、上行沟通和平行沟通，或者称之为纵向沟通和横向沟通，等等。采用何种沟通方式，要根据情况来定。在当前的形势下，加强政府与社会、干部与群众的沟通特别重要，协商对话就是这种沟通的重要渠道和重要方式。

搞好行政沟通，应当注意以下事项：①准确运用语言，正确、全面地传递有价值的信息；②针对信息接受者的不同情况，注意沟通的方式，力争收到良好的效果；③注意扫除沟通障碍，保证沟通顺畅；④把握沟通信息的时机，以防时机不当造成负面影响或贻误工作；⑤加强沟通检查，防止沟通信息失真；⑥实现沟通技术和手段的现代化，加快信息传递速度，保证信息交流的及时性、准确性。

7.3.3 行政协调

行政协调，是指引导行政组织之间、行政人员之间建立起良好的互相协作、互相配合的关系，以共同实现行政目标的行政行为。它的实质是一种把相关的组织和个人力量进行凝聚、集合，从而形成共同行动的技巧，也是行政执行活动的重要环节。

在行政执行活动中，由于参与执行活动的各个部门的工作职责不同，目标、地位不同，各个工作人员的知识、经验、性格、水平、观察角度不同，再加上各方面的利益关系不同，等等，都会引起矛盾和摩擦。这就要求行政领导者必须高度重视协调工作，以形成组织最大的合力。只有加强协调，使每个部门明确各自的职责，使每个工作人员尽职尽责，才能使行政执行沿着决策目标和方向有序地进行，才能完成行政执行任务。

行政协调的方式很多，主要有：①组织协调，包括行政组织内部各个机关、各个部门之间的协调和行政组织与其他国家机关、政党和群众团体之间的协调；②人员协调，包括行政组织内部行政领导者与一般行政人员之间的协调、行政领导者之间的协调和一般行政人员之间的协调；③会议协调，是一种最常见的协调方式，如办公会、碰头会、部门协调会、工作联系会、信息发布会、思想交流会等；④中介协调，是当冲突双方经协商谈判无法解决时，可以通过冲突者以外的第三者出面调解、仲裁，在大事上分清是非，小事上互相谦让，从而作出公断。这个“第三者”一般是由双方的共同上级领导者和上级机关担任，也可以由其他权威机关仲裁。

要搞好行政协调，行政领导者必须做好以下工作：①顾全大局，坚持原则，反对小团体主义、本位主义；②对可能出现的问题及早预见，及早采取措施，避免“临时抱佛脚”；③注意政策的相对稳定性，防止朝令夕改，变化无常；④改进领导方式，解决矛盾，协调各方面的关系，以保证行政执行任务的顺利完成。

同时，行政协调与行政沟通是密切联系在一起的。行政沟通是行政协调的前提和基础，主要是求得思想上达成共识；而行政协调是行政沟通的结果，主要是谋求行动上保持一致。只有参与行政执行的各个方面首先在思想上统一了，才有可能达到行动上的一致。所以，行政沟通与行政协调是相互联系、相互促进的，共同推动行政执行工作的顺利进行。

7.3.4 行政控制

行政控制，是指行政领导者为确保决策目标的实现，主动采取必要的检查、监督、调整措施，以防止和纠正行政执行活动中有可能出现的偏差的行政行为。它是顺利进行行政执行活动，完成行政决策目标的必要手段和重要环节。

行政控制具有三个显著的特征：①对比性。这表明行政控制是一种监测活动，它以信息反馈为基础，其经常性的活动是对已经制定的计划目标和具体实施的状况进行不断的比较和评价。②强制性。这表明行政控制是一种权力活动，它以行政权力为后盾，通常是由行政领导者凭借行政权力所采取的、自上而下的强制性行为。③调节性。这表明行政控制又是一种校正活动，它以保证行政执行的正确进行为己任，其主要功能就在于发现偏差以后，及时采取调节措施，对偏差进行校正。所以，行政控制在稳定行政执行工作秩序，调节和监控行政执行过程，控制行政成本等方面，都具有重要的作用。

要实现对行政执行活动的有效控制，应当做到以下几点：①有明确的控制标准。建立起符合实际、具体明确、可供考核和检查的完整的控制目标体系，防止标准过高或过低两种倾向，以提高行政控制的有效性。②实行有效的监测。把行政执行的过程置于有效的监测之中，保持信息反馈的畅通，特别是要注意监测外来的不确定因素和内在的不一致因素。③选择有效的控制手段。行政控制手段是否恰当，直接关系到行政控制效能的高低，主要有事前控制、事中控制和事后控制三种。④按层级控制，一般不可越级控制。⑤把握好控制重点，防止重点失控。⑥对纠偏情况要吃准，保证控制准确、恰当。

7.4 政府执行力的提高

7.4.1 政府执行力的内涵

所谓执行力，是指贯彻战略意图，完成预定目标的操作能力。它包含完成任务的意愿、完成任务的能力、完成任务的程度三大要素。

政府执行力在不同学科中具有不同的含义。从法学角度看，政府执行力代表政府依法行政的能力。从经济学角度看，政府执行力代表政府行政效率的高低和效益的多少。从社会学角度看，政府执行力代表政府处理社会事务、解决社会矛盾、化解社会纠纷的能力。从行政管理学角度看，政府执行力有广义和狭义两种理解。广义的政府执行力是指政府为达到既定目标，通过贯彻实施党的路线方针政策、法律法规、决策、战略计划等行为，对各种资源进行使用、调度和控制，有效处理政府日常事务所表现出来的政府内在的能力和效力；狭义的政府执行力是指各级政府决策、执行决策、监督决策执行所表现出来的行动、操作和实现能力及效力。

7.4.2 如何增强政府执行力

7.4.2.1 强化执行的观念和意识

这是执行的前提条件。树立牢固的执行理念，增强执行力，必须从“一把手”抓起。有效的执行是需要领导者亲力亲为的系统工程。“一把手”就是抓落实的第一责任人，必须一手抓策略，一手抓执行力。要率先垂范，身体力行，带头抓落实，带头提高执行力。要敢于负责，敢于碰硬，敢于较真。不仅自己带头抓落实、抓执行，而且要一级抓一级，一级带一级，使执行的链条环环相扣，紧紧相连，层层到位，确保政令畅通。真正在每一个地区、每一个单位都形成求真务实的良好风气，塑造知行合一的执行文化。

7.4.2.2 要有执行的底气和勇气

这是执行的关键所在。有底气，就是自身要过硬，能够率先垂范，同时要有科学的理论指导，有敏锐发现问题、正确观察和分析问题的能力，还要有真抓实干的工作本领。要抓全局的落实和落实的全过程，凡是确定的工作都要有执行的勇气，就是敢于坚持原则，正视问题，有敢抓敢管的魄力，有旗帜鲜明的态度，有不抓则已、一抓到底、抓出成效的精神。

7.4.2.3 要有执行的能力和水平

努力学习，提高思想水平；勤奋工作，积累工作经验。善于把中央的路线方针政策同本地区本部门的实际结合起来，坚持解放思想，实事求是，摈弃不顾实际情况、生搬硬套的做法和满足现状、不思进取的意识，树立开拓创新的观念，提高开拓创新的本领，加快开拓创新的步伐，创造性地执行政策和策略。

对于绝大多数领导干部来讲，都具有领导和执行的双重身份。对他的上级来说，他是执行者；对其下属来说，他又是领导者。领导者需要解决“做正确的事”，执行者需要解决“正确地做事”的问题。做正确的事是指当前领导干部应关心、考察一个地区是否“科学发展”的有关经济、社会、环境、制度四方面的综合指标；正确地做事是要强调五个“反对”，即反对顾此失彼、急功近利、目光短浅、不计后果和单干。

7.4.2.4 要有保障执行的严格制度

在行政组织中，人员、战略、运营三个核心流程的连接统一，实际上是一种制度安排。要增强执行力，必须建立严格的保障执行的制度。制度是具有权威性的规则、标准和行动方案的集合，它决定着人们在经济社会中能够做什么和不能做什么，以及大体上如何去做。由于各类行为主体的知识水平和能力千差万别，就需要依靠制度来引导和组织。当前，我国正处于以科学的发展观为指导，深入推进改革开放的新时期，决策和执行都面临着许多新情况、新问题。如何执行，执行的方向如何保证，执行要坚持哪些原则和依照哪些步骤，对执行如何监督和检查等，所有这些都需要制度来保障。

（1）通过推进制度建设，保证执行的目标落实。决策科学，目标明确、清晰，才能够被执行者真正理解和把握。因此，必须建立健全民主、科学的决策制度，首先确保决策目标切合实际，具有可执行性。同时，要坚持和完善目标管理责任制度，将目标任务逐层逐项分解展开，分别落实到有关领导、有关部门、有关人员，做到任务明确、时间明确、标准明确、考核明确，形成层层抓落实的有序局面。

（2）通过推进制度建设，保证选准执行的人。按照什么样的标准、选择什么样的人去抓落实，这一点非常重要。如果用人不讲原则，使那些品行差、能力弱、政绩平平者得到重用，增强执行力就无从谈起。因此，必须规范干部考核、选拔、任用和监督的标准、方法和程序，形成一整套科学合理的制度，以保证那些符合党的干部标准、执行力强的干部能够及时得到重用。

（3）通过推进制度建设，保证统一协调。一些地方和部门，在执行过程中缺乏大局意识，对己有利的事争着干，与己无利的事则推给别人；有的为了自身利益，甚至置国家法律、法规和政策于不顾，搞地区和部门封锁，实行地方和部门保护主义。许多重大决策的执行、更多难题的破解，都要依赖于地区之间、部门之间的协调与合作。因此，要通过这方面的制度建设，更好地实现目标的统一，规范各方的行为，保证各项工作的落实。

（4）通过推进制度建设，保证激励有效。没有严格的奖惩制度，搞平均主义，干与不干一个样，干好干坏一个样，必将严重挫伤干事的人的积极性，给执行力带来极大的损害。要增强执行力，必须建立有效的奖惩制度，做到奖罚分明、奖惩有据。要明确各级班子、各个岗位的责、权、利，规范奖罚程序，论功行赏，不受个人好恶的影响，从而保证勤政为民、求真务实的干部得到褒奖，好大喜功、弄虚作假者受到惩戒。

（5）通过推进制度建设，保证监督检查有力。在有的地方和部门，只注重布置工作，不重视监督检查，有的虽然也有检查考核，但往往流于形式，这样根本不能保证决策的贯彻执行。要通过完善各种监督检查制度，以及在执行的过程中建立起有效的反馈机制、自我约束机制和更新机制，切实解决好“上有政策，下有对策”和政令不畅、执行不力的问题。

总之，执行力是贯彻落实决策、及时有效地解决问题、完成目标任务的能力，是在实施决策中原则性和灵活性有机结合的重要体现。强化执行力，必须靠制度来保障。要把执行方面的制度建设贯穿于目标确立与管理、选人用人、加强协调、有效激励、强化监督等各个方面和各个环节之中，以形成规范、持久、可自动增强的执行力，从而扎实有效地推进社会经济的发展。

本章小结

行政执行是指国家行政机关及其工作人员实施行政决策，以达到预期目标的全部行政管理活动，是实现行政决策和管理目标的最重要、最直接的行政活动，具有目的性和时效性、经常性和连续性、灵活性和创造性、原则性和强制性等特点。在行政执行活动中，必须坚持忠实决策、开拓创新、坚决有力、跟踪检查、方法合法等项基本原则。要真正发挥行政执行的作用，顺利完成行政执行的任务，就必须认真研究影响行政执行的内部相关因素和外部相关环境。行政执行是一项复杂的管理活动，大体上可以分为准备、实施和总结三个阶段。在实施阶段，行政执行的主要任务是做好指挥、沟通、协调、控制等方面的工作。它们是行政执行过程中的主要环节，其基本要求是指挥有方、沟通及时、协调有效、控制得力。在行政管理活动中，行政执行是最经常、最实际、最具体的活动，是判断和衡量行政管理成效的重要尺度，事关行政管理的成败，因而必须不断增强政府的执行力。

复习思考题

1. 什么是行政执行？它有哪些特点？
2. 简述行政执行的基本原则。
3. 分析影响行政执行的因素。
4. 简述行政执行的一般过程。
5. 行政执行的主要环节包括哪些？各个环节的注意事项有哪些？
6. 结合现实，论述如何才能增强政府执行力。

8 行政监督

本章学习目标

了解行政监督的含义、特点、原则、作用和一般过程；弄清我国行政机关的内外监督体系、监督内容和监督形式；思考我国行政监督存在的问题和解决途径。

行政监督是实现行政职能的有力保证，是防止滥用权力、以权谋私、权力异化的重要手段，是保证国家机器正常、协调和高效运转的必要条件。正如法国资产阶级启蒙思想家孟德斯鸠所言："一切有权力的人都容易滥用权力，这是万古不易的一条经验。有权力的人们使用权力一直到遇到有界限的地方才休止。"① 因此，加强对行政管理过程的监督，对保证行政管理的公正、稳定、高效有重要意义。

8.1 行政监督概述

8.1.1 行政监督的含义和特点

行政监督就是对国家行政的监督，是指依法对国家行政机关及其工作人员的行政行为所进行的监察和督导活动。它有狭义和广义之分：狭义的行政监督是指国家行政机关内部的监督，是由行政系统的组织层级或由专门监察机关依法对行政系统自身的行政行为的合法性、公平性和有效性进行监察和督促的行为；广义的行政监督是指对行政管理活动进行监督的所有形式，包括政党、立法机关、司法机关、社会组织、社会舆论、人民群众，以及行政系统内部依法对国家行政机关及其工作人员行政活动的合法性、公平性和有效性进行监督和督促的行为。

本书研究的是广义的行政监督。它具有以下五个特点：

8.1.1.1 监督主体的多样性

行政监督主体包括各种政治力量和社会力量，它既可以是国家行政机关自身，也可以是其他国家机关，还可以是社会组织和人民群众。比如：执政党和参政党，国家立法机关、司法机关和行政机关，各人民团体、群众组织，社会公众和新闻媒体等，具有多样性。

---

① ［法］孟德斯鸠．论法的精神：上册［M］．北京：商务印书馆，1961：154.

8.1.1.2　监督对象的特定性

行政监督的对象是国家行政机关及其工作人员，更确切地说是国家行政机关及其工作人员的职务行为与行政行为。他们个人的非职务行为或非行政行为不在行政监督的范围之内。

8.1.1.3　监督内容的广泛性

国家行政机关行政管理活动内容的广泛性，决定了行政监督内容的广泛性。行政监督不仅包括对国家行政机关各部门的监督，而且还包括对行政管理各环节的监督。广泛的监督可以使各方面、各环节的行政管理活动变得更加规范。它主要包括对国家行政机关行政管理活动合法性、合理性的监督，对国家行政机关工作人员是否廉洁奉公、遵纪守法的监督，以及对各级各类工作人员行政效能的监督等几个方面的内容。

8.1.1.4　监督过程的公开性

行政监督的各种法律规定都是公之于众的，同时行政组织的工作计划、工作程序、工作内容也应有一定的透明度，即公开办事制度、公开办事结果，便于接受人民群众的监督。此外，适应民主政治的客观要求，还应建立有助于社会舆论监督的公开监督机制。

8.1.1.5　监督依据的法定性

行政监督的依法监督是依法行政的具体体现。行政监督机制和各种专门的监督机构是依法建立的，行政监督的权力是依法授予的，而且对违法行为或不当行为的监督也要有法可依、有法必依、执法必严、违法必究。有效的行政监督必须以强有力的法律制度作为后盾。

8.1.2　行政监督的原则

8.1.2.1　民主性原则

行政监督应当具有广泛的民主性，这是使监督切实有效的重要保证。要广泛通过群众组织、社会团体，或新闻舆论工具，使广大人民群众充分行使监督国家行政机关及其工作人员的权力，以实现人民真正当家作主、参与管理社会主义国家的目的。这充分体现了党的群众路线的精神和要求，是做好行政监督工作的基本保证。

8.1.2.2　合法性原则

行政监督必须依法实施，无论采取什么形式的监督活动，都应当以宪法、相关的法律法规为依据，在法律规定的范围内进行监督。要坚持以事实为依据，以法律、法规、政纪为准绳，妥善处理问题，做到依法监督。

8.1.2.3　公开性原则

行政监督活动的公开性越大越富有成效。它可以让一切不合理的行政行为及非法行为置于广大群众的监督之下，使群众知道一切、评论一切，不仅能增强国家行政机关活动的透明度，有利于克服官僚主义，提高公民对国家行政机关的信任度，而且还会大大加强行政监督的效力，更好地发挥行政监督的作用。

8.1.2.4　客观性原则

行政监督应当保证公正、客观，防止出现主观和偏见。它要求监督主体对监督对象不能出于同情或个人的私利而偏袒任何一方，必须公正廉明、铁面无私。在具体的监督活动中，只有依据确切的事实，才能得出正确的结论。

8.1.2.5 经常性原则

行政管理活动是一个持续不断的过程，行政监督也不能是一种临时性的措施，必须贯穿于国家行政机关决策、组织和执行的各个环节。只有经常监督，才能发现国家行政机关所有管理环节上的缺陷和公务员的违法失职行为，并迅速查明产生问题的原因，消除隐患，保证行政目标的顺利达成。

8.1.3 行政监督的作用

国家行政机关及其工作人员是通过行使行政权力，来对国家和社会公共事务实施管理的。为了防止滥用权力现象的发生，必须对他们进行有效的监督，这是保证国家机器正常运转和巩固国家政权的重要手段。因此，行政监督作为行政管理的一种独特职能，是其他行政管理环节所不能代替的。它根本的作用在于保证行政权力运用的合法合理，以及行政管理功能和效益的提高。具体来说，行政监督主要具有以下几种作用：

8.1.3.1 预防作用——事前监督

这是反映在事前监督中的作用。通过事前监督，能够及时发现行政行为不当或过失的苗头，及时提醒，使国家行政机关及其工作人员能把行政管理中出现的问题、偏差、失误消灭在发生之前。同时，还能对行政管理的其他方面、其他环节也起到一种预警作用，防止类似问题和过失的再度发生。

8.1.3.2 控制作用——事中监督

这是反映在事中监督中的作用。在行政管理过程中，通过事中监督，能够促进国家行政机关及其工作人员按照法律规定的权限和程序实施管理，按照正确的规范和原则去完成行政管理的任务，能随时校正行政管理的航向，确保行政管理不至于偏离行政目标。

8.1.3.3 补救作用——事后监督

这是反映在事后监督中的作用。通过事后监督，对行政管理中出现的失误，对国家行政机关及其工作人员的不当行为进行一种事后的补救和纠正，促使国家行政机关就行政监督发现的问题，制定出相应的整改措施，并通过此举尽量挽回和弥补失误造成的损失。同时，通过对国家行政机关及其工作人员违法违纪与腐败行为的揭露、处罚，使这些不良现象得到有效遏制，避免今后再次发生而造成更大的损失。

8.1.3.4 评价作用——全过程监督

这是体现在监督全过程中的作用。行政监督的过程同时也是对行政管理进行比较和测评的过程。通过行政监督，能够对国家行政机关及其工作人员的工作作出恰如其分的评价，并帮助他们不断总结经验教训，促使他们不断发扬成绩、克服缺点、改进工作、纠正错误，不断提高行政管理水平，提高行政系统的整体效能。

8.1.4 行政监督的一般过程

行政监督主要包括以下几个相互联结的过程：

8.1.4.1 确立标准

行政监督的主体，尤其是专门负责监督职能的部门首先要以法律为依据，遵从客观规律，并结合具体监督的对象和范围、目的和方式，确立行政监督的标准，使之成为衡量行政管理活动的尺度，成为实施行政监督活动的有力武器。

8.1.4.2 调查了解

监察机构要扎扎实实地作调查了解，掌握第一手材料和各种证据，取得重要的事实和现象，收集能说明问题的准确情报。这既是正确作出评价和实施监督的前提条件，也是行政监督主体必备的基本功。

8.1.4.3 比较评价

监督机构应当收集来自各方面的情报信息，特别要收集各种偏离行政决策和违法违纪活动的情报信息，并按照所确立的行政监督标准，进行客观的比较、评价，确定偏差的程度，以便提供纠正的客观依据。

8.1.4.4 纠正偏差

发现和分析行政管理过程中出现的偏差、失误，甚至是错误，目的在于及时采取措施，纠正偏差，使之避免和减少损失。这是行政监督过程中最关键的一个环节，也是监察机构的主要任务。

8.1.4.5 总结经验

在纠偏任务完成之后，应当进一步从中吸取经验教训，促使国家行政机关及其工作人员寻找潜在的问题，堵塞漏洞，吸取教训，从而增强国家行政机关及其工作人员遵纪守法的观念和接受各种监督的自觉性，不断提高他们的行政管理水平和素质。

8.2 我国的行政监督体系

我国的行政监督体系实际上是由三大系统组成的。

8.2.1 行政机关内部的监督系统

国家行政机关的内部监督又称自我监督，是指行政机关内部的机关之间、人员之间的相互检查、督促、控制活动。它是行政管理系统内部建立的自我约束和制衡的监督体系，主要包括以下两种形式：

8.2.1.1 一般监督

一般监督，也称层级监督，是指国家行政机关相互之间基于组织层级和隶属关系而进行的双向监督活动。它主要包括上级行政机关对下级行政机关的监督、下级行政机关对上级行政机关的监督和互不隶属的行政机关之间的监督三种类型，具有经常性、广泛性和直接性三大特点。一是从政府内部监督的各种类型分析，一般监督的频率远高于监察和审计等专门机构的监督；二是一般监督的范围最广，所有涉及行政管理的活动只要是行政行为，都必须列入它的监督视线之内；三是一般监督是以隶属关系纽带维系的，监督主体与监督对象之间具有直接、密切的联系。

一般监督的主要形式可以分为以下三种：

（1）日常监督。日常监督是国家行政机关在日常工作中根据需要随时进行的各种双向监督，主要包括上级监督和下级监督两种形式。上级监督是指上级行政机关或行政领导在推行政令过程中对下级行政机关及其人员所实施的监督，以避免在日常工作中出现偏离行政目标的不当行为，保证行政任务的完成。下级监督是指下级行政机关的行政人员对上级行政机关及其人员的违法违纪行为进行的检举、控告等。日常监督的主要方式包括报告、检查、审查、调查和惩戒等。

（2）主管监督。主管监督是上级主管部门对下级相应的工作部门的监督，比如国务院各部委和直属机关对地方各级政府相应的工作部门、上级政府对下级政府相应工作部门的监督等。这种监督主要包括领导关系、业务指导关系和双重领导关系三种形式，从而使监督的内容和方式有所不同。

（3）职能监督。职能监督政府各职能部门就其主管的工作，在其职能范围内对其他部门实行的工作监督，包括了平行关系和上下级关系的政府职能部门的监督。这种监督是以业务内容为核心的专项监督，是上级行政机关对下级行政机关监督的重要内容之一。

8.2.1.2 专门监督

专门监督是指在国家行政机关内部由专设的监督机构对所有部门及其工作人员的行政工作进行的监督，主要包括行政监察和审计监督两种。

（1）行政监察。这是指国家行政机关系统内部设立的监察机关对所有行政机关及其工作人员的行政管理活动进行的监督检查，目的是为了保证政令畅通，维护行政纪律，促进廉政建设，改善行政管理，提高行政效能。它包括以下几个基本要素：①行政监察是国家行政机关内部的一种监督活动；②行政监察的主体是中央和地方各级行政监察机关；③行政监察的客体是国家行政机关及其工作人员的行政行为；④行政监察的对象是国家行政机关及其工作人员；⑤行政监察的方式是依法独立进行检查、监督。这五者的有机结合就构成了我国监察监督体系的基本内容。

（2）审计监督。这是指由特设的审计机关及其委托的专业人员依法对国家行政机关的财政和经济活动进行审核检查，以判断其合法性、合理性、有效性的监督活动。它是一种特殊的行政监督，由审计机关以规范的审查程序、系统的查账方法、周密的审计报告、完备的审计档案等为基本手段，对国家行政机关执行国家财政、经济法律和政策的情况实施经常、规范的监督检查，揭露和纠正其中的违法违纪行为，具有别种监督所不能替代的作用。审计监督有财务财政审计、财经违纪审计和经济效益审计三种，具体内容主要包括：审计本级政府各职能部门和下级政府预算的执行情况和决算，以及预算外资金的管理和使用情况；审计监督国家建设项目预算的执行情况和决算；审计监督政府部门管理的和社会团体受政府委托管理的社会保障基金、社会捐赠资金，以及其他有关基金、资金的财务收支情况；审计监督行政机关接受的国际组织和外国政府援助、贷款项目的财务收支情况等。

8.2.2 行政机关外部的监督系统

国家行政机关外部的监督系统，是指由来自国家行政机关以外的监督主体，为保证行政工作的合法性、正确性，以及社会效益而对国家行政机关及其工作人员实施的监督。它是监督形式最多、范围最广的一种监督，主要由以下几个方面构成：

8.2.2.1 政权监督

政权监督，又称立法监督，是指国家权力机关对国家行政机关实施的监督。它是具有国家最高法律效力的监督形式，在我国是指各级人民代表大会及其常务委员会对政府机关工作的监督。这是因为从中央到地方的各级人民代表大会是国家的权力机关，各级人民政府是它的执行机关，由它产生并对它负责，必须服从权力机关的监督。权力机关对行政机关工作的监督属于全面性监督，包括合法性问题、合理性问题和公务员遵守法律和纪律的问题。具体的监督形式有：制定行政管理的基本法律；视察和检查工作，并组织对特定问题的调查；处理公民来信来访；变更或撤销政府违法或不当的行政管理法规、决定和命令；任免政府组成人员，等等。

8.2.2.2 政党监督

政党是各国政治中最重要的组成部分，在行政监督领域占有重要地位。西方国家实行两党制或多党制，政党对政府组织的监督主要通过两方面来进行：一是制造社会舆论支持或反对政府的某些政策和行为；二是政党议员代表本党利益对政府工作进行监督。我国实行的是以中国共产党领导的、多党合作政党制度，政党监督是以共产党监督为主，各民主党派监督为辅的政党监督形式。

其中，民主党派的监督主要包括以下几种形式：以人民政协的方式实行监督；通过其在各级人大中的代表来监督政府工作，提出批评和建议；出席国务院和地方各级政府召开的重要会议，提出自己的意见和建议；民主党派的领导人定期与国家领导人进行会晤，直接提出意见和建议；民主党派党员作为国家公民，还可以通过其他途径实行监督，等等。

8.2.2.3 司法监督

司法监督是指国家司法机关依照司法程序以司法手段对国家行政机关及其工作人员的行政行为实施的监督活动。它是具有法律强制力和威慑力的监督形式，重点是监督国家行政机关及其工作人员行政行为的合法性，包括人民检察院和人民法院的监督。其中，检察机关的监督主要是通过各级检察机关对国家行政机关及其工作人员触犯法律的罪行和利用职权犯罪的事件进行侦查、批捕和提起公诉来实施监督。具体有两种监督形式：一是依照职权，对国家行政机关中具有特殊职责的公安机关和司法行政机关的活动予以监督；二是对公务员职务上犯罪或利用职权进行犯罪的案件行使检察权，直接进行立案侦查，依法严肃处理其犯罪行为。

审判机关的监督是指人民法院通过审理、判决与国家行政机关及其工作人员相关的案件，处罚违法犯罪的公务员的行为而对行政管理活动实施的监督。具体有三种监督形式：一是通过审理刑事案件，依法追究违法、失职、侵权的国家行政机关及其工作人员的刑事责任；二是通过审理民事案件，依法追究违法、失职、侵权的国家行政机关及其工作人员的民事责任；三是通过审理行政案件，依法追究违规、失职、侵权的国家行政机关及其工作人员的行政责任。

8.2.2.4 社会监督

社会监督是指由各种社会组织和团体、新闻舆论机构及公民个人对国家行政机关及其工作人员的行政行为实施的监督活动。它是一种内容十分广泛、方式灵活多样的监督形式，虽然不具有法律强制力，不能直接改变和撤销国家行政机关的决定和行为，但仍能够对国家行政机关的权力形成一定的制约作用。主要包括三种形式：

（1）团体监督。这是指由公民或单位自愿组成，为实现其成员的共同意愿，按国家有关规定及组织章程开展活动的各种社会团体对国家行政机关工作的监督活动。它们主要通过召开会议，以口头或文字形式向有关机关提出要求、建议、批评，以及对某些公务员提出申诉、控告和检举等，从而对国家行政机关实施监督。

（2）公民监督。这是社会监督中一种最经常、最普遍的监督，既可以将国家行政机关及其工作人员的行政行为置于公民的直接监督之下，也是公民参与行政事务管理，发扬社会主义民主的有效途径。要建立起行之有效的公民监督，必须着重解决以下问题：一是增强政务透明度，坚持公开监督；二是把群众监督与权力体系的监督结合起来；三是创造民主监督的环境，保障公民的监督权力，充分发挥公民的监督作用。

（3）舆论监督。这是指社会大众通过报纸、杂志、电台、电视台等各种传播媒体对国家行政机关工作进行的监督活动。它是一种十分广泛而行之有效的社会监督形式，在监督国家行政机关的活动中具有特殊的作用。主要表现在以下三个方面：一是充分反映国家行政机关各项工作中的情况和问题，揭露和批评一切违反党的路线、方针、政策的言行，以督促各级领导人员正确执行党和国家的方针、政策，及时克服缺点，纠正错误；二是监督国家行政机关及其工作人员严格遵纪守法，对各种违法乱纪的行为进行揭露和批评，支持和监督国家司法机关依法处理违法案件；三是歌颂和宣传公务员先进的新思想、新道德和新风尚，批评和谴责落后的旧观念、旧道德和旧习惯，在社会上形成群众性的、扶正祛邪的舆论力量，以促进公务员提高素质，增长才干，圆满完成本职工作。

8.2.3 中国共产党的监督

由于我国的社会制度、政治制度和其他国家不同，由于中国共产党的性质和地位，决定了党的监督是行政监督的特殊组成部分。它的监督作用不仅仅局限于国家行政机关的外部，还可以同时从国家行政机关的内部实施有效的监督。可以说，它既属于行政外部监督，又属于行政内部监督。

（1）从行政外部监督的角度来看，中国共产党对国家行政机关及其工作人员的监督主要表现在以下几个方面：

①政治监督。党通过制定正确的路线、方针和政策，提出符合国家利益和人民利益的政治主张，来领导和影响国家行政机关的政策制定和决策过程。

②政策监督。党通过在各级人民代表大会和各级政府内部进行的政策法律化、政

策法规化的过程，将党的路线、方针、政策转化为具体的法律规定，以立法程序强化政策的实施效果。

③立法监督。党在各级人民代表大会中占有较多的代表名额，可以有效地利用各种立法监督手段来影响国家行政机关的行政活动和行为。

④纪律监督。党的各级纪律检查委员会对担任各级国家行政机关领导职务的党员干部进行严格的考查和监督，对违反党纪国法的党员干部在进行党纪处分的同时，分别提请有关人民代表大会或行政机关免除其行政职务。

⑤法制监督。党通过自己的政治影响和政策影响，促进法制建设，不断加强国家立法机关、司法机关及其工作人员的工作，充分发挥立法监督和司法监督的作用。

（2）从行政内部监督的角度来看，由于在我国的各级国家行政机关及其工作人员中，特别是高级行政领导中，党员占有相当大的比例，同时在各级国家行政机关中，都相应地设立了各级党组、党委和各级党的纪律检查委员会，因此中国共产党还可以从国家行政机关内部实行有效的监督。从某种意义上讲，可以说党内监督是构成我国行政机关内部监督体系的一个重要组成部分，主要分为组织监督和纪律检查两种类型：

①组织监督。这是指国家行政机关内部的各级党委、党组对行政机关及其工作人员所实施的监督，主要是对国家行政机关及其工作人员贯彻执行党的路线、方针、政策的监督。它主要表现在以下几个方面：第一，民主集中制原则。这是实行组织监督的制度保证，它既是党的根本组织制度和领导制度，也是国家行政机关的根本组织制度。第二，"四个服从"原则。党章规定，党员个人服从党的组织，少数服从多数，下级组织服从上级组织，全党各个组织和全体党员服从党的全国代表大会和中央委员会。其中，最重要的是全党服从中央。第三，在各级国家行政机关中以党组织为核心的领导体制。凡是属于方针政策性的大事、全局性的问题、重要干部的推荐、任免和奖惩等，都要由中央或地方党委集体决定。第四，各级国家行政机关中的党员干部接受党组织领导的制度。按照这一制度的要求，中央和地方国家机关、人民团体的党组或党员负责干部，都要自觉接受中央和地方党委的领导，重大问题要提请党委讨论决定。第五，各种民主生活会制度。批评与自我批评是实行党内监督的有力武器。组织生活会制度、党员领导干部民主生活会制度等，是有利于开展批评和自我批评的重要组织形式。

②纪律检查。这是指通过国家行政机关内部的各级党的纪律检查委员会对行政机关及其工作人员所实施的监督。它的监督内容主要包括：贯彻执行党的路线方针政策的情况；实行民主集中制和集体领导原则的情况；重大决策和重大决定的制度和执行情况；贯彻执行干部政策和人事制度的情况；遵守党纪国法、履行职责的情况等。其中，监督的重点是党的各级领导机关和领导干部：一是要经常对党员进行遵守纪律的教育，注意防范在党员干部中发生违法乱纪的行为；二是制定党内监督条例，严肃查处党员干部违法乱纪的行为和案件。

8.3 我国行政监督的完善

8.3.1 完善行政监督体系的目标

行政监督体系建设的基本目标，就是要建立起一个法制完备、民主健全和具有多种功能的行政监督系统，以保证行政监督活动的正常展开。

8.3.1.1 法制完备

法制完备，主要表现为要制定系统的法律和纪律。其内容一般应包括有关行政管理活动的规范和监督主体的权力、责任、职能；监督实施的方式、程序；惩戒的措施；申诉控告的办法；监督部门与被监督部门之间、各个监督部门之间的相互协调和相互制约的关系，等等。只有法制完备，才能使监督者有法可依，严于职守，正确判断和及时纠正国家行政机关及其工作人员的各种越轨行为。同时，只有法规完备，才能避免监督的盲目性和任意性，防止滥用监督权、干扰正常的行政管理活动等现象的出现。

8.3.1.2 民主健全

民主健全，主要表现为国家行政机关及其工作人员与广大人民群众之间、国家行政机关内部一般工作人员和领导人员之间，要建立顺畅的监督渠道，使各种监督渠道畅通无阻，相互协调，共同加强监督工作。

8.3.1.3 具有多种功能

具有多种功能，主要是指行政监督系统至少应当具备监测和反馈、督促和校正、预测和防范三种功能。

（1）监测和反馈功能。这是指要保证监督主体及时、准确地获取监督对象活动的信息，并将其与一定的规则相比较，判断其中违反规则的情况，依法予以处理，或者迅速传递到有关部门和机关，及时解决或补救。

（2）督促和校正功能。这是指监督系统应当能及时对被监督者形成一种压力和推动力，使行政越轨行为及时得到纠正，并使行政效率有所提高。如果缺乏严明的监督制度和强有力的惩戒措施，即使监测和信息反馈做到了及时、准确，监督仍会流于形式。

（3）预测和防范功能。这是指对监督对象在行政管理活动中出现问题的苗头，事先就有所觉察，并能及时采取措施，做到防患于未然，并防止违法与不当行为的再次发生。只有具备了预测和防范功能，监督才是最为主动和有效的。

8.3.2 我国行政监督的主要问题

虽然我国已经形成了一套颇具特色的行政监督体系，但它并不完善，许多监督主体和形式应有的功能、作用还没有充分发挥出来，还存在着不少的问题，需要加以解决。

8.3.2.1 权力机关监督的实际效力比较小，没有充分发挥作用

我国各级人民代表大会是国家的权力机关，其监督应该是最具权威性和强制性的。

它有权纠正、撤销同级人民政府作出的不符合立法规定的行政行为，有权监督以政府名义作出的重大决策和行为，有权选举、任命和罢免、撤换由法律规定的政府组成人员。但由于种种原因，目前的实际监督效力还比较小。从总体上看，我国的权力机关监督还不能适应不断发展的经济政治体制改革的需要。实际上，人大的监督与理论的预期和制度的设计还有较大的差距，尤其缺乏对重大决策失误的监督和制止功能。当前，亟待解决的问题是要实现国家权力机关监督的法律化与制度化，完善有关监督的实体规则和程序规则，通过法律明确规定这种监督的主体、客体、内容、形式、职权，并制定可操作的程序法。

8.3.2.2　监督机构不独立，权威性不够

由于历史的原因，社会主义国家的监督体制比较忌讳垂直体系，都是双重领导体制：一是受同级党委或政府的领导；二是受上级监督机关的领导。这种体制的实际运行情况往往造成监督机关成为当地党委、政府的一个工作机关，其权力来源和经济来源受到监督对象的影响和制约。我国目前的地方各级纪委、行政监察机关实行的就是由所在地党委、政府和上级纪委、监察机关双重领导的体制，而且上级纪检机关与下级纪检机关仅仅是业务指导关系，实际上仍由同级党委、政府对同级纪委、行政监察机关实行全面的领导，在干部任免、人员编制、经费来源、工资福利等一系列问题上，均由同级党委、政府管理。这导致纪检机关只是同级党委、政府的一个特殊工作部门，必然会严重影响纪检机关独立性的发挥，并使监督的权力发生递减。这也是很多地方为什么凡是涉及主要领导干部或地方保护主义的案件，就比较难以查处的重要原因，也充分说明我国监督体系中存在着严重的“弱监”、“虚监”和“盲点”现象。

8.3.2.3　监督机制不完善，社会监督渠道狭窄

任何一个健全的民主社会，其监督的指向都应当是自上而下、平行制约和自下而上的有机统一，平衡配置；否则，就会形成监督在失衡状态下运行，从而使权力失去必要的制约。自上而下的监督是社会主义国家传统的监督形式，对于统一意志，统一指挥，提高效率，具有特殊功效，但也有致命的弱点，表现为监督权来源于个人，监督以个人好恶为转移，随意性大，很容易走向误区。而长期以来，我国的监督机制也不完善，同样只强调自上而下的监督，缺乏平行制约的监督。同时，由于政府办事的制度、程序、行政活动公开化的机制还不够健全，透明度不高，来自社会的自下而上的监督渠道比较狭窄，人民群众难以行使对行政机关的监督权。因此，自上而下的监督不能单独配置，必须辅之以平行制约的监督和自下而上的监督，从而健全和强化对权力的监督制约机制。国家行政机关及其工作人员必须接受社会的监督、人民的监督，以实现监督与民主更紧密的结合。只有建立在真正民主基础上的监督，才能真正保证权力不会发生异化，实现国家的长治久安。

8.3.3　加强我国行政监督的途径

8.3.3.1　加强国家权力机关的监督

国家权力机关是行政组织的决策机关，它的监督是行政监督系统中最高层次的监督。加强国家权力机关的监督，首先，要注意加强机构建设。增设、充实一些专门负

责法律监督的委员会。比如：在全国人大设立专门负责宪法监督的宪法监督委员会；在各级人大设立负责廉政建设的廉政委员会；进一步充实、强化人大现有的与监督有关的专门委员会，等等。其次，要完善法律，明确职权。应当通过完善法律法规，使国家权力机关的行政监督权能够具体化、程序化、法制化，以保证各级人大公正、合法、有效地开展行政监督工作，使人大真正成为权力机关和立法机关，名副其实地行使监督权。最后，应将国家行政机关及其工作人员接受人大监督作为他们的法律义务，并设立相应的法律责任。如果被监督的机关或相对人阻挠国家权力机关监督权的实现，则必须承担相应的法律责任。

8.3.3.2 监督体制应强化垂直领导

深化监督体制改革，强化垂直领导，一是可以使监督机关不受同级或上一级党政机关及其领导干部对行政监督权的干扰而独立地开展工作，有效地避免地方保护主义的干扰；二是各个监督机构也便于集中统一领导，形成一个有效的监督整体，并形成一个被监督者害怕监督者的监督机制，使被监督者在行使权力时更加谨慎，避免滥用权力；三是可以解除群众举报的后顾之忧，大大提高人民群众当家作主、行使民主权利的积极性和责任感。因此，只有打破双重领导的传统体制，强化垂直领导新体制，才能从根本上解决监督机构的独立性和权威性问题。从2004年起，中央纪委监察部全面实行对派驻机构的统一管理，将派驻机构由中央纪委监察部和驻在部门双重领导改为由中央纪委监察部直接领导，以建立健全对政府主要负责人和高级领导干部实施有效监督的法律法规制度，逐步消除实际监督中存在的“弱监”、“虚监”和“盲点”现象。

8.3.3.3 加强和改善党的监督

为了充分发挥党的监督作用，需要在制度上解决三个问题：

(1) 进行体制改革，避免权力过分集中。一些严重的腐败行为之所以不能及时揭露，与权力过分集中、监督机制失灵有直接关系。权力监督的重要途径是权力之间的合理划分和互相制约。如果党政不分，权力过分集中于个别领导，就会使监督机制的作用无法发挥。因此，通过政治体制改革，实行党政分开，是改善党的领导的重要步骤。

(2) 党应当依据法律实施监督。党的监督的目的是保证监督对象活动的合法性。各级党委应当着重对监督部门进行路线、方针、政策的领导和教育，应当主要支持监督部门独立开展工作，而不是干预监督部门的业务工作，应当在法律规定的范围内开展监督工作，保证自己的党员和党组织严格依法办事。

(3) 加强党内监督的制度化建设。实践证明，制度才有可行性、规范性和约束力。没有以制度为载体的民主是靠不住的民主，没有以制度为载体的监督是软弱的监督。2003年12月31日，正式颁布施行的《中国共产党党内监督条例（试行）》，就是在新形势下出台的一部规范党内监督活动的基本法规。它分别对集体领导和分工负责、重要情况通报和报告、述职述廉、民主生活会、信访处理、巡视、谈话和诫勉、舆论监督、询问和质询、罢免或撤换要求及处理等监督制度作出了具体规定。因此，各级党组织及其领导同志要切实负起责任，认真学习、广泛宣传、严格执行该条例，并做好其他党内法规的起草制定工作，逐渐形成以条例为基本法规，由若干配套规定和解释所组成的比较完备、有效的党内监督制度体系。

8.3.3.4 增强整个社会的监督意识

虽然我国不搞三权分立，但对国家行政机关的制约是绝对不可少的。要实现这一点，还必须在全社会培养一种监督意识，也就是让公民积极参与监督。这种参与主要体现在两个方面：

（1）舆论参与。这是指要充分发挥传媒工具的独特作用，强化舆论监督功能。对国家行政机关的监督既要依靠法律、行政的力量，也必须借助全社会及全民的力量。社会应当在监督网络中为民意的顺畅表达留有位置，而新闻媒体则是民意表达的最直接、最公开的手段。虽然新闻监督本身不具有制裁力，但却具有号召、动员群众的实际能力。当前，我国的新闻舆论监督亟待加强和完善。一方面，新闻工作者的工作权力和舆论监督权力还缺乏充分的法律保护；另一方面，有些新闻报道由于个别从业人员受私利驱使不能做到客观、公正。此外，开展舆论监督还应避免干扰国家司法机关依法独立行使职权，避免误导公众。依法引导、规范、保障舆论监督，使新闻舆论监督法律化、制度化，对于发挥舆论监督作用有着重要意义。

（2）政治参与。这是指要通过落实公民民主权利，加强对行政权力的监督。在法理上，公民享有崇高地位，是重要的监督主体。当前，提高公民的监督主体地位，亟须解决两个问题：一是要健全和完善行政管理的公开化和透明制度，能公开的一律公开。要公开行政机关的职责权限，办事规则、程序、条件，防止滥用职权；要实行政府官员的财产申报和公开制度。二是要尽快制定“公民监督法”，具体、详细地规定公民监督的途径、方法，完善对申诉人、揭发人、控告人的保护措施，明确规定对报复打击者的惩罚措施等，把公民监督纳入制度化、法治化轨道。

总之，坚持标本兼治、综合治理、惩防并举、注重预防的方针，建立健全与社会主义市场经济体制相适应的教育、制度、监督并重的惩治和预防腐败体系。这是做好我国行政监督工作，确保国家行政机关及其工作人员依法行政，并从源头上防治腐败的根本举措，具有极其重要的意义。

本章小结

行政监督是指依法对国家行政机关及其工作人员的行政行为的合法性、公平性和有效性所进行的监察和督导活动，具有监督主体的多样性、监督对象的特定性、监督内容的广泛性、监督过程的公开性、监督依据的法定性五大特点。行政监督作为行政管理的一种独特职能，主要具有体现在事前监督中的预防作用、事中监督中的控制作用、事后监督中的补救作用，以及全过程监督中的评价作用，并由确立标准、调查了解、比较评价、纠正偏差、总结经验五个相互联结的过程所构成。我国的行政监督体系实际上是由三大系统所组成的：一是行政机关内部的监督系统，主要包括一般监督和专门监督两种形式；二是行政机关外部的监督系统，主要由政权监督、政党监督、司法监督、社会监督等构成；三是中国共产党的监督，既属于行政外部监督，又属于行政内部监督。针对现实中存在的问题，我国应当通过加强国家权力机关的监督、监督体制应强化垂直领导、加强和改善党的监督、增强整个社会的监督意识等途径，建立起一个法制完备，民主健全，具备监测和反馈、督促和校正、预测和防范等多种功能的行政监督系统，从而确保行政监督活动的正常展开与有效运行。

复习思考题

1. 行政监督的含义是什么？它具有哪些特点？
2. 简述行政监督的原则和作用。
3. 简述行政监督的一般过程。
4. 简述我国行政机关内部监督的主要形式及其作用。
5. 简述我国行政机关外部监督的主要形式及其作用。
6. 结合现实，论述我国行政监督存在的问题以及解决的途径。

9 行政法制

本章学习目标

了解行政法制的含义、特征、原则和意义；弄清行政法制的三大环节；把握行政法制建设的基本要求。

在当代，依法行政已经成为政府行政管理的根本原则，行政管理的法制化从一个侧面体现着一个国家的行政管理水平。行政组织的建设、行政人员的管理、行政行为的实施，都离不开法律。法律是行政管理的基础，是行政管理活动正常进行的有力保障。正因为如此，行政法制成为行政管理学中不可缺少的重要研究内容。

9.1 行政法制概述

9.1.1 行政法制的含义

所谓行政法制，是指调整国家行政机关与公民和社会组织之间各种关系的法律制度的总称。它是国家法制的重要组成部分，也是主要的组成部分。国家行政机关在行政管理活动中，各机关之间、机关各部门之间、机关组织与工作人员之间、管理机关与管理对象（包括企业、事业单位、社会组织和公民）之间必然会发生各种各样的关系，行政法制就是调整这些关系的规范。

行政法制的基本内容包括以下三个方面：①国家行政机关管理国家事务的各种法律规范。由于各个部门的管理有各自的特殊性和独立性，所以形成了很多部门行政法制体系。行政法制就是由一个或几个基本法和各个部门法组成的系统。②国家行政机关自身管理的各种法规，如行政机关组织法、编制法、公务员法等。③监督国家行政机关活动的法律规范，如行政诉讼法、行政监察法等。

9.1.2 行政法制的特征

9.1.2.1 行政法制在调整行政法制关系时，一般采用单方意志表示的方式

多数行政法律关系由代表公共利益的国家行政机关单方表示意志，无须征得管理相对人的同意即告成立，并以国家行政机关自身具有的强制力保证这种社会关系的建立和运转。它与调整横向的平等、有偿主体之间社会关系的民事法制，与以制裁严重

破坏民事和行政法制为主要任务的刑事法制，在目的、任务、方法以及所调整的社会关系方面都有很大的区别。

9.1.2.2 行政法制所调整的行政法律关系的主体具有特殊性

行政法制所保障和制约的是行政权力的运用，所调整的社会关系是国家行政机关在行政管理活动中发生的关系，包括行政机关之间，行政机关与其他机关之间，行政机关与企事业单位、社会团体之间，行政机关与公民之间的关系。总之，在行政法律关系的主体中，一方必定是国家行政机关。

9.1.2.3 行政法律调整的对象极其繁杂

行政法制调整对象所包含的规范文件种类多、内容庞杂、数量大。国家行政管理是随着社会政治、经济的发展而处于不断变化和更改之中，这就要求行政管理的法律、法规要适应行政管理的这种变动性，不断补充修改、废旧立新。因此，古今中外各国都很难制定一部系统、稳定、完整的行政法典。

9.1.3 行政法制的原则

9.1.3.1 行政合法性原则

行政合法性原则有三层含义：①国家行政机关制定的法规要以宪法或法律的有关规定为依据，不得与之相抵触；②只有在国家权力机关或上级机关授权的范围内进行行政立法；③下级行政机关制定的行政规章和措施，必须以现行法律或上级行政机关的行政法规的规定为依据，而不能直接以其他的有关规定作为发布行政规章的依据。由此，国家行政机关的一切活动，包括制定规范性文件和适用法律，都必须符合宪法和法律，即依法行政。同时，国家行政机关在管理国家事务时实行法律管理，即以法行政。行政法制就是依法行政和以法行政的有机统一。

9.1.3.2 行政合理性原则

国家事务繁杂多变，要求对各种行政管理的性质、条件、幅度等作出定性、定量的规定。与此同时，允许国家行政机关有一定的自由裁量权。国家行政机关在行使自由裁量权时，必须合情合理，必须符合社会发展规律，符合社会相关道德，并排除因主观认识错误或受不相关因素的影响而作出畸重畸轻等不合理的决定。

9.1.4 行政法制建设的意义

9.1.4.1 行政法制建设有利于促进社会主义民主法制建设

只有加强行政法制建设，才能有效保证国家行政机关及其工作人员正确行使人民赋予的权力。这既是对少数人特殊权力的有效限制和约束，又是对多数人权力的认同和保护。在法律面前的任何行政行为，都不能有法律以外的权力，只有按体现民意的法律办事的权力。这对于防止主观主义、改变长官意志和行政命令，防止少数公务员滥用权力、纠正权力过于集中，防止行政执法人员以国家机关的名义侵犯公民的自由和合法权利等弊端，具有重要意义。

9.1.4.2 行政法制建设有助于规范行政行为，促进行政管理法制化

现代高效行政的突出特点就是严格依程序来组织和实施行政行为，正是程序决定

了法治与人治之间的基本区别。因此，从一定意义上讲，依法行政就是依行政程序法行政。从世界各国的行政法来看，许多国家都制定了相应的行政程序法来保证行政行为的正确合法和灵活高效。行政法制既包括行政系统内部行政程序的法制化，又包括行政系统外部程序的法制化。行政系统内外程序的法制化，自然会促使行政管理活动按法律所规定的轨道进行。

9.2 行政法制的主要环节

行政法制包括行政立法、行政执法和行政司法三大主要环节。

9.2.1 行政立法

所谓行政立法，是指国家行政机关依照其职权或根据法律授权，制定和颁布有关行政管理方面具有法律效力的规范性文件的活动。这一定义包含以下内涵：①行政立法的主体是依法享有行政立法权的国家行政机关；②各立法主体必须在法定权限内严格按照行政立法程序进行立法；③行政立法调整的对象是国家行政管理活动中所发生的各种社会关系。

作为国家行政机关一种特定的活动，行政立法不同于以国家权力机关为立法主体的国家立法，属于委任立法，是一种准立法活动，主要是为了适应经济社会的千变万化，使国家行政机关能够及时处理各种具体的事件和问题，由国家立法机关通过法律把一部分立法权授予国家行政机关，委托国家行政机关进行的立法活动，从而为行政管理提供了必要的法律依据和手段。

9.2.1.1 行政立法的种类

根据行政立法的内容和目的的不同，可以分成四种类型：

(1) 执行性立法，是指为了执行法律、法规，以及上级行政机关发布的规范性文件而进行的立法活动。它并不创设新的法律规范，而只是将法律、法规或上级的规范性文件加以具体化，以便于执行和实施，通常称之为“×××实施条例、实施细则、实施办法”等。

(2) 补充性立法，是指为了补充现有的法律、法规的内容而进行的立法活动。它对于在制定法律、法规时不能预见或不便详细规定的事项具有补充规定和解释规定的作用，一般需要创设某些新的法律规则，但必须以原法律、法规所确立的原则为准绳。这类立法活动所制定的规范性文件通常称为“×××补充规定或补充办法”。

(3) 自主性立法，是指国家行政机关为履行法律赋予的行政职权而对管理内容创制一定行为规则的立法活动。它既不是对现有法律、法规的实施性解释，也不是对现有法律、法规的补充性规定，而是基于法律赋予的职权，对法律、法规未规定的事项进行立法。它必须经法律或有权机关的授权才能进行，如宪法对国务院、国务院各部委的授权，人大常委会通过授权决定的形式授予国务院以某个方面的自主性立法权。

(4) 试验性立法，是指国家行政机关根据有权机关或法律的特别授权，对本应由法律规定的事项，在条件尚不充分、经验尚不成熟或者社会关系尚未定型的情况下，先由行政机关作出有关规定，经过一段试验期以后，总结经验，再由法律正式规定下来，通常称为“×××暂行条例或暂行规定”。

9.2.1.2 行政法规的渊源

上述行政立法活动的成果，被称为行政法规。所谓行政法规，是指国家行政机关在行政管理活动中，根据宪法和法律的规定，以及国家权力机关的授权，进行行政立法所制定和颁布的行政法律规范的总称。那么，这些行政法规来源于哪些法律规范呢，或者说，行政法规是通过哪些法律形式表现出来的呢，这就涉及行政法规的渊源问题。在我国，行政法规的渊源主要有以下几个方面：

（1）宪法。我国的宪法是国家的根本大法，也是行政法规的基本法源。宪法对国家行政活动的基本原则、国务院及各部委的组织和职权范围、地方行政机构的组织和职权范围，以及公民在有关行政法律关系中的权利和义务等都作了原则性的规定。其中，许多条款实际上就是行政活动的准则。比如：关于社会主义法制的规定；关于公民基本权利和义务的规定；关于中央与地方各级国家行政机关的地位、组成和职权的规定，等等。

（2）基本法和一般法律。这是仅次于宪法的国家的主要法律，主要对宪法制定的总原则进行具体的解释和规定，包括由全国人民代表大会制定的基本法和全国人民代表大会常务委员会制定的一般法律。其中，许多是具有行政法规性质的，比如《国务院组织法》、《地方各级人民代表大会和地方各级人民政府组织法》、《民族区域自治法》、《国籍法》等。这些都是我国行政法规的重要渊源。

（3）行政法规、决定、命令、指示和规章。我国宪法规定，国务院有权根据宪法和法律制定行政法规，发布决定和命令；国务院各部、各委员会有权根据法律和国务院的行政法规、决定、命令，在本部门的权限内，发布命令、指示和规章。这些行政法规和部门规章，内容广泛，数量众多，是我国行政法规最主要的渊源。

（4）地方性法规和规章。我国宪法规定，省、自治区、直辖市的人大及其常委会，在宪法、法律、行政法规相抵触的前提下，可以制定地方性法规，报全国人大常委会备案。按照地方组织法的规定，省、自治区的人民政府所在地的市和经国务院批准的较大的市的人大及其常委会根据本市的具体情况和实际需要，在宪法、法律、行政法规和本省、本自治区的地方性法规相抵触的前提下，可以制定地方性法规，报省、自治区的人大常委会批准后施行。省、自治区、直辖市，以及省、自治区的人民政府所在地的市和经国务院批准的较大的市的人民政府，还可以根据法律和国务院的行政法规制定规章。这些地方性法规和规章绝大部分是规定该地区各方面行政管理的内容，也是我国行政法规的渊源之一。

（5）自治条例和单行条例。我国宪法规定，民族自治地方的人大有权依照当地民族的政治、经济和文化的特点，制定自治条例和单行条例。其中，自治区的自治条例和单行条例，报全国人大常委会批准后生效；自治州、自治县的自治条例和单行条例，报省或自治区的人大常委会批准后生效，并报全国人大常委会备案。这些自治条例和单行条例大多是与行政管理活动有关的，因而也成为我国行政法规的渊源之一。

9.2.2 行政执法

所谓行政执法，是指国家行政机关在执行宪法、法律、行政法规或国际条约时所采取的具体办法和步骤，是为了保证行政法规的有效执行，而对特定的人和特定的事件所做的具体的行政行为。它通过执法形式把国家意志直接转化为人民群众的实际行动，把政府行政管理的各种措施落到实处。行政执法的过程，也就是运用行政法规实施行政管理，发挥行政法规的功能作用的过程。同时，行政执法的内容并不限于行政管理法规的执行，而是包括对国家一切法律法令的执行和实施。行政执法的基本方式有以下三种：

9.2.2.1 促使法律、法规的自觉遵守

行政执法的成功标志，是全社会对法律法规的自觉遵守。法律法规最有效的施行，也有赖于全体公民、法人和一切社会组织、政治组织对行政法律法规的自觉遵守。因此，国家行政机关采取一定的方式和措施，对法律法规的实施进行指导、监督，促使自觉遵守法律法规，是行政执法首选的最为重要的方式。这些措施包括的范围比较广泛，比如：采取标语、广告、电视、报刊、讲座等多种形式，进行普法宣传和普法教育；由有关国家行政机关或行政主管部门对法律法规的内容作出权威性的解释，帮助公民、法人、团体等对相关法律法规作出准确的理解和领会；由有关的行政执法机关或行政主管部门对如何执行法律法规提出具体意见，必要时作出示范，帮助公民、法人、团体懂得应当如何遵法守法，等等。

9.2.2.2 保证法定权利的实现

这是指国家行政机关采取积极的措施，保证行政相对人权利的实现。①为行政相对人享受法律法规规定的权利提供条件。具体措施有：对行政相对人的申请予以审查、批准、批复；对特定的人和事解除禁令；依法为行政相对人就其身份或行为提供证明；依法对行政相对人的身份或行为加以确认；依法赋予行政相对人特别权利；依法免除行政相对人的义务，等等。②使行政相对人的合法权益免受侵犯。主要措施是接受和受理行政相对人的申诉和控告。

9.2.2.3 采取必要的强制性措施

在上述两种方式不能奏效，出现违反法律法规，或者法律法规不被执行的情况，对有关当事人，行政执法机关就有必要采取强制性的措施，迫使行政相对人履行法定义务和严格执法守法。在行政强制性措施中，常用的有行政强制和行政处罚两种。它们的运用有着严格的要求和程序规范。

（1）行政强制。这是指国家行政机关采用法定强制手段，强迫不履行法定义务的当事人履行义务的活动。它主要分为预防、制止性强制措施和执行性强制措施两大类。

①预防、制止性强制措施。这是指国家行政机关为了维护社会秩序，保障社会安定，保护公民的人身、财产权免受侵害，采取一定的强制措施，对某种可能发生的违法行为或危害社会及公民个人安全的行为予以预防或制止。它主要有以下几种形式：

第一，强制带离现场、盘问。根据《中华人民共和国人民警察法》的规定，公安机关的人民警察对严重扰乱社会治安秩序或者威胁公共安全的人员，可以强制带离现

场，依法予以拘留或采取法律规定的其他措施。对有违法犯罪嫌疑的人员，经出示相应证件，可以当场盘问、检查；经盘问、检查，发现其有法律规定的某种情形的则将其带至公安机关，经公安机关批准，可对其继续盘问。

第二，约束、扣留。约束是国家行政机关对具有某种可能危害社会、他人或本人安全的行为和情形的个人的人身自由进行短时间限制，以保障社会和其他个人的安全。比如，对处在醉酒状态中的人可将其约束到酒醒，以防止其行为对本人或他人产生威胁。扣留是指国家行政机关为及时制止或查明某种违法行为而依法扣留嫌疑人、有关物品或证件。比如，海关扣留走私嫌疑人，工商行政管理机关扣留假冒商品。

第三，使用警械、武器。公安机关的人民警察为制止严重违法犯罪活动的需要，依照国家有关规定，可以使用警械。如果遇到拒捕、暴乱、越狱、抢夺枪支或其他暴力行为的紧急情况，还可依照国家有关规定，使用武器。

第四，强制检疫，强制治疗。强制检疫是指卫生行政机关对可能患有某种恶性传染疾病的嫌疑人或可能带有某种病菌、病毒的人进行强制性疾病检疫，以防止其给社会带来危害。强制治疗是指卫生行政机关对患有某种恶性传染疾病的人采取的强制隔离治疗措施。

②执行性强制措施。这是指国家行政机关为了保证法律、法规的实施，采取一定的强制措施，迫使行政相对人履行其法定义务。它分为间接强制和直接强制两种。

第一，间接强制。这是指通过间接手段迫使义务人履行其义务或达到履行义务相同状态的行政强制措施。它又可分为两种情况：一是代执行。当义务人不履行法定义务时，如果由他人代为履行可以达到同样的目的，那么行政机关就可以将此项义务交由他人代为履行，但代为履行所需的一切费用由法定义务人承担。二是执行罚。当法定义务人不履行法定义务，而该义务又无法由他人代履行时，行政执法机关为促使其履行义务，采取加收一定数额的金钱的方式，并可以反复多次，直到法定义务人履行义务为止。

第二，直接强制。这是指行政执法机关在采取间接强制不能达到目的，或者在紧急情况下，对法定义务人的人身或财产直接实施强制性的措施。它主要包括以下几种形式：一是查封，即行政机关强制封存行政相对人的财产；二是扣押，即行政机关强制扣押行政相对人的财产，限制其继续对之进行占有和处分；三是冻结，即行政机关在对行政相对人作出行政处罚决定前，为防止其转移资金，以保证今后处罚的执行，通知有关单位冻结他的某种款项；四是划拨，即行政机关通知银行从行政相对人的存款和其他款项中强行拨付其拒不缴纳的某种款项；五是扣缴，即行政机关通知行政相对人所在单位从其个人工资收入和其他收入中扣缴其应付的某种款项；六是抵缴，即行政机关对拒不履行金钱给付义务的行政相对人，强行征收或变卖其财产抵缴；七是强制收购，即行政机关对行政相对人私自买卖、借贷抵押国家禁止流通的物品予以强制收购；八是限价出售，即行政机关强制违反国家物价规定，高价出售商品或倒卖商品的行政相对人，按规定的价格出售其商品。

（2）行政处罚。这是指具有行政处罚权的行政机关依法对行政相对人违反法律规范、尚未构成犯罪的行为，给予人身的、财产的、名誉的，以及其他形式的法律制裁的行政行为。根据《中华人民共和国行政处罚法》的规定，行政处罚的种类主要有：

①警告。警告是对实施了比较轻微的违法行为的行政相对人所给予的申诫性处罚，也是一种最经常、最普遍的行政处罚形式。它既可以针对个人，也可以适用于组织。

②罚款。罚款是对实施了违法行为的行政相对人的经济性制裁，也是一种普遍使用的行政处罚形式。罚款通常由法律和法规规定了一个限制幅度。针对纳税单位和个人偷税漏税所作的经济处罚称为罚金。凡是罚款或罚金都应用书面通知，规定在一定的期限内交纳，逾期不交，则加倍处罚或改为行政拘留。

③没收违法所得、没收非法财物。没收主要是对生产、保管、加工、运输、销售违禁物品或实施其他营利性违法行为的当事人所给予的经济性制裁。比如：海关没收走私者的走私物品；文化行政管理机关没收黄色书刊；公安机关没收违反治安管理的违禁财物等。

④责令停产停业。这是国家行政机关命令某个企业组织停止生产或营业活动，通常是对严重违法的行政相对人实施的一种行政处罚。

⑤暂扣或者吊销许可证、暂扣或者吊销营业执照。这种处罚多数适用于违反经济管理秩序，违反工商管理法律规范的企业、个体经营户或其他经济组织。比如：未经核准登记擅自开业；擅自改变经营范围；伪造或擅自复印营业执照；逃避债务；从事非法经营活动等。

⑥行政拘留。这是对实施了违法行为的行政相对人所给予的限制其人身自由的处罚形式，适用于较严重的违法行为。同时，只有公安机关才有权行使，时间从 1 天到 15 天不等。

9.2.3 行政司法

所谓行政司法，是指由国家行政机关充当争议的裁决人，依照行政司法程序解决行政争议和其他特定纠纷的一种行政行为。它是对行政执法过程中发生的行政纠纷的处理，是对行政执法活动状况的一种监督。这既是行政法制的组成部分，也是我国法制建设的辅助性工程。行政司法通过把行政程序和司法程序融为一体，形成了一种具有行政性质的司法程序，可称之为“准司法”形式。它既吸收了行政程序简易高效的特点，又体现了司法程序平等公正的精神，以此来排除行政执法中的障碍，保证行政管理沿着公正、合理的法制轨道向前发展。

行政司法主要包括两方面的内容：①参与某些民事纠纷的处理，如行政调解、行政裁决。行政调解是指由行政机关主持的，以国家政策、法律为根据，以自愿为原则，通过说服教育的方法，促使双方当事人友好协商，达成协议，从而解决争议的方法和活动。行政裁决是指行政机关依照法律授权，对当事人之间发生的、与行政管理活动密切相关的、与合同无关的民事纠纷进行审查，并作出裁决的行政行为。②对行政执法过程中发生的行政纠纷的处理，是对行政执法活动状况的一种监督，如行政复议、行政诉讼、行政赔偿等。它们又被称为行政救济，是指对违法或不当的行政行为加以纠正，或者对因行政行为而使公民的合法权益受到损害予以弥补的制度。本书重点介绍后者。

9.2.3.1 行政复议

行政复议，是指公民、法人和其他组织认为国家行政机关的具体行政行为侵害其合法权益，依法向该行政机关的上一级行政机关或者法律、法规规定的行政机关提出申请，由受理申请的行政机关对原具体行政行为进行重新审查并作出处理决定的活动。从1999年10月1日开始施行的《中华人民共和国行政复议法》比较系统地规定了行政复议的有关内容，是我国行政复议的主要法律根据。

对于国家行政机关来说，行政复议是行政机关系统内部自我监督的一种重要形式。在行政复议中，上级行政机关通过对下级行政机关引起争议的具体行政行为的合法性和合理性进行审查来监督下级机关的行为是否违法或不当，从而起到监督的作用。对行政相对人来说，行政复议是对其被侵犯的合法权益的一种救济手段或途径。它是利用行政机关系统内部的监督机制，由上级行政机关纠正下级行政机关的违法或不当的行政行为，以保护公民、法人和其他组织的合法权益。

这些具体的行政行为主要是指国家行政机关针对特定的公民、法人或者组织的行政处罚、行政强制措施、行政决定和认为行政机关没有依法履行自己的职责，以及认为行政机关侵犯了自己的合法权益，等等。总之，只要他们对这些具体行政行为不服，就可以申请行政复议，行政机关必须受理。

9.2.3.2 行政诉讼

行政诉讼，是指公民、法人或其他组织认为国家行政机关的具体行政行为侵犯其合法权益，依法定程序向人民法院起诉，由人民法院按司法程序进行审理，并作出裁决的活动。由于这一法律制度是为公民、法人或其他组织在认为行政机关的具体行政行为侵犯了自己的合法权益时所提供的一种法律上的救济手段和途径，所以人们又形象地称之为“民告官”制度。1990年10月1日开始施行的《中华人民共和国行政诉讼法》是新中国第一部行政诉讼法典，标志着行政诉讼法在我国的建立。与刑事诉讼、民事诉讼相比较，我国的行政诉讼具有以下几个方面的特征：

（1）在行政诉讼关系中，原告必定是公民、法人或其他组织，被告必定是国家行政机关。这是因为行政诉讼是一种公民、法人或其他组织对国家行政机关及其工作人员侵犯其合法权益的行为所进行的起诉和请求审理的行为。

（2）行政诉讼以当事人不服行政机关的处理为前提。当事人对行政处理决定不服时，可以先向上一级行政机关或者法律规定的特定机关申请复议。如果对行政复议不服，再向人民法院起诉。同时，也可以不经复议，直接向法院起诉。因此，在我国，行政复议不是进行行政诉讼的必经程序，是否经过复议，由当事人自己选择，实行的是选择复议原则。但如果法律、法规规定某些行政处理决定应当先向行政机关申请复议，对复议不服再向人民法院提起诉讼的，则要依照法律、法规的规定执行。对于经过行政复议的行政诉讼案件，如果复议机关决定维持原具体行政行为的，作出原具体行政行为的行政机关是被告；如果复议机关改变了原具体行政行为的，则复议机关是被告。

（3）人民法院只负责审查具体行政行为的合法性。抽象的行政行为不在行政诉讼的范围之内，即法院不审理行政法规的合法性，只审理具体行政行为的合法性。这与西方国家有很大不同。这是由我国的政治体制决定的。我国的国家行政机关和司法机关都是由国家权力机关产生的，是分别执行不同职能的国家机关。它们之间不存在谁高于谁、谁领导谁的问题。行政案件双方当事人所争议的应当是国家行政机关的具体行政行为是否具有合法性。

因此，行政诉讼只能是审查确定那些被争议的具体行政行为的合法性。人民法院经过审理，只对其具体行政行为的合法性进行裁决。如果行政行为证据确凿，适用法律、法规正确，符合法定程序，则维持判决；反之，对行政行为证据不足的，或适用法律、法规错误的，或违反法定程序的，或超越职权、滥用职权的，则根据不同情况，撤销或部分撤销判决。至于这些具体行政行为是否合理，是否恰当，原则上要通过行政复议由行政机关自行判断和处理。

（4）在行政诉讼中，作为被告的行政机关负有举证的责任。这是由国家行政机关的地位决定的。因为行政案件发生在行政管理过程中，行政机关始终处于主导地位，拥有充足的人员、装备和资料，享有调查取证的主动权，所以负有举证责任，应当提供作出该具体行政行为的证据和所依据的法律、法规，以便于法院的审理工作。但在诉讼过程中，国家行政机关不得自行向原告和证人收集证据，这是法院的权力。同时，原告也有提供证据的义务，尤其是关于行政行为所造成的损害后果。

（5）行政诉讼不适用调解的原则。这是因为法院审理行政案件是对具体行政行为的合法性进行审查，国家行政机关作出具体行政行为，是它行使法定职权的表现，而对于这种法定职权，行政机关不得放弃或让步，否则就构成失职。因此，行政机关作出的具体行政行为或者合法，或者违法，没有第三种可能，这些都不能通过当事双方协商来加以解决。法院在审理行政案件时，既不能把调解作为行政诉讼的一个必经阶段，也不能把调解作为结案的一种方式。

（6）具体行政行为不因诉讼而停止执行。这是因为具体行政行为是国家行政机关代表国家依据法律、法规作出的，一旦作出就应推定为合法，同时也相应地具有了约束力、确定力和执行力。因此，即使当事人认为具体行政行为违法并向法院起诉，要求改变或者撤销违法的具体行政行为，但在法院代表国家依法作出生效判决之前，具体行政行为仍然被推定为合法有效，也就要求得到执行，以保证行政管理活动的正常进行。

但在某些特殊情况下，具体行政行为应当停止执行：一是被告认为需要停止执行的；二是原告在提起诉讼的同时，申请法院停止执行具体行政行为，而法院认为该具体行政行为的执行将会造成难以弥补的损失，并且停止执行不损害社会公共利益的，可以裁定停止执行；三是法律、法规规定停止执行的。

9.2.3.3 行政赔偿

行政赔偿，是指国家行政机关及其公务员违法行使职权，侵犯公民、法人或其他组织的合法权益造成损害的，由国家给予受害人的赔偿。关于行政赔偿的法律规范，在1990年10月1日施行的《中华人民共和国行政诉讼法》中有专门的规定。1995年1月1日施行的《中华人民共和国国家赔偿法》又对行政违法行为的赔偿问题作了具体、详细的规定。行政赔偿作为国家赔偿责任的一种形式，与其他责任形式相比较，具有以下特点：

（1）行政赔偿必须是由国家行政机关及其工作人员的行为引起的。行政赔偿是由于违法行使行政权力引起的，是一种特殊的侵权责任，侵权的主体必须是行使国家行政权的国家行政机关及其工作人员。但也有法律、法规授权一些具有管理公共事务职能的组织或者行政机关委托的组织行使某项行政权。这时，如果经授权或委托的组织违法行使行政权，给公民、法人或其他组织造成损害，也应当由国家承担赔偿责任。

（2）国家行政机关及其工作人员的行为必须是行使职权的行为。这是指引起行政赔偿的行为必须与国家行政机关及其公务员代表国家行使行政权有关。至于行政机关参加的一般民事行为，公务员的个人行为所造成的侵权，则不包括在其中。

（3）国家行政机关及其工作人员的行为必须具有违法性。为了达到行政目的，国家行政机关及其工作人员可以作出各种行政行为。有时合法的行政行为也会给公民、法人或其他组织造成一定的损害，比如行政征用（某一块土地），这时国家可以通过行政补偿的方式来弥补给当事人造成的损失。但引起行政赔偿的行政行为必须是违法行为，或者是违反法律、法规、规章的规定，或者是违反法律原则的规定。

（4）损害必须已经发生。违法侵犯公民、法人或其他组织合法权益的行政行为必须是已经造成了现实的损害，比如当事人的财产权的损失或公民人身权受到侵害。对于财产权的损失，必须是直接损失；间接损失，国家不予赔偿。对于公民人身权的侵害，国家按照法定的标准予以赔偿。

（5）赔偿责任由国家承担。由于国家行政机关及其工作人员是代表国家行使行政权，其违法行为造成的损害无论是由行政机关集体决定的原因，还是由公务员个人过错的原因，都由国家予以赔偿，从国家财政中支付，具体则由违法行使职权造成侵害的行政机关来承担赔偿责任。但同时，行政机关应当责令有故意或者重大过失的公务员承担部分或者全部赔偿费用。这是关于追偿权的规定，它既有利于减少国家的损失，也有利于强化公务员个人的责任心，促使其依法行政。行政赔偿可以在申请行政复议和行政诉讼时一并提出，也可以单独提出行政赔偿请求；赔偿的方式一般有支付赔偿金、返还财产和恢复原状三种。

总之，行政立法、行政执法、行政司法是行政法制的三个基本环节，缺一不可。行政立法是行政的基础，行政执法是行政的实现，行政司法则是对行政的监督和保障。它们紧密联系，共同推动着国家行政管理的民主化和法制化建设。

9.3 行政法制的基本要求

行政法制的基本目标，就是要实现依法治国，建设社会主义法治国家。其中，对国家行政机关及其工作人员的基本要求是要依法行政，正确行使人民赋予的行政权力；同时，广大人民群众也要善于利用法律，维护自己的正当权益。具体来说，“有法可依，有法必依，执法必严，违法必究”这四句话就是对我国行政法制建设基本要求的高度概括。

9.3.1 有法可依

有法可依就是要加强行政立法，建立和完善行政管理法规体系，用法律法规来规范行政管理的每一个环节，规范国家行政机关及其工作人员的每一个行政行为，并把法律法规作为行政管理的手段，用法律法规确定公民和法人作为或不作为。

9.3.2 有法必依

有法必依就是要坚持依法行政，把法律法规作为行政行为的准则，依照法律法规去作为或不作为。行政管理过程中对具体事情的处理及所采取的具体措施、国家行政机关及其工作人员的言行，都必须严格按照法律法规的要求去做。任何人都不得违反法律法规，任何活动都不得超越法律法规规范的范围。

9.3.3 执法必严

执法必严要求严格执行法律法规，坚决维护法律的尊严，决不允许以情代法、以权压法，决不允许徇私枉法、贪赃枉法。在执法过程中，应当严肃认真，严格按照法律规定的内容和程序办事，不能有任何违反。按照法律法规要求，该办的事坚决办好，不该办的事坚决不办，不能讲例外，搞特殊。

9.3.4 违法必究

违法必究就是对违反法律法规的组织、团体、公民和法人，不管级别、职务高低，不问背景，坚决依法追究查办。在行政执法过程中，决不允许任何组织和个人享有法律法规以外的特权，决不允许搞以钱代罚、以罚代刑，或者随意免除违法者应承担的法定义务和应负的法律责任。

总之，这四者之间是相互联系、相互依存，不可分割的有机整体，必须全面理解，坚决贯彻。按照这一基本要求，行政机关立法要慎重、及时、准确；执法要坚决、严肃、秉公。行政人员要努力做到知法、懂法、用法、守法、护法。

本章小结

行政法制是指调整国家行政机关与公民和社会组织之间各种关系的法律制度的总称，是国家法制的重要组成部分，也是主要的组成部分。行政法制建设有利于促进社会主义民主法制，有助于规范行政行为，促进行政管理法制化。行政法制包括行政立法、行政执法和行政司法三大环节，缺一不可。其中，行政立法是行政的基础，行政执法是行政的实现，行政司法则是对行政的监督和保障。它们紧密联系，共同推动着国家行政管理的民主化和法制化建设。行政法制建设的基本目标是要实现依法治国，建设社会主义法治国家。其中，对国家行政机关及其工作人员的基本要求是要依法行政，正确行使人民赋予的行政权力，这是法治国家的普遍原则，已成为政府行政管理的根本原则。而“有法可依，有法必依，执法必严，违法必究”这四句话则是对我国行政法制建设基本要求的高度概括。

复习思考题

1. 什么是行政法制？它具有哪些特征？
2. 加强行政法制建设的意义何在？
3. 行政法制的主要环节有哪些？各有什么功能？
4. 行政法制的基本要求是什么？
5. 结合现实，论述如何推进我国的依法行政。

10 行政效率

本章学习目标

了解行政效率的含义、特点和作用；弄清行政效率测评的原则、要素、标准和方法；把握影响行政效率的因素和提高行政效率的主要途径。

“时间就是金钱，效率就是生命。”行政效率是对行政管理活动的总体状态和整体效益的综合反映，既是国家行政机关工作的出发点和落脚点，是衡量行政管理活动是否科学、合理的基本标准，也是行政管理学研究的重要内容。

10.1 行政效率概述

10.1.1 行政效率的含义和特点

10.1.1.1 行政效率的含义

效率最初是电学和机械学中的概念，是指投入的能量与产出的能量之比。后来，这个概念被引入社会科学领域，把社会活动中的劳动效果同所消耗的劳动量进行比较，以考察该社会活动的有效程度。

所谓行政效率，是指国家行政机关及其工作人员在从事行政管理活动中给社会和人民带来的有益成果同所消耗的人力、物力、财力、时间等因素之间的比率关系，即行政活动的产出与投入之间的比率。它可以用如下公式来表述：行政效率 = 行政产出/行政投入。简言之，行政效率就是效果与消耗之比。其中，效果是指有形的社会效果和无形的社会效果；消耗是指人力、物力、财力和时间等综合消耗。由此，对行政效率的内涵可从两方面来理解：

（1）行政效率的高低有一定的数量关系，可以作定量分析和对比。行政效率的比例关系表现在时效上，就是能否以最短的时间实现预定的目标；同时，也表现在人力、物力、财力的消耗上，力求以最少的人力、物力、财力和时间的消耗，取得尽可能大的效果。

（2）行政效率有质的规定性，可以作定性分析。行政效率应当把行政结果的质量即社会效益放在第一位，在保证质量的前提下，以最少的投入取得最大的成果。国家行政机关对国家事务和社会公共事务的管理活动，是否有利于国家、有利于人民，这是行政管理的根本方向。没有质的量或没有量的质，都不能客观反映政府的行政效率。

总之，行政效率就是政府效率。政府效率也就是政府生产力，是一种推动社会发展的综合生产力。它可以优化整个社会各方面的发展环境，可以优化国家各种生产要素的结构与配置，可以集聚和优化各种资源，可以凝聚人心，决定国家发展的方向与速度。

10.1.1.2 行政效率的特点

（1）方向性。这是指要把行政效率与行政效果、行政效能、行政效益综合起来把握。行政管理活动结果进入评价过程即行政效果，其中除行政效率外，还有行政效能与行政效益。特别是评价与测定效率，必须以行政管理活动方向正确为前提，即必须符合国家的意志和人民的要求，并给社会带来积极的成果。如果行政管理偏离了国家的意志和人民的要求，违背了国家法律和政策，给社会带来消极的影响，那么谈效率就毫无意义。

（2）关联性。这是指效率与效能、效益是密切相连的。行政效能是指行政组织实现预期目的的适应性和能力，是对行政组织功能的评价。行政效能的高低取决于组织结构、领导才能、决策质量、人员素质、技术装备等因素。行政效益主要是看它对社会有益影响的大小，给社会带来福利的多少。而行政效率则是关于效果与消耗即行政产出与行政投入的关系。效率的实现是以一定的效能为基础，评价效率又要以对效益的肯定为前提。

（3）社会价值性。在行政管理中，效率永远不能脱离社会价值因素，成为中性的东西。因为行政投入虽然可以在一定程度上用金钱或时间的耗费来度量，但行政产出的价值往往无法用同样的尺度来衡量。衡量行政管理活动的成果，只能通过确定这些成果与总体行政目标的联系来完成。在具体行政活动成果与总体行政目标之间，往往没有直接的同质可比性，只有借助社会价值判断，才能确定它们之间的联系。所以，社会价值体系对行政效率的评估和测定有重要影响。

（4）相对性。在行政管理活动中，产出和投入很少能用可比单位来衡量。即使衡量标准可比，也没有什么守恒定律可以用来限制产出不越过投入。行政效率很难验证，也没有必要普遍化为绝对的百分比。测定行政效率一般只要求在几个备选方案或几项同类行政管理活动之间，比较效率的相对高低。因此，行政管理学所处理的，总是相对效率的问题。

10.1.2 行政效率的地位和作用

10.1.2.1 行政效率是衡量行政管理活动有效性的综合指标

行政效率是对行政管理活动效果的全面反映，是衡量行政决策、行政执行过程、行政措施的重要指标。通过行政效率可以检验行政体制的合理性和行政管理方法的有效性，也可以考察行政主体的执行能力。

10.1.2.2 行政效率是行政管理的中心问题

行政效率是行政管理活动的出发点和归宿点。行政管理的中心任务就是提高行政效率。在具体的行政管理活动中，无论是改革行政体制、提高人员素质，还是完善规章制度、强化执行监督，目的都是为了提高行政效率，并保证行政管理过程的公正性。

10.1.2.3　行政效率是行政改革的重要依据

所有的行政改革措施，其直接目的都是为了提高行政效率。是否需要改革，如何改革，都必须以是否能够提高行政效率为依据。能够提高行政效率的改革措施，要坚决执行；相反，对提高行政效率没有益处，甚至阻碍了行政效率的提高或者降低了行政效率的改革措施，就要及时终止，以免造成更大的损害。

10.2　行政效率的测评

10.2.1　行政效率测评的原则

行政效率的评价具有导向性，是一项慎重而复杂的工作。它不像机械效率、经济效率那么简单，无论是不准确或出现差错，都会给行政管理，甚至给社会带来不良影响。因此，在评价行政效率时必须遵循一定的原则。

10.1.2.1　行政管理为社会主义政治服务的原则

行政管理是国家意志的执行活动，它的方向必须与国家的基本政治方向一致。因此，我们评价任何行政活动，首先要看它的结果是否有利于社会主义国家的政治安定、社会主义民主的发展和社会主义国家总体战略目标的实现。

10.1.2.2　量与质统一的原则

行政效率与一般机械效率不同的特点之一，是它包含了质的要素。评价行政工作的结果，不仅要考虑所完成工作的数量，还要注意其质量，要坚持数量与质量统一的原则。测定行政效率，一方面要统计所完成的行政工作的数量，另一方面要对工作的质量作出评定。为此，既要为各种行政工作设定尽可能精确的工作量标准，也要为每一类行政任务设定质量标准，并确定不同质量等级对效率指标的影响程度。

10.1.2.3　短期效果与长期效果统一的原则

行政管理活动是在复杂的社会背景中进行的，有些行政活动的结果是直接的，可以立见功效；有些活动的作用是间接的，起作用的周期较长；还有些行政工作既有直接的、短期的效果，又有间接的、长期的效果。短期效果与长期效果相互作用、相互影响，甚至相互转化。有些行政工作在短时期内看不到明显的社会效益，但对国家或地区的长远发展可能有重要的影响。有些行政工作虽然在短时期内取得了明显的社会效益，但在以后的发展中，可能会逐渐暴露出其消极的方面，给社会带来负面影响。因此，要较准确地评价和测定行政效果，必须坚持短期效果与长期效果统一的原则。

10.1.2.4　局部效益与全局效益统一的原则

在评价行政效率时，对某项行政工作的结果，既要考虑它给本地区、本行业、本部门带来的效益，又要考虑它对整个国家、社会的影响。在局部效益与全局效益不一致甚至相冲突时，应以全局效益为重来进行评价，但也不能忽视对局部利益的保护。问题的关键在于掌握恰当的分寸。有益全局的工作若损害了局部利益，应有所补偿，而且，一般应以不破坏该局部的基本发展为条件，不引起群众强烈反感为限度；否则，不能算是成功的。局部受益、全局受损的事，不符合社会主义行政活动的基本方向，必须予以否定。

10.2.2 行政效率测评的要素

行政效率的测评包含三个相互关联的要素：

10.2.2.1 效益要素

行政管理活动的社会效益是评价与测定行政效率的前提和基础。行政效益由四个因素决定：①行政活动的总方向和性质，即是否符合人民利益和社会发展要求，是否符合国家的基本方针、政策。②各项行政决策的质量，即是否符合科学规律和现实条件。③各项行政工作的质量，即其结果是否符合法律的、计划的和技术的要求。④在一定时期内完成的行政任务的数量。这四个因素相互影响，决定着行政活动在多大程度上保障国家安全、社会稳定、经济繁荣，在多大程度上满足人民群众对公共服务的需要，从而构成效益整体。其中，前三个因素是质的因素，第四个是量的因素。在评价总体行政效率时，不能忽略行政活动总方向和行政决策质量对行政效率的影响，但从效益的角度讲，提高行政效率的主要工作在于改善行政产出的质量。

10.2.2.2 经济要素

效率是指投入与产出的比例关系，其中必定包含着经济要素。一切对效率的追求，都要遵循经济原则。由于行政产出受社会需要、客观条件和行政工作计划等制约，行政工作任务量不能任意加大。所以，经济要素在行政效率中主要表现为行政投入量。从经济角度讲，提高行政效率的主要途径在于减少投入，即降低行政费用、节约行政开支。

10.2.2.3 时间要素

时间是行政效率不可缺少的要素。在时间效率问题上，时间有以下含义：①时间是完成行政任务的基本条件。任何行政任务的完成都需要一定的时间。②时间是一般人类劳动的自然尺度。一切人力、物力、财力的消耗，都是活劳动和物化劳动的消耗，而劳动时间是衡量劳动本身的尺度。③时间是具体行政活动的现实尺度。这里的时间是具体的、现实的，因为它所度量的不是抽象的一般人类劳动，而是具体完成某项特殊行政任务的劳动。④行政工作要讲究时限。所有的行政工作通常都应有一个最迟的完成期限。超过这个期限，就可能造成重大的损失。行政管理的现代化水平越高，组织越严密，时限的意义就越重要。

10.2.3 行政效率测评的标准

在行政管理中，不同的部门和工作具有各自的特点，需要建立反映各自特点和要求的指标体系，但行政管理也具有许多共性。因此，行政效率测评也具有以下几个方面的共同标准：

10.2.3.1 量的标准

这是一些量化指标，可以用相应的数值表示，并可运用公式计算。具体指行政工作中人力、物力、财力和时间的投入量、消耗量或节约量，以及行政效果中的经济矢量、具体事件的处理量和引起社会各方面变化的变量。另外，还包括行政效果中的科技含量和行政管理过程中的信息处理量，等等。

10.2.3.2　质的标准

这方面的标准虽然不便于量化，但其比较系是存在并且确定的，因而也具有可测量性。这是指行政管理中处理的事件、完成的任务和取得的效果与行政目标的接近程度；与社会发展和公众要求的吻合度；政府职能作用发挥的社会满意度；行政权运用的合理程度；还有行政管理活动对社会发展客观规律和行政管理自身规律遵守或驾驭的程度，等等。

10.2.3.3　行为标准

行为标准包括具体行政行为和抽象行政行为的标准。主要指在行政事务的处理中，具体行政行为对法律法令、行政纪律、行政道德和社会公德准则的依赖程度，比如行政执法是否依法、守法，行政司法是否公正。抽象行政行为与党的路线、方针、政策和国家法律法规的吻合程度，比如行政管理法规的制定、行政措施的制定是否合法，是否有违党的路线、方针、政策等。

10.2.3.4　效益标准

效益标准有些可以量化，有些不能量化，但一般是明确的。主要指行政管理活动满足社会、国家和人民需要的程度，对社会经济、政治思想、文化等各方面发展的影响、促进程度，以及国家行政机关内部经济收益和经费使用的合理程度。

10.2.4　行政效率测评的方法

10.2.4.1　行政费用测定法

这是以行政经费的开支和使用的合理性及其效果为依据来测定行政效率的方法。完成同类行政工作，在行政开支相同的情况下，完成的任务量多，表明效率高，反之则效率较低。具体可以从三个方面来测定：①单位平均费用，即将行政费用分解为一定的单位平均数，并以此单位费用为基数，计算出行政工作的实际费用，比较其效率的高低。②工作平均费用，即通过同类行政工作中每一个人员的工作量与其费用额的对比，测算每件工作的平均行政费用，并以此为基准测定行政人员的工作效率。③人员平均费用，即先计算本地区整体行政工作的人均费用，并以本地区的人均行政费用为基准，进一步测算各部门、各单位的人均行政费用，比较其效率的高低。

10.2.4.2　时效测定法

时效是行政效率的一个重要指标，因为任何行政管理活动都是在时间流程中进行的。减少或缩短时间，实际上就是提高了行政效率。当规定时间与实际消耗时间相等时，表示按时完成了任务；当实际消耗时间超出了规定时间时，表示未能按时完成任务；当实际消耗时间缩短一半时，表示时效提高了一倍；当实际消耗时间大于规定时间时，表示时效降低。实际消耗时间很多，表示时效很低。

10.2.4.3　行政功能测评法

行政功能测评法是以行政组织是否充分履行了职责，完成了其任务来测定其工作是否有效率。行政组织在给定条件不变的情况下，圆满地完成了行政任务，实现了行政目标，其功能就大，相应来说，其行政效率也就高；反之，其行政效率就低。

10.2.4.4 标准比较法

标准比较法是采用公认的标准或由专家设立的标准，以此为尺度与特定的行政效果做比较，测定行政活动和事务是否合乎标准，来评价行政效率高低的方法。这些标准一般包括时间、人力、物力、财力，以及办事程序、数量、质量、目标、效益等。它们的制定一定要有代表性、科学性、客观性和可比性。对各种行政活动和事务，首先确定其要求和达到的指标，然后将标准作为客观尺度，与行政效果进行比较。达到标准的程度越高，行政效率越高；反之，行政效率越低。未达到标准的，则为无效率。

10.2.4.5 因素分析法

行政活动的成败优劣，都有一定的原因和取决于一定的因素。因素分析法就是以相关因素为依据来测定行政效率，即把行政管理活动分解为各种因素，通过对各种因素进行评估、计分，从而测定行政效率。行政活动包括人员、经费、时间、物资材料、组织机构、管理制度、管理方法等要素。因素分析法首先按照这些因素在行政管理活动中的地位和作用不同，分别设定不同的分数作为测量系数，在测定行政效率时，按实际效果对各种因素进行评分，找出与测量系数的差距，并根据差距的大小及其总和来评定行政效率的高低。

10.2.4.6 综合测定法

在现实的行政活动中，多数行政工作都不是单一的，而是综合的。因此，测定行政效率，除了进行个别的、单方面的测定外，还必须对行政效率的各组合因素进行综合测定。由于行政效率是一因多果的行政效果，其中有不少间接的、无形的因素，所以在进行综合测定时，误差不可能完全消除。但应尽可能地减少测定的误差值，使其控制在可以接受的误差幅度之内。运用综合测定方法可分两大步骤：第一步是对行政效率各组合因素分别进行测定、评分；第二步再进行加权综合评分，所得总分的高低表示行政效率的高低。

10.3 行政效率的提高

10.3.1 影响行政效率的主要因素

10.3.1.1 行政环境因素

（1）国家的政治安定，政治生活民主化、法制化是行政活动正常进行的基本条件，也是实现高效率行政管理的大前提。

（2）国家经济发展状况是提高行政效率的物质基础。行政管理体系的结构和功能要与经济发展的类型和水平相适应。行政管理体系是否适应经济发展的要求，极大地影响着行政活动的效率。

（3）党风、政风、社会风气及公民整体效率意识，是影响行政效率的社会心理条件。

（4）地理环境形态及与此相关的交通、邮政、电信等事业的发展条件，也是影响行政效率的重要因素。

10.3.1.2　组织因素

国家行政机关组织结构方面的因素，对行政效率有重大影响。组织因素即行政体制是行政活动展开的基础，主要有三方面内容：

（1）行政机构的设置。行政机构的设置、结构、编制和活动原则是否适应社会、经济发展的需要，对行政效率有直接影响。一是看功能是否齐全，是否适应社会、经济发展的客观要求，即是否事事都有人管；二是看机构是否精简，有没有重叠臃肿的情况；三是看权责是否分明，权责划分和组合是否合理；四是看管理的层次和幅度是否适当。

（2）行政职位的设置。国家行政机关内部各种职位设置由机关的功能、地位和职责范围等因素决定。行政职位的数量应根据实现机关功能的需要，按照科学、高效的原则，经过法律程序确定下来。因人设事，滥设副职、虚职、兼职会造成人浮于事的现象，还会模糊权责界限，增加扯皮、推诿之类的内耗，影响行政机关的效率。

（3）行政管理各环节的协调。有效的行政组织一方面要合理划分内部活动的各环节，使之专业化、程序化，各司其职、各尽其责；另一方面又必须联结各环节的活动，形成协调的工作关系。行政组织的各部门、行政活动的各环节是否完善，是否尽职，能否很好地协调一致，关系到能否顺利实现总体目标和最大限度地减少内耗，提高效率。

10.3.1.3　人员因素

行政人员是行政管理的主体，任何行政管理都要通过行政人员的活动来实现。人员因素可分三个方面：

（1）行政领导者素质。行政领导者在行政活动中居于主导地位，其政治思想、道德品质、决策能力、指挥能力、用人能力等，对行政效率有重大的影响。

（2）一般行政工作人员素质。一般行政工作人员是大量行政业务工作的完成者，其政治思想、工作态度、效率观念、业务知识和技能等方面的素质，直接影响着行政效率的高低。

（3）人事管理工作质量。有了高素质的行政人员，还必须有科学有效的人事管理。合理使用行政人员，发挥其专长，调动其工作积极性，才能人尽其才，提高行政效率。

10.3.1.4　科学技术因素

在现代化的行政管理中，能否大幅度提高效率，在很大程度上取决于能否把现代科学技术有效地运用于管理。

（1）运用科学的管理技术可以大幅度提高管理效率。如运用科学的决策技术方法，可提高决策水平，更加迅速、准确地选出最佳方案。

（2）运用以电子计算机为中心的信息处理技术，逐步实现办公室自动化，可以大大提高管理效率。

（3）一般办公设备和其他技术装备的更新和改进，也对提高工作效率有积极作用。

10.3.2 提高行政效率的途径和方法

10.3.2.1 牢固树立效率观念

要提高行政效率，首先要解决思想观念的问题。在过去的几十年中，由于在高度集中的体制中生活，行政过程运转节奏较慢，加上责任不分明，从行政领导、一般行政人员到普通群众，都在不同程度上养成了不珍惜时间、不重视效率的习惯。这种传统观念对于改进工作、提高效率是一种极大的阻力。要提高效率，必须改变旧的习惯，树立新的效率观念。要通过宣传和教育使人们认识到提高行政效率的重要性，使得人人重视效率，事事讲究效率，让提高行政效率的观念在行政机关乃至整个社会蔚然成风。

10.3.2.2 推进机构改革，建立合理的行政管理体制

行政组织机构的合理化，是提高行政效率的基本保证。推进机构改革，主要进行以下几方面的工作：

(1) 合理划分权限。要妥善处理好中央与地方、上级与下级的关系，改变权力过分集中的现象。该下面办的事应该把决定权交给下面，使得权责一致，界限分明。在加强宏观调控的同时，充分调动地方和基层行政组织的积极性。

(2) 实现政企分开。按照社会主义市场经济的要求，转变政府职能，实现政企分开，把企业生产经营的权利切实交给企业。

(3) 建立完善的行政管理体系。按照精简、统一和效能的原则，根据行政管理的实际需要，调整政府组织结构。把综合部门改组为宏观调控部门，调整和减少专业经济部门，加强信息、咨询、协调、监督、审计等部门，建立办事高效、运转协调、行为规范的行政管理体系。

10.3.2.3 贯彻依法行政的原则，使行政管理制度化、法律化

依法行政是保证行政畅通，提高行政效率的基本前提。国家行政机关应以完备的立法形式、准确的执法手段和有效的监督措施来规范各种行为，促进效率的提高。

(1) 将行政法制建设作为实现法治的基础和手段。为了从人治转变为法治，应该集中力量制定各种必要的法律和制度，一切政府机关及其工作人员都必须依法行政，做到有法可依、有法必依、执法必严、违法必究。

(2) 实现机构精简。在深化行政体制改革中，要实现国家机构组织、编制、工作程序的法定化，严格控制机构膨胀，坚决裁减冗员。

(3) 建立和完善日常工作制度。各级国家行政机关还应按照法制和科学的原则，建立和完善适合本机关特点的日常工作制度，如岗位责任、考核奖惩、请示报告、公文管理、工作时效等制度。这些制度的建立和有效执行，对于提高机关工作效率，杜绝人浮于事、敷衍塞责、推诿扯皮、争利避害等现象，有十分重要的作用。

10.3.2.4 全面提高行政领导者及一般公务员的素质

提高行政人员的素质是提高行政效率的基础。无论是从质的方面还是从量的方面，行政效率的高低都与行政领导者及工作人员的素质优劣直接相关。因此，深化人事制度改革，引入竞争激励机制，完善公务员制度，建设一支高素质的、专业化的行政管

理干部队伍，是提高行政效率的关键。

（1）提高行政领导者的素质。任何单位如果没有素质较高的领导者，就没有高质量的行政决策和高效能的行政组织，也不可能有高效率的行政管理活动。提高领导者素质，首先必须建立和健全科学的干部选拔任用制度，把思想好、能力强的人选拔到领导岗位上。对素质差、不称职的领导者，要及时撤换，改变过去实际存在的干部能上不能下的现象。同时，担任领导工作的人，要不断加强自身修养，提高政治觉悟和领导艺术；要有现代化的管理观念，掌握现代行政管理的规律；要善于以身作则，惜时守时，讲究效率，影响和带动整个机关。

（2）提高一般公务员的素质。主要途径是加强教育和培训。一是加强思想政治教育和职业道德教育，树立为人民服务的思想和忠于职守的道德准则；二是加强业务知识和专门技能的训练；三是合理使用人才，把具有不同能力结构的人放在适合的岗位上，使人尽其才，扬长避短。

10.3.2.5　正确运用激励手段，充分调动行政工作人员的积极性

活力、效率、积极性是行政管理体制改革所追求的目标。积极性指的是各级行政管理人员和广大人民群众的主动性、创造性，这是有关提高行政效率的极为重要的问题。要在精简机构、下放权力、转变职能和行政管理方式的基础上，通过健全民主制度，加强法制建设，完善监督制度，保证各级行政管理人员和广大人民群众的合法权利，依法做到民主选举、民主决策、民主管理、民主监督，调动行政工作人员的积极性，共同为实现行政管理的根本目的——发展社会生产力而奋斗。

10.3.2.6　大力反对官僚主义，转变机关作风

作风是一个组织或个人长期形成的习惯性的思想态度和工作方式。机关工作作风的好坏，对行政效率有直接的影响。树立良好的工作作风，根本的一条是要反对官僚主义。官僚主义者脱离群众、脱离实际，势必说空话，不做实事，陷入“文山会海”之中不能自拔。官僚主义者高高在上，独断专行，听不得反面意见，就会堵塞言路，信息不灵，情报不准，或被虚假的情报蒙骗，造成决策失误。中国共产党在长期斗争中形成的理论联系实际、密切联系群众和批评与自我批评的三大作风，是反对官僚主义、改进机关工作作风的有力武器。

10.3.2.7　创造条件，逐步实现管理技术手段的现代化

管理技术和工具是提高行政效率的物质技术保证，其现代化程度的高低直接关系到行政效率的高低。行政管理工作是一种综合性的复杂的社会活动，涉及范围广、作用因素多，必须借助一定的技术手段才能完成。尤其是在现代社会中，政治、经济过程运转节奏加快，信息量激增，行政管理单靠经验和传统的文书、通信技术已越来越不适应形势的要求，必须运用现代科学技术来加强行政管理，运用电子计算机信息系统、电子传真设备等来处理公文，传递和贮存信息，实现办公自动化，提高办公的速度和质量。

本章小结

行政效率是指国家行政机关及其工作人员的行政活动的产出与投入之间的比率，具有方向性、关联性、社会价值性和相对性等特点。它是对行政管理活动的总体状态和整体效益的综合反映，是行政机关工作的出发点和落脚点。行政效率的测评要坚持行政管理为社会主义政治服务、量与质统一、短期效果与长期效果统一、局部效益与全局效益统一等原则。行政效率的测评包含三个相互关联的要素，即效益要素、经济要素和时间要素；拥有四个方面的共同标准，即量的标准、质的标准、行为标准和效益标准。行政效率测评的方法主要有：行政费用测定法、时效测定法、行政功能测评法、标准比较法、因素分析法和综合测定法等。影响行政效率的因素是多方面的，包括行政环境因素、组织因素、人员因素、科学技术因素等。同时，提高行政效率的途径和方法也是多种多样的，包括：牢固树立效率观念；推进机构改革，建立合理的行政管理体制；贯彻依法行政的原则，使行政管理制度化、法律化；全面提高行政领导者及一般公务员的素质；正确运用激励手段，充分调动行政工作人员的积极性；大力反对官僚主义，转变机关作风；创造条件，逐步实现管理技术手段的现代化，等等。

复习思考题

1. 什么是行政效率？它在行政管理活动中的地位和作用表现在哪些方面？
2. 行政效率测评应当坚持哪些原则？
3. 行政效率测评的要素和标准各有哪些？
4. 行政效率测评的基本方法有哪些？
5. 影响行政效率的因素有哪些？
6. 结合现实，论述如何提高行政效率。

11 行政改革

本章学习目标

了解行政改革的含义、内容和改革的必然性；把握我国行政改革的重要成就和存在的主要问题；探寻推进我国行政改革的对策和措施；展望我国行政管理的现代化建设。

行政改革是行政管理的永恒主题，是世界各国普遍关注的重大问题。它是国家行政机关依据社会经济、政治发展的要求所进行的自我调整与完善，是不断提高行政效率、推动行政管理现代化的必要条件，也是行政管理学着力研究的重大课题。

11.1 行政改革概述

11.1.1 行政改革的含义

行政改革，一般是指国家行政机关在行政管理范围内，为提高行政效率，改变旧的和建立新的行政制度和方式的行政行为。它有狭义和广义之分。狭义的行政改革主要是指国家行政机关行政体制和机构的改革。广义的行政改革泛指国家行政机关为追求行政效率的提高而对行政体制、行政方式方法，以及重大原则等方面进行的变革。本书使用广义的概念。从这个角度来看，行政改革包含了三个层次的内涵：

①行政改革是人们有目的、有意识的理性活动，而非行政组织的结构、功能和行政人员行为方式的自然变化；②行政改革着眼于改变行政组织的结构、功能和行政人员的行为方式；③行政改革的目的是提高行政效率，以适应不断变化的环境所提出的不同要求。

总之，行政改革是国家行政机关为了适应社会环境，或者高效公平地处理社会公共事务，调整内部体制和组织结构，重新进行权力配置，并调整政府与社会、市场、社会组织和公民之间关系的过程。

11.1.2 行政改革的内容

11.1.2.1 行政职能的转变

行政职能的转变主要是通过对行政职能的改变、转变、丰富和扩大而进行的。在宏观层面上，主要体现为总任务的变化、工作重心的转变和性质的转换等，主要处理政府与社会、政府与市场的关系。在微观层面上，具体体现为工作再设计，即对行政工作的范围、幅度、专业、场所等进行再设计，以适应新的环境。

11.1.2.2 行政体制的改革

行政体制改革指行政组织形式和基本制度的改革，主要包括：

（1）行政权力体制改革。即对一国的行政机关与立法机关、司法机关、军事机关和政党等政治组织之间的权力关系进行改革。这方面的改革与政治体制改革的关系极为密切。

（2）行政组织体制改革。即对国家行政机关内部权责分配、机构设置等进行改革。在横向上，主要涉及各级政府本身的组织形式和机构设置的改革；在纵向上，主要涉及中央与地方的关系及各级政府内部的权责关系的改革。

（3）行政人事制度改革。其主要包括通过何种形式有效地录用优秀人才到政府任职，如何培养和有效激励行政人员等内容。其目的是通过录用、考核、升降、退休、流动等具体制度的改革来使行政人员的职、权、责、利有机结合，提高其积极性、主动性和创造性。

（4）行政监督制度改革。即通过改革监督机构，改革监督方式和完善监督途径来有效地实施对行政人员和行政行为的监督。

11.1.2.3 行政机制的再造

行政机制的再造，是指通过改革旧的行政机制或引进新的行政机制的方式来提高行政管理的运行效率。其主要内容有：

（1）行政运行机制的改革。传统的行政管理主要是通过科层制机制，以行政命令的方式来行政；现代行政管理则比较侧重于在政府内部引进公众参与和内部的竞争激励机制，以鼓励公众参政、下级参与、自主管理和行政人员的内部竞争，从而提高效率。

（2）行政程序的再设计。即根据出现的新情况而修改或重新设计行政机构的规章制度和规则、步骤等，以更完备、精确、简化和灵活的程序来适应新情况。

（3）行政方法和技术的引进。即通过采用科学的理论、方法和技术手段来减少经验和武断的成分，实现科学行政。

11.1.2.4 行政文化的更新

行政文化的更新，是指通过与现代行政管理相适应的科学、民主、效率、服务等现代精神的弘扬，来使行政人员的主观意识实现由传统向现代的转变。

11.1.3 行政改革的必然性

11.1.3.1 贯彻落实科学发展观的必然选择

科学发展观的本质要求是“以人为本，全面协调可持续发展”。贯彻落实科学发展观，必须加快转变政府职能和经济增长方式，充分发挥市场配置资源的基础作用，通过市场竞争促进企业自主创新和科技进步，走集约化的发展道路，实现低消耗、高效率和协调的可持续发展。

11.1.3.2 完善社会主义市场经济体制的根本要求

随着社会主义市场经济的发展，政府不应当也不需要继续扮演经济建设主体的角色，而是应当适应市场化改革进程的需要，逐步收缩战线，由生产投资型向公共服务型转变，不再对市场机制和市场主体经济活动进行直接干预，减少对资源配置和微观经济活动的直接干预，把政府的经济管理职能转变到搞好宏观调控、创造良好的市场与经济发展环境上来，在更大程度上和更大范围内发挥市场配置资源的基础性作用。

11.1.3.3 构建社会主义和谐社会的客观需要

政府必须深化行政改革，进一步转变职能，强化公共服务职能和社会保障职能，将更多的工作重点转移到社会发展领域，转移到不能完全依靠市场调节来提供公共产品和公共服务的领域上来，建立真正的公共服务型政府。

11.1.3.4 适应日趋激烈的国际竞争形势

我国已结束加入 WTO 后的过渡期，正面临着更为激烈的国际竞争新形势。只有不断深化行政管理体制改革，使我国政府的行政管理更加符合国际通行做法、更加规范和透明、更有效率，才能提高我国政府的竞争力，更好地为市场主体提供有效的公共服务，提高政府在全面开放环境下促进发展的能力。

11.2 当代中国行政改革的回顾与反思

新中国的行政体制脱胎于战争年代根据地的政权体制，并受到前苏联集权模式的影响，再加上任何一种新的行政管理体制都有一个从不成熟、不完善到逐步成熟、完善的过程。因此，新中国成立以来，尤其是中共十一届三中全会召开以来，党和国家为建立一个办事高效、运转协调、行为规范的行政体制而不断地进行改革，取得了重大成果，但仍然存在着许多亟待解决的问题和难点。

11.2.1 行政改革的简要历程

当代中国的行政改革是适应社会发展规律、促进经济发展的必然要求，同时也是消除行政组织自身的种种弊端，提高行政效率的重要途径。从 1949 年新中国成立，一直到 2009 年，我国先后进行了十次行政改革。其中，改革开放前有四次，改革开放以来有六次。

11.2.1.1 第一次改革

从 1952 年底开始，在新中国成立初期临时行政管理体制的基础上，我国进行了第一次较大规模的机构改革。它以加强中央集权为中心，政务院的部门由 35 个增至 42 个，改变了大部分事务实际由各大区管理的局面。随着 1954 年大区的撤销和国务院的成立，中央和各地机关又进行了一次精简调整。到 1956 年底，国务院机构总数达 81 个，形成了新中国成立以来政府机构数量的第一次高峰。

11.2.1.2 第二次改革

1956 年 10 月，中央提出《关于改进国家行政管理体制的决议（草案）》，开始了第二次较大规模的政府机构改革。它以中央向地方下放权力为主要内容，重点精简和调整经济管理部门。到1959年，国务院下设的部委减少到39个，加上21个直属机构和办事机构，总数达60个，比1956年减少了21个，但经济管理部门仍然占一半以上。

11.2.1.3 第三次改革

1960年至1965年，我国进行了第三次机构改革。由于1959年的权力下放导致各级机关的人员再次膨胀，加上国民经济面临困难，从1960年起，中央重新强调集中统一，相继恢复了原来被撤销的机构，并增设了新的部门。到1965年底，国务院已有79个工作部门，形成新中国成立后的第二次高峰。与此同时，先后在中央和地方进行了两次比较集中的干部精简运动，中央各部门司局级机构减少15%、事业单位减少26%，全国共精简人员将近84万人。

11.2.1.4 第四次改革

1968年至1970年的精简是一次非正常的机构改革。“文化大革命”开始后，从中央到地方的各级党委、政府都被“革命委员会”取代，实行党政合一体制，统揽党、政、财、文大权。到1970年，中央机构迅速裁并，人员大量下放，国务院最终只领导19个部门。经过1975年开始的经济整顿，才逐步使国务院的工作恢复正常，设立了52个工作部门。

11.2.1.5 第五次改革

1976年粉碎“四人帮”后，鉴于当时国民经济已处于崩溃的边缘，故沿用并发展了20世纪50年代后期的管理体制和机构设置。到1981年，国务院的工作部门增至100个，达到了新中国成立以来的最高峰。臃肿的管理机构明显不能适应改革开放和经济社会发展的新形势，亟待改革。因此，从1982年开始，全国各级政府自上而下地开展了一场历时三年之久的行政改革，重点是撤并机构与裁减人员，以解决干部副职过多和老化等问题。改革后，国务院机构总数由100个减为61个，机关工作人员减少了21万人；在管理权限方面，主要改革权力过分集中的状况，解决中央与地方、政府与企业的管理权限问题；在中央与地方的关系上，实行“分灶吃饭”的体制，以调动地方的积极性；改革政企关系，实行利改税，给企业更多的自主权。

11.2.1.6 第六次改革

1988年的行政改革以转变职能为关键，以改革经济管理部门为重点，并创造条件，逐步理顺政府同企事业单位和人民团体的关系、政府各部门之间的关系，以及中央政府同地方政府的关系。这次机构改革对国务院各部、委、行、署、直属机构和办事机构都进行了定职能、定机构、定编制（包括定领导职数）的“三定”工作。在此基础上，国务院各部委机构由45个减为41个，直属机构由22个减为19个，非常设机构由75个减到44个，人员编制比原来减少了9700多人。地方机构改革则由于1989年风波而没有进行。

11.2.1.7 第七次改革

1993年开始的行政改革，其方向和目标主要是适应经济体制改革和经济社会发展的需要，改革各级政府政企不分、关系不顺、机构臃肿、效率低下、脱离群众等阻碍经济体制改革，尤其是阻碍企业经营机制转换的弊端。改革的关键是转变政府职能，改革的侧重点在政府经济管理部门，即综合部门通过职能转变，加强宏观调控职能；专业经济部门通过职能转变，从部门管理转为行业管理，打破条块分割和所有制界限，加强行业协调服务职能。改革后，国务院部委和直属机构从原来的 86 个减少到 59 个，人员减少 20%。在地方，各级政府的改革也按中央确定的方针和方案进行，全国共精简 200 万人左右。

11.2.1.8　第八次改革

1998 年开始的行政改革的目标是建立办事高效、运转协调、行为规范的政府行政管理体系，完善公务员制度，建设高素质的专业化行政管理队伍，逐步建立适应社会主义市场经济体制的有中国特色的政府行政管理体制。改革的原则是按照社会主义市场经济的要求，转变政府职能，实现政企分开；按照精简、统一、效能的原则，调整政府组织结构，实行精兵简政；按照权责一致的原则，调整政府部门的职责权限，明确划分部门之间的职责分工，完善行政运行机制；按照依法治国、依法行政的要求，加强行政体系的法制建设。

到 1998 年底，国务院机构改革基本完成，取得了重大成果。国务院组成部门从 40 个减少到 29 个，内设机构减少 200 多个，精简了 1/4；移交给企业、社会中介机构和地方的职能 200 多项，在部门和内设机构之间调整和转移的职能 100 多项；司局级职数减少 500 多名，人员编制总数减少一半。从 1999 年开始，又依次推进地方各级政府机构改革。到 2002 年基本完成，共精简行政编制 115 万名。

11.2.1.9　第九次改革

2003 年开始的行政改革的指导思想是以邓小平理论和“三个代表”重要思想为指导，按照完善社会主义市场经济体制和推进政治体制改革的要求，坚持政企分开，按照精简、统一、效能和依法行政的原则，进一步转变政府职能，调整和完善政府机构设置，理顺政府部门职能分工，提高政府管理水平，形成行为规范、运转协调、公正透明、廉洁高效的行政管理体制。

国务院机构改革的主要任务有六项：①深化国有资产管理体制改革，设立国务院国有资产监督管理委员会。②完善宏观调控体系，将国家发展计划委员会改组为国家发展和改革委员会。③健全金融监管体制，设立中国银行业监督管理委员会。④继续推进流通管理体制改革，组建商务部，不再保留国家经济贸易委员会、对外贸易经济合作部，将其承担的主要职责划归商务部。⑤加强食品安全和安全生产监管体制建设，在国家药品监督管理局的基础上组建国家食品药品监督管理局，将国家经济贸易委员会管理的国家安全生产监督管理局改为国务院直属机构。⑥将国家计划生育委员会更名为国家人口与计划生育委员会。改革后，国务院组成部门由 29 个减少到 28 个。

地方政府机构改革则主要完成以下任务：①深化国有资产管理体制改革，设立省、市（地）两级政府国有资产管理机构。②与国务院机构改革相衔接，调整地方政府机构，加强地区经济调节和市场监管部门，完善社会管理和公共服务部门。③结合农村税费改革，进一步搞好乡镇机构改革，精简机构和人员，减轻农民负担。④按照加快城镇化进程的要求，推进城镇行政管理体制改革，探索创新城镇行政管理模式。⑤按照政事分开的原则，改革事业单位管理体制。对不同功能和特点的事业单位进行分类指导，逐步推进改革。

11.2.1.10 第十次改革

2008年3月15日，随着《国务院机构改革方案》在十一届全国人大一次会议上通过，我国新一轮的行政改革正式拉开了帷幕。根据中共十七大精神，这次改革的总体目标是：按照全面建设小康社会和构建社会主义和谐社会的奋斗目标，全面建立和不断完善适应社会主义市场经济体制、民主政治体制与和谐社会要求、职能转变到位、政府规模适度、组织结构优化、人员素质优良、权责一致、分工合理、决策科学、执行顺畅、监督有力的中国特色的行政管理体制，切实建立一个以人为本、施政为民的服务政治，权责明晰、监督到位的责任政府，法律完备、行为规范的法治政府，清正透明、精干有力的廉洁和高效政府。围绕着这一总体目标，当前和今后一段时期行政改革的主要任务是：积极搞好行政审批制度改革，进一步深化政府机构改革，着力完善行政干部选拔任用制度，加强政府重大事项决策机制建设，加快政府管理法制体系建设。

2008年，国务院机构改革取得了新突破：一是政府职能转变取得明显进展，按照政企分开、政资分开、政事分开、政府与市场中介组织分开的要求，共取消、下放、转移职能60余项，同时加强了90余项职能；二是理顺部门关系取得重大突破，在探索实行职能有机统一的大部门体制方面迈出新步伐，按照一件事情原则上由一个部门负责的要求，进一步明确部门职责分工，已集中解决了宏观调控、环境资源、涉外经贸、市场监管、文化卫生等领域70余项部门职责交叉和关系不顺的问题；三是部门责任得到明显强化，按照把政府该管的事切实管好的要求，加强了宏观调控、能源管理、环境保护、住房、社会保障、安全生产等涉及群众切身利益、关系国计民生的社会管理和公共服务职责，共明确和强化了200多项责任，力求做到有权必有责、权责对等；四是机构编制得到有效控制，设计调整变动的机构近20个，正部级机构减少了6个，国务院行政编制总数没有突破。

在国务院机构改革完成阶段性任务后，中共中央、国务院又于2008年8月印发了《关于地方政府机构改革的意见》，提出地方政府机构改革的主要任务是转变政府职能，理顺职责关系，明确和强化责任，调整优化组织结构，规范机构设置，完善管理体制等。中央要求把维护人民群众的根本利益作为改革的出发点和落脚点，着力解决制约地方经济社会发展的突出矛盾，着力解决人民群众最关心、最直接、最现实的利益问题。目前，地方政府机构改革正在积极有序地推进。

11.2.2 行政改革的重大成就

通过历次改革，尤其是1978年改革开放以来，为适应经济体制改革的深入展开，围绕政府职能转变，通过推行政企分开、行政审批制度创新、政府机构改革、科学民主决策机制建设、行政法制建设等一系列改革，我国行政改革逐步走向成熟和规范。其成就主要表现在以下五个方面：

11.2.2.1 行政基点走向科学

随着社会主义市场经济的深入发展，政府行政管理的着力点实现了重大转变。尤其是科学发展观和社会主义和谐社会战略思想的提出与贯彻，进一步实现了行政基点的公正、全面与务实。最重要的是两个方面的变化：一是改变了国有经济是公有制的唯一形式和社会主义的正宗经济成分的观念，政府从单纯服务于国有经济转向服务于一切有利于生产力发展的经济成分；二是改变了发展就是经济发展和经济增长速度决定社会主义发展程度的观念，政府从致力于抓 GDP 增长速度转向抓经济质量、效益的提升和经济社会的全面协调发展。这种变化推动了体制和政策上的一系列调整和改革，带来了中国经济社会发展的崭新局面。

11.2.2.2　政府职能渐趋合理

政事不分、政企不分、政府包揽一切是改革前政府管理的显著特点，导致政府角色错位、职责混杂，产生了一系列经济社会问题。因此，调整政府管理范围、规范政府管理职能成为改革的重要内容。通过放权让利、扩大企事业单位的自主权、政企分开、推进国有资产管理体制改革、促进国有经济布局结构的战略调整和现代企业制度建设、努力实现政资分开等一系列改革，推动了政府职能转变，使政府管理范围得到了积极调整，从宏观微观都管、大事小事都抓，转变到主要从事经济调节、市场监管、社会管理和公共服务上来；从直接从事和干预具体经济活动转变到有效实施宏观调控、创造市场机制充分而健康地发挥作用的环境条件上来；从不计代价单纯追求经济的高速增长转变到促进经济速度、质量、结构与效益的有机结合，推动经济社会协调发展、人与自然和谐相处上来。

11.2.2.3　管理手段不断完善

①推进行政审批制度改革。重点是缩小行政审批范围，削减行政审批事项。国务院各部门先后三次取消各类审批事项达 1806 项，占总数的 50.1%，31 个省（自治区、直辖市）共取消审批事项 22000 多项，占原有审批事项总数的一半以上。同时，创新审批方式，更多地运用核准和登记备案的方式进行项目管理；规范审批程序，简化审批手续，实行一揽子或“一条龙”审批服务，积极发展电子政务，推行网上审批；强化行政审批后续管理，通过责任追究、检查评估等手段，防止反弹。②完善宏观调控方式。从依靠单一的行政手段调节转向经济手段、法律手段和行政手段并用，在实际经济生活中，坚持经济手段为首选、法律手段相配合、行政手段作补充；从主要是依靠指令性计划调节转向计划手段、财政政策、货币政策等的有机结合、协调运用，而计划手段主要体现为指导性计划、预测性计划、方向性计划和政策性计划。③强化民主决策机制。推行政务公开，凡关系国计民生、改革开放的重大决策和管理事项，充分进行调查研究，认真听取社会各界和专家学者的意见，把管理和决策的过程变成充分发扬民主和凝聚民心、集中民智、反映民意的过程。

11.2.2.4　政府行为日益规范

围绕政府职能转变，着力优化行政基础，取得了良好成效。①不断深化政府机构改革，努力完善规范行使政府职能的组织基础。自 1982 年以来，我国相继进行了六次力度不同的政府机构改革，裁减了专业经济管理机构，强化了从事经济调节监管、社会管理服务的机构，减少了部门间的职责交叉，精简了政府工作人员的数量，有效地推动了政府职能的转变和行政效率的提高。②不断完善行政法规体系，建立健全政府规范履行职能的法制基础。国家陆续颁布了一些关于政府部门行政权限、行政程序和行政责任的法律规范，特别是在2003年颁布了《中华人民共和国行政许可法》，为政府施政提供了强有力的法律保障，有效地规范了政府的管理职能和行政行为，为全面依法行政和从严治政奠定了良好的法律基础。

11.2.2.5 行政能力有效提升

多管齐下推进行政人员队伍建设和素质提升，成为近年来政府行政改革的重要内容。①建立严格的公务员选录机制。除特殊情况外，进入行政机关的工作人员都必须经过严格的考试考核，这种“凡进必考”的机制有效提高了行政人员的准入门槛。②建立科学的行政领导干部选拔任用机制。逐步形成了民主推荐、民主测评、差额考察、任前公示、公开选拔、竞争上岗、适当范围内投票表决、辞职解聘等一系列制度。③建立规范的行政领导干部定期轮训和持续学习的制度。通过专门机构定期对各层次的行政人员和领导干部进行脱产培训，推动领导干部结合工作实践不断加强理论学习，提高政治、业务素质。④相关的法制建设也不断加强。2005年颁布的《中华人民共和国公务员法》，成为公务员队伍建设和管理走向法制化轨道的重要标志。[①]

11.2.3 行政改革的主要问题

纵观我国政府历次行政改革，在取得明显成效的同时，仍然存在很多问题，必须进行全面、深刻的反思。

11.2.3.1 观念和利益问题

每一场大的变革，总是伴随着观念的变革。没有观念的变革，行政改革就会显得困难重重、步履艰难。当前，影响行政改革深入进行的旧观念很多。比如：因循守旧、求稳怕乱的观念；“官本位”、“管本位”的观念使得有些政府职能部门仍然固守传统的“企业主管部门”思维方式，在政企关系上往往立足于“给予”而不是“归还”，使得放权措施实际上成了对企业的“施舍”，从而造成放权不能放彻底、放到位。又比如：行政改革在传统上被认为是政府内部的事情，大多是在相对封闭的情况下进行，往往排斥受行政权力影响的组织和公众的参与，各种利益主体没能有效参与，甚至行政官员也没有太大参与的空间。

同时，改革是利益格局的重新调整。这种变动和调整必然会遭到既得利益者的反对。比如：某些政府职能部门利用指挥部门经济的行政权力，保护其垄断地位，禁止或限制竞争者进入；有些地方政府部门为了局部利益，搞重复建设、重复引进和地方、部门保护主义等。

11.2.3.2 职能转变问题

行政改革的关键是转变政府职能，实现政府角色的根本转变。这必然伴随利益的调整，导致某些部门原有权力的失落。因此，在有些地方、有些部门的职能转变中往往出现了口转心不转，或形转实不转的情况，缺乏回应社会现实的能力，与发展中的社会需求存在很大差距。这主要表现在：①在政府与市场的关系上，自上而下的“指

① 范恒山. 中国政府行政管理体制改革的主要进展和重点任务［J］. 经济研究参考，2006（74）.

挥式”管理模式与市场经济多元化的网络结构极不适应，仍然习惯于靠行政手段管理经济事务，不善于运用经济和法律手段进行管理。②在政府与社会的关系上，政府对其社会职能的履行远远不够，主要精力和大部分财力还没有用到社会事业发展和公共服务供给方面。事业单位的改革步伐总体上还比较缓慢，政事不分的问题依然存在，还不能真正满足市场经济进一步发展的需要。③在政府内部，职能配置还不科学。一是从行政机关的上下级关系看，地方的上级政府集中了下级政府的许多权力；二是各级政府中的各工作部门职能交叉，事、权、责不统一，责权划分不清；三是从政府职能部门的内部权力关系看，权力又过分集中，融决策、执行、监督为一体。

11.2.3.3　改革的配套与平衡问题

行政改革是一项复杂的系统工程，它本身包含着政府职能的转变、机构的精简，以及人事制度、工资制度、社会保障制度、管理方式方法等方面的配套改革，外部又受到政治、经济、文化环境的影响与制约，必须与政治、经济、文化环境保持动态平衡。但在以前的改革中，政治体制的改革，法制的建设，人事制度、工资制度、社会保障制度等方面的配套改革明显滞后，导致机构改革成了“孤军深入”的态势，结果往往是即使精简了机构，也会因为政治的原因和人员的安排等方面出现障碍，从而导致改革“回潮”，很难奏效。加上政府各个职能部门的改革也很不同步，结果造成“上改下不改”、“左动右不动”、“你转他不转”的格局，严重妨碍了改革的深入。

同时，各级政府内部的机构设置仍有许多不合理、不平衡之处：①中央政府与地方政府权力配置方面忽视地方利益和地方自主权，地方政府分权不发达，缺乏必要的权力，中央集中的权力仍过多，同时个别地方政府的权力又得不到有效的监控和制约；在中央与地方的关系问题上，权力的划分仍不明确。②政府结构尚欠合理，纵向上片面地强调上下对口，使得地方机构臃肿，层级过多；横向上决策、执行部门比较强，监督、反馈、咨询、信息等部门比较弱。③运行机制仍需规范，决策指挥机关规模过大，执行机关过于分散、庞大，监督机关地位不独立，咨询论证机关不发达，最终形成了行政决策缺乏公信力、决策后不执行或执行不力、执行过程和执行绩效缺乏监督评估的状况。

11.2.3.4　人员分流问题

精兵简政、人员分流是历次行政改革的难点，也是以往改革成效不大、成果难以巩固的重要原因。人员分流不妥、安置不当，不仅会挫伤大批政府工作人员的积极性，给改革造成阻力，而且会形成下一轮的机构臃肿，甚至导致社会的动荡不安。因此，如何妥善地进行人员分流，合理地安置富余人员，就成为行政改革中一个亟待解决的难题。

11.2.3.5　行政法制建设问题

行政改革必须遵循法律规定和纳入严格的法定程序，行政改革的成果也必须有法律予以确认和保障；否则，难免时过境迁，死灰复燃。长期以来，我国的行政法制建设一直是一个薄弱环节，从行政职能到权力配置，从行政组织到权力运行，都存在着制度规定的欠缺，使得行政管理体制缺乏稳定性、明确性、预期性。这主要表现在：①从中央到各级地方政府的职责和权限缺乏明晰的法律规定；②行政组织方面程序制度不完善，易受行政首长主观意志的左右，缺乏刚性的约束；③承担社会公共职能的非政府组织的制度不完善，最基本的规范社会组织机构、行为和管理体制方面的法律都未出台，相关的制度也没有建立；④中央和地方，以及各级政府间权限纠纷解决制度不完善，导致无序竞争与地方对中央政策的规避等现象时有发生。因此，如何采取得力措施，切实加强行政法制建设，也是行政改革中有待解决的又一个难题。

11.3 我国行政改革的对策与措施

在21世纪，我国必须以科学发展观为指导，以促进社会和谐为目的，按照胡锦涛总书记在中共十七大上提出的“抓紧制定行政管理体制改革总体方案，着力转变职能、理顺关系、优化结构、提高效能，形成权责一致、分工合理、决策科学、执行顺畅、监督有力的行政管理体制”的要求，全面推进行政改革。

11.3.1 行政改革的主要目标

11.3.1.1 服务型政府

在市场已经能够较为充分地发挥资源配置的基础性作用、社会公共需求急剧扩大的情况下，政府只有通过提供充足优质的公共服务，才能证明自己存在的价值与合法性。政府的首要目标是弱化直接配置资源的职能，强化为市场发挥作用创造条件、满足公共需求的职能。也就是说，政府的终极目标是要为社会创造财富服务，而不是自己创造财富。因此，我国政府必须由经济型政府转向服务型政府。

11.3.1.2 有限型政府

政府的职能必须是有限的，而不能是全能的。为此，政府必须对自身所拥有的公共权力的内涵进行重新界定，对政府权力范围进行重新调整，实现政企分开、政资分开、政事分开、政府与市场中介组织分开。政府的服务也应当设立三个边界：政府的服务有限、政府提供的公共产品有限、政府的服务成本有限。

11.3.1.3 法治型政府

在建立社会主义法治国家的背景下，政府在从事行政决策、行政执行、行政监督、行政处罚和行政强制等一切政府行为时，都要以法律为依据，依法进行，实现由依人行政向依法行政转变，由权力行政向规则行政转变，由随意裁决向按章办事转变。

11.3.1.4 责任型政府

政府在拥有法定权限、做出相应行为时，必须负有相应的责任，不但对同级权力机关和上级负责，更要对广大公民负责，这样才能真正地规范并约束政府的行为。

11.3.1.5 效能型政府

与市场经济发展相适应的公共行政体制下的政府必须是效能型政府。要求政府机构精简，人员精干；结构合理，职责明晰；公正透明，依法行政；运转协调，行为规范；降低行政成本，提高工作效率。

11.3.1.6　透明型政府

为了维护社会公共利益，必须建设阳光行政。政府在管理过程中做到决策公开、过程公开、结果公开，并建立相应的听证、公开信息发布等制度，增加政府行为的透明度和公开度。

11.3.2　行政改革的基本思路

面对新形势、新问题、新要求，我国要与时俱进、大胆创新，确立行政改革的新思路。

11.3.2.1　改革的目标模式——从经济调适型转向社会回应型

综观改革开放以来的行政改革，其目标模式主要是经济调适型，即以转变政府管理经济的方式，适应经济体制改革的需要为行政改革的目标。这一传统改革的目标模式有力地推动了我国的经济转型，尤其是在改革开放的初期，以经济调适为中心的改革思路也比较符合当时的实际需要。但是，经济转型所带来的社会变革对行政体制的要求在后续的改革中并没有得到应有的重视，经济调适型目标模式对社会需求缺乏足够的回应能力，导致社会多元利益没有得到肯定，公共服务功能不发达。因此，在改革的目标模式上，必须从经济调适型转向社会回应型。这就要求在行政管理体制的设计上，除了要考虑满足经济改革的需要外，还要考虑社会、文化、技术变革和民主政治发展等多层面因素，来全面回应经济转型所带来的社会多方面的要求。

11.3.2.2　改革的核心内容——从以权力为中心转向权利与权力并重

从改革开放后历次行政改革的关注点与内容来看，总是把转变职能、权力配置放在首位，并希望通过机构重组来实现改革目标，尤其是以政府经济管理权力的调整为中心，忽略了对社会的积极回应与多元利益的发展需求。在当今中国，随着经济转型和社会变迁，已经出现了社会多元利益新格局。要让这种多元利益的格局成为推进社会发展的动力，就需要肯定利益主体的法律地位，明确利益边界，确立利益竞争规则，建立利益保障机制；否则，利益主体的不清晰、利益的盲目膨胀、竞争的无序，将会使多元的利益格局成为破坏社会进步的巨大力量。因此，在多元利益框架下的行政改革，必须把权利和权力两者都作为改革的核心内容。首先，明确每个利益主体的权利。其次，在同一利益主体内部配置权力。同时，权力配置必须受到利益机制的支配，不得侵害每个利益主体的权利。特别要注意的是，权利的实现规则与权力的运行规则截然不同，权利的实现依赖于一套保护性的机制，而权力的运行则更需要一套控制性的机制。

11.3.2.3　改革的指导原则——从以市场经济规律为导向转到以行政管理规律为导向

受传统改革目标模式的影响，我国改革开放后的历次行政体制改革主要是以市场经济规律为导向，围绕着市场经济的要求来展开。行政体制的改革固然要与经济体制改革相适应，但绝不能忽略行政管理自身的规律；否则，很容易引发管理中的矛盾和冲突。

（1）系统性的要求。作为一个有机的体系，行政改革既要关注行政系统内部的整体协调，又要注意与社会其他组成部分的协调。就内部而言，以往的改革比较忽略权力（权利）的纵向配置和运行规则，结果导致纵向中出现了大量问题，有令不行、有禁不止。就外部而言，往往强调政府职能转换，但不太重视社会自治的培育，其结果是许多职能转换不出去，或转换出去的职能最后又回到政府。

（2）比例原则的要求。在过去的改革中，往往分割式设计，不管行政任务大小，一味强调小政府，压缩编制规模，其结果是政府管理的缺位、错位、不到位，甚至导致大量的变相违法。严格来讲，单纯强调精简压缩，而不结合经济社会发展需求和职能、体制、财政能力等要素，本身就违反了比例原则。

（3）政府结构的要求。合理的政府结构包括精干的决策指挥系统、相对集中的执行系统、地位相对独立的监督系统和结构扁平化的咨询系统。我国目前的情况是决策系统多头，执行系统分散，监督系统不独立，咨询系统不发达。

（4）管理幅度和层次的要求。管理幅度不宜过宽，否则容易增加管理层次。目前，我国政府部门职能分工过细，机构数量庞大，且管理层级太多。信息时代的到来对管理层次的要求是减少层级，实行扁平化的管理，同时整合部门职能，压缩机构数量。

（5）预决算管理的要求。为节省资源、避免浪费，最有效地使用经费，需要建立严格的预决算管理制度。但我国目前的预决算制度很不完备，一方面资源不足，另一方面又存在极大的浪费。

（6）职能清晰和分工明确的要求。由于行政管理具有多种角度，部门之间的职能交叉难以避免，而职能交叉会带来扯皮、低效率，因而必须在事前就明确职能所属，而不是留在实践中解决。目前，我国政府部门中职能交叉比较严重，协调成本很高。

（7）职位分类的要求。政府精细化的管理建立在职位分类的基础上，以便因事设岗、因岗聘人，避免职能交叉、人浮于事。我国目前仍然是粗放式的管理，职位分类没有得到很好贯彻。

（8）权责一致的要求。近年来，我国虽然也在进行行政责任追究制、官员问责制和岗位责任制的构建，但由于行政权力的监督约束机制不健全，权力明晰而责任不明晰，加之缺乏严格的职位分类（往往是因人设职），因而对政府、部门和个人的责任追究都比较困难。

11.3.2.4　改革的路径程序——从行政推进式转向法律推进式

我国的行政改革以自上而下的行政强制推动为主要路径，依靠运动式的行政强制方式来推行。这一方面表现在每次行政改革方案的设计与确定都局限在行政系统，既没有社会民众参与的渠道与方式，也缺乏专家论证与提供咨询意见的机会，确定后的改革方案也是由行政系统通过命令式、运动式的方式来推行，整个改革过程具有很大的封闭性。另一方面表现在中央政府垄断了行政改革制度供给的权力，地方政府在行政改革中总体上处于被动执行的地位，其制度供给主体地位和结合本地区实际进行行政改革的权力没有得到有效的保障。

这种行政推进式的改革能否成功，在很大程度上依赖于改革者的魄力和社会的认可程度。其优势是动作快，可以迅速动员社会资源，以达到改革的目的；其不足是民主与科学精神缺失，地方政府和社会参与不够，调查论证不充分，改革方案的理性化程度不高，方案的制定程序不公开不透明，无论是改革的过程还是结果都缺乏法律的支持与保障，改革成果难以巩固。

因此，必须转换这一传统改革的路径程序，运用法律手段来推进改革。法律推进式具有以下优点：一是通过法律的明确来保障公民参与权和地方参与权的实现；二是通过法律明确改革方案由谁来设计论证，由谁作最终的决定，又由谁来负责推行，来保障改革过程的理性。三是改革方案一旦为立法所肯定，任何人都受其约束，违法将会受到法律制裁，可以有效保障改革的推进和改革成果的巩固。

11.3.3 行政改革的具体举措

在改革新思路的指导下，为实现改革目标，我国必须采取强有力的举措，着力推进各项行政改革。

11.3.3.1 切实转变政府职能，严格规范政府权力

政府职能转变是行政改革的核心，要按照适应市场经济发展的原则，着力实现政府职能的强化、弱化和转化，进一步推进政企分开、政事分开、政资分开、政社分开，更好地发挥市场的配置功能和调节作用，把企业的生产经营权和投资决策权真正交给企业，把市场能够解决的问题全部交给市场，把社会可以自我管理的事务交给社会，把政府职能切实转到经济调节、市场监管、社会管理、公共服务上来。

11.3.3.2 合理设计组织结构，深化政府机构改革

职能的变革需要结构变革的保障，如果结构没有得到切实的调整，职能转变就缺少坚实的依托，最终无法真正落实。深化机构改革要把握的重点：一是科学合理地确定政府的规模；二是减少行政层级；三是根据政府的四大职能，优化政府的机构设置。

（1）合理划分中央与地方的职责权限，适当调整中央政府和地方政府的规模。首先，必须明确中央与地方的职责权限，正确处理和解决中央与地方权限划分的合理性问题、制度性问题及规范性问题等。其次，通过必要的立法，明确层级关系及其事权划分。实行权责一致，规范各级政府行为。同时，根据中央和地方政府的事权划分，逐步调整各自的人员规模。

（2）加大机构职能整合力度，探索实行职能有机统一的大部门体制。通过把政府相同及相近的职能进行整合，归入一个部门管理，其他相关部门协调配合，或者把职能相同及相近的机构归并成一个较大的部门，使部门的职能配置有机统一，做到责权一致，部门间协调配合，并创造条件实施问责制，建立起决策权、执行权、监督权既相互制约又相互协调的权力结构和运行机制，加强对权力的制衡和约束，从而为服务型政府建设提供制度保障。

（3）调整相近职能，精简政府机构。按照所管理事务的特点和规律确定行政职能，设置管理机构，明确权限职责。一是将职能相近、职权交叉重叠的机构重新整合，精简机构；二是优化机关内部结构，按照决策、执行、监督相互协调又适度分离的要求，将公共服务、行政执法等方面的执行职能分离出来，设立专门的执行机构，避免有些部门集决策、执行、监督于一身的弊端，形成以政府组成部门、执行机构、监管机构为主体的政府机构序列。

11.3.3.3 健全行政运行机制，提高政府行政效率

随着管理对象、环境和条件的巨大变化，迫切要求各级政府按照行政管理的科学规律，改进行政管理方式，完善行政运行机制，提高管理水平和工作效率。

（1）完善科学民主决策机制。一是完善决策程序，提高行政决策的科学性；二是加强民主集中制，建立重大问题集体决策制度；三是加强参谋咨询和办事机构，完善行政决策专家咨询制度；四是建立重大决策事项公示制度与听证制度，提高行政决策的群众参与度。

（2）实行行政决策、执行与监督适当分离。实行行政决策、执行与监督分离，既可以将一些单纯承担执行性职能的机构改组为执行机构，也可以将政府部门中的执行性职能分离出来，组建为执行机构，从而确保行政决策与执行分开，并强化对决策及决策执行的有效监督，在体制上进一步规范行政行为。

（3）建立健全决策失误责任追究和赔偿制度。一是按照“谁决策、谁负责”的原则，未经认真调研、充分论证、领导集体讨论，或者超越权限、违反程序作出的决策，或者集体决策失误造成重大损失的，要严肃追究决策人的行政过错责任；二是完善责任追究的程序，健全处罚体系，按照党纪、政纪、法律处罚等不同等级，并根据决策失误导致损失的程度和应负责任的大小，追究相应的责任；三是在决策问责机制的基础上，还应建立政府决策失误赔偿（补偿）机制。

（4）健全协调机制。一是明确各部门的职责权限，建立责任制，凡属本部门的事务均在内部协调解决，使各部门充分发挥作用；二是部门之间因工作配合协作需要协调的，首先由部门之间协商沟通、研究解决，部门之间难以协调好的，由政府相关领导协调；三是注重建立制度化的协调程序与规则，避免多头协调，重复协调。

（5）完善政务公开工作机制。一是推行政务公开，方便群众办事和监督。把它作为各级政府施政的一项基本制度，完善政务公开工作机制，全面推行政务公开。二是推行政务公开的法规化，完善政府信息发布制度。除法律规定的涉及国家机密和依法受到保护的办公内容外，应全部向社会公开。所有国家行政机关要为公众查阅政府可公开的信息提供便利条件，确保公共权力公开、透明运行，加快建设阳光政府。

（6）强化行政监察机制。各级政府要在主动接受国家权力机关和政协机关监督的同时，建立健全由行政系统内部监督、专门机构监督、社会舆论监督、新闻媒体监督等各方面相互结合、相互补充的监督体系，以提高政府的执行力和公信度。要通过监察和制裁，对不认真履行职责、无授权及越权的行为予以及时制止；对于职责权限不清的行为，建立相应的仲裁程序加以裁决；严格行政纪律，已决定的事情必须坚决执行，做到令行禁止。

（7）抓好“窗口机构”的改革。切实把转变“窗口”机构的管理方式、运行机制作为重要内容，通过理顺管理体制和相互关系、规范管理内容和程序、建立公开办事制度、严格实行“收支两条线”等措施，提高政府各级机关的服务质量、服务效率和服务水平，达到为民、便民、利民的目的，加快我国服务型政府建设的步伐。

（8）建立健全政府绩效评估机制。第一，从立法上确立绩效评估的地位和权威性，推进政府绩效评估的制度化和法制化。第二，健全合理有效的绩效评估体系，培养多

元化的评估主体，逐步实现同体评估与异体评估相结合、公民评估与专业组织评估相结合等评估方式。第三，配套建设，系统推进，以政务公开、财政预算、组织人事、公务员薪酬等制度为基础，并按照绩效导向的原则来构建和改革绩效评估体系。

11.3.3.4　完善公共财政体制，严格控制行政成本

随着市场经济的发展，原来的投资性财政体制已无法适应新时代的要求，迫切需求建立完善公共财政体制，逐步将“经济建设型”财政转向“公共服务型”财政，全面缩小城乡差距、地区差距和居民个体差距。

（1）完善公共预算管理。第一，公开政府预算，让人大代表在预算支出的安排中有话语权，真正落实人大的预算权力。第二，强化政府财政预算的明晰化，不仅要说明需要支出多少，还要详细说明为什么支出、支出的具体事项和领域是什么，以加强人大对预算及其执行的立法监督。第三，政府应当恪守财政预算案的刚性约束，自觉接受人大的预算审批与建议。第四，政府应当将预算案对外公布，实行阳光财政，接受全体纳税人的监督，使财政管理的公共性得到真正体现。

（2）加强公共收入管理。第一，按照市场经济发展要求，进一步完善现行税制，建立体制健全、分配科学、征管有力的公共收入管理制度，充分发挥税收的收入调节作用。第二，大力推进税费改革，取消预算外资金，减少非税收入，实现收支两条线，促进政府收费规范化。第三，科学运用公债工具，促进经济稳定增长。

（3）改革公共支出管理。第一，科学确定公共支出的合理领域和重点，调整公共支出结构，在从竞争性领域退出的同时，加大对教育、科技、农业、卫生、社会保障、环境保护等社会公共领域的投入，以促进经济社会的可持续发展。第二，改革现行财政经费拨付方式，应采取一个口子拨付的方式，允许地方政府根据当地实际情况，相对集中财力，着力解决当地关系经济社会发展和人民生活中急需解决的问题。第三，建立健全财政转移支付制度，不仅要完善现有的纵向转移支付模式，还要尝试建立纵向为主、纵横交错的财政转移模式，尝试各地区间的横向转移支付，以实现区域间经济社会的协调发展，促进公共服务的地区平衡。

（4）建立绩效审计制度。在全面推行政府会计制度、提高财政透明度、加强对公共财政审计监督的基础上，逐步建立绩效审计制度，加大对政府财政支出行为的实际效果和合理性的审查力度。同时，尽快推广和完善国库集中收付、部门预算、政府采购等制度，严格控制行政成本，不断提高公共支出的效率。

11.3.3.5　培育发展第三部门，完善公共服务体系

通过政府公共服务观念与体制的创新，大力培育发展第三部门，实现公共资源的优化配置，逐步推进政府公共服务的三个转向，即从“运动型服务”转向“制度型服务”，从“歧视性服务”转向“平等无差别服务”，从“单中心治理服务模式”转向“政府与社会合作的多中心治理服务模式”，最终实现政府公共服务的制度化、公共化、均等化和社会化，为整个社会提供基本而有保障的公共产品，使全体居民共享改革发展成果。

（1）合理划分中央与地方在公共服务方面的职责权限。社会公共事业实行“中央统筹、地方分管”，即大部分社会事务（如教育、科技、文化、卫生、体育、社会保

障、安全生产等）由中央财政统筹安排，地方政府根据法律、法规进行具体管理，明确各自的职责权限。

（2）积极推动事业单位改革，充分发挥事业单位在公共服务领域的职能作用。事业单位改革的基本思路是确立科学化的总体布局，推行多样化的分类管理，实行制度化的总量控制。即针对现有事业单位所具有的商业经营、公益服务、执法监督三种不同功能，按照政企分开、事企分开的原则，进行“商业经营者归市场、执法监督者归政府、公益服务者保留”的分类改革，逐步建立公益目标明确、投入机制合理、监管制度完善、治理结构规范、微观运行高效的事业单位管理体制和运行机制，构建基础优先、服务公平、区域均衡、门类齐全的公益服务体系。

（3）培育和发展非政府组织，提高社会自我管理与自我服务的能力。各级党和政府领导机关需要转变观念，调整思维，将政府与非政府组织两者之间的关系，由领导变为引导，由管理变为服务，由主从变为合作，由限制变为发展，以完善的法规、良好的政策、有效的监管、周到的服务，促进各类非政府组织在我国规范、健康和快速发展，使其为我国社会管理和公共服务的进步、为促进我国社会稳定和社会和谐发挥更大作用。

11.3.3.6　深化人事制度改革，提高公务员的素质

深化人事制度改革，提高公务员素质是行政改革的重要内容。而实现从传统的人事管理向现代的人力资源管理的转变，就是回应这一要求的关键所在。应大力推进人力资源管理与开发，融人力资源管理理念于公务员制度之中，通过一手抓制度完善，在用人环境、用人机制、监督体系上有所创新；一手抓队伍建设，努力培养造就一支高素质、专业化的公务员队伍。

11.3.3.7　加强法律法规建设，巩固改革成果

为了实现依法行政，在行政体制改革过程中，首先要注意对改革本身的规范。通过建立健全相关法律法规，明确政府职能，规范政府行为，强化对政府行为的法律监管，并确保机构改革成效。机构改革如果做不到先立法后设立机构，至少也应当做到调整机构与修改、制定法律同步进行。随后，要将那些事关政府职权责任与机构编制等改革成果及时转化成立法文件，用法律手段巩固改革成果。

总之，我国已经进入全面建设小康社会和完善社会主义市场经济体制的关键时期，无论是落实科学发展观，还是构建和谐社会，无论是优化经济结构，还是转变经济增长方式，无论是建立资源节约型和环境友好型社会，还是建设创新型国家，深化行政改革都至关重要。目前，行政改革虽然取得了一定的突破性进展，但还不能完全适应不断发展的新形势和新任务的需要，改革的任务仍十分艰巨，需要在今后一个较长时期里继续深化与持续推进。

11.4　中国行政管理的现代化建设

11.4.1　行政管理的科学化建设

11.4.1.1　提高公务员的科学素质

在行政管理过程中，人的因素占据着决定性的地位。组织都是由人组成的，有人际的沟通和协调，才能发挥机构的最大功能；政策靠人制定又靠人执行，所以人的因素又决定了政策的正确性、可行性和实效性。从这个意义上讲，行政管理的科学化也就是人的科学化。它主要体现在以下三个方面：

（1）更新行政文化，在公务员中弘扬科学态度。在过去的行政管理中，往往存在只相信权术，根本放弃行政管理科学化努力的倾向。事实上，行政管理科学化既是客观存在的，又是切实可行的，其中的关键在于公务员观念的转变。它具体包括两个方面：一是以理性精神反对不可知论。理性主义信念是坚持事物之间的因果性，坚持其可理解性，这是一切科学创造的根本。二是以科学管理超越经验管理。现代社会的公务员应当积极应用科学方法，以科学理论为指导。但这并不是否定管理经验，而是更重视管理经验的应用。这两方面的转变，为公务员积极应用科学提供了动力。

（2）端正公务员应用科学的态度。一是要以效能的观点取代单纯的效率观点。行政管理科学化应以提高行政管理效能为目的，而非单纯地追求工作效率，其实质是以效能的观点来确立行政管理工作中如何应用理论。二是要以管理艺术取代简单应用。成功的管理是一种在适当的时候、对适当的对象、运用适当的方法和原则的艺术。三是要以正确应用科学理论取代中国传统的“术”的观念。中国传统的“术”以人为中心展开，过于借重人力，看重人的天赋和经验。这种“术”的观念对科学的危害是，理论常常以“术”的形式内化成个体经验，不具有普遍适用性和传播性。

（3）提高公务员掌握现代科技手段的能力。一是公务员必须有较高的业务水平，也就是在业务上必须有较深的造诣，通晓理论的目的和适用性，能够应用当前先进的科学手段。二是公务员要有良好的知识结构，以适应知识更新换代的要求。通过良好的知识结构，他们能够顺利接受科技成果而不至于停滞不前。

11.4.1.2　行政管理及机构设置的科学化

机构的重要性在于它体现了人类群体当中信息沟通和相互联系的复杂方式。政府体制及管理机构尤其如此。从对行政管理科学化的影响来看，机构设置合理、组织运行顺畅，对行政管理科学化有推动作用；反之，则起消极的阻碍作用。事实上，机构设置合理和组织运行顺畅，本身就是科学化管理的结果。一方面，从机构的合理设置来看，“精简、统一、效能”的改革方向是管理由粗放型向集约型的转变，追求低投入和高产出，达到提高行政管理科学化的目的。另一方面，从机构的顺畅运行来看，它使各级各方面行政管理组织能以较大的自主性、积极性和创造性应用先进的理论模式和物质手段。

11.4.1.3 行政管理过程的程序化

行政管理过程的程序化，是指在行政管理活动中，要遵循例行步骤和方法，即遵循一系列前后相连的工作步骤和办事手续。其目的在于明确规定所要进行活动的时间顺序，有条不紊、高效率地完成行政管理任务和目标。通过行政管理过程的程序化，一方面能够使行政管理活动更加接近于客观规律；另一方面也能最大限度地节约时间，以最为科学、直接、有效的方式来解决问题。因此，加快行政管理的科学化进程，科学地制定工作程序，切实地执行程序，是一个十分关键的环节。

11.4.1.4 行政管理手段的现代化

当今社会已进入以电子计算机和现代通信技术为特征的信息化时代。信息化和人工智能化已成为当前行政管理科学化的主要标志。因此，要大力推进信息事业建设，政府必须同产业部门相配合，消除这一过程中可能出现的障碍。为此，行政管理部门要抓好以下几件事：一是建立强有力的管理机构，创造良好的信息环境，建设信息基础设施。二是加快基础设施——通信的发展步伐。信息技术主要由传感、通信和计算机建设三方面组成，只有三者结合，连结成网，才能实现信息化。三是大力开发信息资源，建立系统完善的信息库，发展信息服务。

11.4.2 行政管理的民主化建设

11.4.2.1 加强公民对行政管理的参与

公民进入公务员队伍，就享有了行政职权，可以代表国家实施行政管理职能。因此，公务员的录用采取面向社会、公开考试的方式，是扩大公民参与行政管理的一个良好途径。但是，出于某些原因，某些公民未能进入公务员队伍，作为对参与深度和广度的补充，以及为了提高行政管理效率，公民也可经行政机关授权，担当授权人的角色，行使行政管理权力。

11.4.2.2 增加行政管理的公开性和透明度

行政民主必然要求行政公开，行政公开是行政民主的前提。加强行政管理的公开化，主要是要加强以下几个方面的工作：

（1）人员选拔的公开化。通过新闻媒介，将报考对象的范围、必备条件和录用后的待遇等政策性问题向社会公布；办事程序公开，将考试范围、内容和录用方式及步骤写成报考简章向社会公布；考试结果公开。

（2）机构设置及职能公开化。要通过各种渠道，使公民充分了解行政管理机构的设置情况、各机构所司职能，从而使公民对拖延时间、敷衍塞责的部门准确提出指控。

（3）决策公开化。即把行政管理决策通过职能机构、新闻媒介和社会中介组织向公众传达和解释，明确决策的内容、目的和原则。

（4）行政管理机关行使权力公开化。一是程序公开，即非法律特殊规定，公民有权要求行政管理机构公开其行政管理活动的程序；二是事实公开，即行政管理机构实施某种具体行政行为时所依据的事实根据必须公开；三是法律依据公开，即行政管理机关公开处罚所适用的是哪一法律条款必须明确。就目前而言，增强行使公共权力的公开性和透明度，主要应抓好行政听证工作。

11.4.2.3　加强监督

在相当长的时期内，行政管理主体的利益与公民的利益并不是完全一致的。因此，公民为保障自身权利，必须对之进行监督。同时，由于行政管理的民主程度在人员录用、议事程序和组织关系上都存在差距，为保持社会主义民主政治的统一性，必须加强监督。要加强监督，需要抓好以下几方面工作：

（1）行政机关内部上级对下级的监督。除对一般性工作的审核外，主要是加强行政复议工作，使公民通过行政复议程序来了解行政行为的依据，并加强上级行政机关对下级行政机关的监督。

（2）权力机关的监督。目前，我国司法监督尚无对抽象行政行为进行监督的权力。这就要求权力机关在加强立法职能的同时，进一步强化监督职能，通过审查和撤销行政机关颁布的与宪法、法律相抵触的行政法规、规章、条例、决议、命令等，从总体上和方向上保证行政管理的民主化。

（3）群众监督。公民对于国家行政机关及其工作人员的渎职行为，有向有关国家机关提出申诉、控告和检举的权利。为了保障群众监督的落实，必须在加强现有信息工作的同时，继续开通新的监督渠道，缩短群众监督的距离。

（4）社会及新闻舆论监督。公民个体相对于公共权力而言是弱小的，他们必须通过自己所在的群体，通过组织的力量，才能同公共权力相抗衡，尤其是当这些群体同自由的新闻媒体相互合作，就能够真正形成一种强大的力量，可以相互沟通、声援，并同更高一级的行政机关接触，引起政府重视，从而形成一股独立的监督力量。

11.4.3　行政管理的法治化建设

11.4.3.1　加强法制建设，做到有法可依

行政管理要走向法治化，首先要继续解决有法可依的问题。行政管理的各个方面及其各个基本环节或程序，都应当由法律、法规或规章予以规定，形成比较完备的行政管理法律规范体系，这是行政管理走向法治化的基本条件。这种法律规范体系主要包括四个方面：

（1）行政机关组织法。它是对各级人民政府及其管理部门的设置、职权范围、岗位职数的规定，内容包括国家行政机关的设置，以及授权或委托管理的规定等。

（2）公务员法。涉及公务员职位分类的标准，公务员职位各级别的资格和条件，各类公务员的录用或产生的方式、程序，以及考核、奖惩、调动、晋升、保障等各项管理。

（3）行政事务管理法。它是对各类公共事务管理的主体及其职权范围，管理行为的方式、程序，相对方的权利、义务，法律责任及其承担方式等方面的法律规定。

（4）行政管理监督和救济法。它是对涉及公共事务管理的各种监督和救济的主体及其职权范围、监督和救济的方式、程序的有关法律规定。

中共十一届三中全会以来，我国制定了相当数量的法律、法规和规章，虽然行政管理的许多方面已经基本上有法可依了，但许多法律规定还有待健全，不少行政管理关系尚无法律规范。因此，继续加强法制建设，仍然是行政管理走向法治化的一项重要任务。

11.4.3.2 加强执法工作，做到执法必严

行政管理要走向法治化，不仅要加强法制建设，解决有法可依的问题，而且还要进一步解决法律实施问题，即坚持有法必依、执法必严、违法必究，使法律规范转化为法律现实，这是行政管理走向法治化的关键。要加强执法工作，就必须注意以下几点：

（1）必须注重提高公务员队伍的素质。一是把好公务员录用关，健全公务员的考试和考核录用制度，加强公务员的岗前培训；二是把好公务员晋升关，特别是选拔各级、各部门的领导干部，要坚持贯彻德才兼备标准和干部“四化”方针，反对宗派主义，革除任人唯亲。

（2）必须建立和健全执法责任制度。一是行政管理主体违法侵害相对人合法权益，应当承担法律责任；二是行政管理主体，主要是各级政府及其工作部门，由于其违法或不当行为给国家造成不良影响或严重损失的，也应当承担法律责任；三是公务员由于故意或过失而作出违法或不当的管理行为，也要承担法律责任。

（3）必须建立健全执法考评制度。一是对被考核评议的机关在一定期限内办理的案卷，应当进行全面清理，对所办各案是否合法或适当，进行个案定性核查和总体定量分析，这是考核评议工作的基础；二是要对发现的问题及其原因进行分析，对违法或不当的行为要给予纠正，并健全有关的管理制度，这是考核评议的主要目的。

11.4.3.3 开展法治教育，增强法治意识

行政管理要走向法治化，还要在法治教育上下大工夫、花大力气。法治化是一个过程，即从法治理想到法律制度，并从法律制度到法律现实的过程。法律制度的完善，要靠法治理想的指导。

（1）树立法律至上的观念。各国的经验表明，没有形成法律至上观念，法律就很难得到普遍遵守。法律至上观念要求行政机关及其公务员的一切管理行为，都以服从法律为最高原则，依法行使职权。同时，也要求所有的组织、公民都要自觉遵守法律的规定，依法行使权利和履行义务。

（2）树立法律面前人人平等的观念。法律面前人人平等是法治的必然要求。树立法律面前人人平等的观念，关键在于行政机关及其公务员要树立牢固的人民民主思想，真正理解自己手中的职权是来自人民的委托，履行管理职责是自己为人民服务所应尽的义务，从而摆正“法”与“权”的关系，坚持依法行政，全心全意地为人民服务。

（3）树立自觉遵守法律的观念。在社会主义国家，法律是国家意志的体现，也是广大群众根本利益的集中体现。因此，维护法律的尊严，既是各级国家行政机关及其工作人员的职责，也是广大群众的神圣义务。广大群众和公务员都应当养成监督法律实施的自觉性。一方面，群众要通过批评、建议、申诉、举报等各种形式或途径，依法对国家行政机关及其工作人员的执法行为进行广泛监督，并积极协助国家机关对各种违法行为进行查处。只有发挥群众在法律实施中的广泛监督作用，才能形成维护法律尊严的强大力量。另一方面，国家行政机关及其工作人员也要形成执法监督的自觉性，不仅要在履行职责过程中依法定程序自行约束和互相监督，而且要坚持公开、民主的办事原则，认真听取群众的意见，自觉接受社会的监督。

本章小结

行政改革是指国家行政机关在行政管理范围内，为提高行政效率，改变旧的和建立新的行政制度和方式的行政行为。它不仅仅是行政机构的改革与人员的精简，而是包含了行政职能的转变、行政体制的改革、行政机制的再造、行政文化的更新等丰富的内涵。1949—2009 年的 60 年间，我国为建立一个办事高效、运转协调、行为规范的行政管理体制先后进行了十次行政改革，在行政基点走向科学、政府职能渐趋合理、管理手段不断完善、政府行为日益规范和行政能力有效提升等方面取得了重大成果，但仍然存在着许多亟待解决的问题。在 21 世纪，我国行政改革的主要目标是建设有限政府、透明政府、责任政府、法治政府、效能政府、服务政府。为此，必须在调整行政改革思路（改革的目标模式——从经济调适型转向社会回应型；改革的核心内容——从以权力为中心转向权利与权力并重；改革的指导原则——从以市场经济规律为导向转到以行政管理规律为导向；改革的路径程序——从行政推进式转向法律推进式）的基础上，应重视以下几点：切实转变政府职能，严格规范政府权力；合理设计组织结构，深化政府机构改革；健全行政运行机制，提高政府行政效率；完善公共财政体制，严格控制行政成本；培育发展第三部门，完善公共服务体系；深化人事制度改革，提高公务员的素质；加强法律法规建设，巩固改革成果等。通过采取以上强有力的举措，使各项行政改革得以继续深化与持续推进。展望未来，我国必须不断加强行政管理的科学化、民主化、法治化建设，最终实现中国政府行政管理的现代化。

复习思考题

1. 什么是行政改革？它的主要内容是什么？
2. 简述我国行政改革的简要历程。
3. 简述我国行政改革的成就与存在的问题。
4. 结合现实，论述我国行政改革的目标、思路、途径和措施。
5. 论述我国应当如何推进政府行政管理的科学化、民主化和法治化。

复习思考题参考答案

1 绪 论

1. 什么是行政管理？行政管理与一般管理的区别与联系何在？

（1）行政管理是指国家行政机关依法管理国家事务、社会公共事务和自身事务的活动。

（2）一方面，行政管理是整个人类管理活动的一部分，是整个管理系统中的一个子系统，是众多管理门类中的一个；另一方面，行政管理不是一般意义上的管理，它是有着特殊内容的管理，主要和国家行政机关的活动有关。一般管理除指一般性的管理之外，主要和工商企业的活动有关。所以，从职能角度看，行政和管理是平行的，两者各有各的范围；但从逻辑角度看，两者又是从属和包含的关系，行政是一种特殊形式的管理活动。

2. 行政管理的性质与特点表现在哪些方面？

①行使公共权力——政治性、权威性和强制性；②管理公共事务——社会性、广泛性和权变性；③谋求公共利益——服务性、非赢利性、整体性和全局性；④承担公共责任——合法性、合理性和规范性。

3. 行政管理学的特点有哪些？

①政治性和社会性；②理论性和应用性；③综合性和独立性；④规范性和权变性。

4. 简述行政管理学的研究对象和研究内容。

（1）行政管理学是以行政管理为研究对象的一门学科，是研究国家行政机关及其工作人员依法管理国家事务、社会公共事务和自身事务的客观规律的学科。

（2）行政管理和行政管理学的基本概念、基本理论和研究方法；行政主体管理主要包括行政职能、行政组织、行政领导、人事行政等；行政运行管理主要包括行政决策、行政执行、行政监督、行政法制等；行政客体管理主要包括政治事务管理、宏观调控、经济管理、执法监管和社会公共事务管理等；行政效率与行政改革。

5. 概述西方行政学产生和发展的历程。

行政学诞生于19世纪末的美国，形成于20世纪20年代，到今天已经走过了一百多年的历程，大致可以分成四个阶段：

（1）传统管理时期。这是行政学的形成阶段，时间从1887年到20世纪30年代。它是在威尔逊、古德诺等人的政治—行政两分法和韦伯的官僚制理论基础上，并经过泰勒的科学管理理论和法约尔的一般管理理论等企业管理理论的推波助澜，最终通过怀特的系统化理论框架而逐渐创立起来的。

（2）科学管理时期。这是行政学的成长阶段，时间大致从20世纪30年代到60年代。在这一阶段，行政学深受行为科学理论和主张的影响，重视人的心理、行为的研究，认为人对于提高效率具有重要作用。比较具有代表性的理论有：梅奥的人际关系理论、马斯洛的需要层次理论、西蒙的行为主义行政学理论、麦克雷戈的X—Y理论等。

（3）现代化管理时期。这是行政学的深化阶段，时间大致从20世纪60年代到80年代。学者们注重研究行政活动与外部环境、外在系统之间的关系，以及行政系统内部各个部分之间的关系。比较有代表性的理论包括：里格斯的行政生态学说、彼得的彼得原理、德罗尔的政策科学理论、菲德勒的权变领导理论、德鲁克的目标管理理论、弗雷德里克森的“新公共行政学”、布坎南公共选择理论的“政府失败说”等。

（4）新公共管理时期。这是行政学的探索与拓展阶段，时间大致从20世纪80年代到现在。随着西方国家政府再造运动的兴起和公民社会的不断发育，西方行政学出现了一些新的发展特点，最终出现了由传统意义上的公共行政向现代意义上的公共管理转型的发展趋势。比较有代表性的理论包括：新公共管理理论、新公共服务理论和公共治理理论等。

6. 结合现实，论述当代中国政府行政管理面临的机遇与挑战。

①当代中国社会转型对行政管理的挑战；②经济全球化对行政管理的挑战；③信息技术对行政管理的挑战。面对新世纪的挑战，当代中国的行政管理必须解决两大历史课题：一是在实践上，实现政府行政管理的科学化、民主化、法治化；二是在理论上，创立有中国特色的科学的行政管理理论体系。

2 行政职能

1. 什么是行政职能？行政职能的特点和作用表现在哪些方面？

（1）行政职能又叫行政功能、政府职能，是指国家行政机关在行政管理活动中的基本职责和功能作用。

（2）行政职能具有执行性、广泛性、强制性、动态性四个特点。

（3）行政职能的作用主要表现在：行政职能是行政组织设置的依据、前提和基础；行政职能决定着行政管理的内容和方式；行政职能的实现是衡量行政管理效率的基本标准；行政职能的转变是行政组织改革的依据和关键。

2. 比较分析界定行政职能的理论主张。

①“守夜人”政府论，或称有限政府论，是对政府不干预经济活动的一种形象比喻，信奉“管得最少的政府，就是最好的政府”。这是西方国家在自由资本主义时期关于政府职能的经典理论。②政府干预论。这是西方国家在垄断资本主义时期一种有代表性的理论主张。第二次世界大战前的罗斯福新政、第二次世界大战后的“福利国家”理论和实践是其典型。③全能政府论。这是社会主义国家在传统的计划经济体制下对政府职能的经典看法。政府不应当是全能政府，也不可能成为全能政府。④有效政府论。在当今时代，社会经济的可持续发展所需要的既不是“小政府”，也不是“大政

府”，而是符合各国实际情况的“有效政府”。这是20世纪80年代以来在新公共管理运动推动下关于政府职能的理论主张。

3. 比较分析设定行政职能的基本标准。

①政治的标准；②技术的标准；③经济的标准；④价值伦理的标准。

4. 行政职能包括哪些方面的内容？

行政职能一般分为两大类：①基本职能包括政治职能、经济职能、文化职能和社会职能四项；②运行职能主要有决策、组织、协调和控制四种。

5. 你如何看待在市场经济条件下我国政府职能的转变？

(1) 我国行政职能转变的必然性：经济体制改革和社会主义市场经济发展的必然要求；实现职能体系合理配置的根本途径；机构改革的重要前提和基础。

(2) 我国行政职能转变的主要内容：一是职能重心的转变，即从以阶级斗争为纲转到以经济建设为中心；二是职能方式的转变，即由运用行政手段为主转变为以运用经济手段为主，经济手段、法律手段和必要的行政手段相结合，由微观管理、直接管理为主转向宏观管理、间接管理为主；三是理顺五大职能关系，即中央与地方、上级与下级政府之间的职能关系，政府与企业的关系，政府与市场的关系，政府与社会的关系，政府内部各个职能部门之间的关系，从而切实把政府职能转变到经济调节、市场监管、社会管理和公共服务上来。

6. 结合现实，论述我国服务型政府的建设。

①服务型政府就是在公民本位、社会本位理念指导下，在整个社会民主秩序的框架下，通过法定程序，按照公民意志组建起来的、以为公民服务为宗旨，并承担服务责任的政府。②建设服务型政府的必然性：参与全球经济竞争的客观需要；社会主义市场经济发展的内在要求；人民群众的迫切愿望。③建设服务型政府的主要途径：规范政府行为，全面推进依法行政；优化办事流程；完善决策机制，推进民主科学决策；推进政务公开，实行阳光行政；加强公众参与，完善绩效评估体系；完善监督机制，建设责任追究制度。

3 行政组织

1. 什么是行政组织？行政组织的构成要素有哪些？

(1) 行政组织是国家为了实现一定的目标，根据宪法和法律，将专职的人员和若干具有一定功能的部门按特定的结构形式组合起来，并依法对国家事务和社会公共事务进行管理的社会组织。

(2) 行政组织的构成要素：组织目标、职能范围、机构设置、职位设置、人员构成、权责体系、运行程序、规章制度、物质因素等。

2. 什么是行政体制？行政体制有哪些类型？

(1) 行政体制就是国家行政机关的组织制度，具体指政府系统内部行政权力划分、政府机构设置及其运行的各种关系和制度的总和。

(2) 行政体制的类型：行政权力结构可划分为四种类型，即三权分立制、议行合一制、军政合一制和政教合一制；中央政府体制有代表性的是总统制、内阁制、半总统制、委员会制、部长会议制和国务院体制六种；地方政府体制主要有自治体地方政府、行政体地方政府和民主集中制地方政府三种类型；中央与地方关系体制主要包括集权制（复合制国家的集权制和单一制国家的集权制）和分权制（联邦分权制和单一分权制）两种类型。

3. 什么是行政组织设计？行政组织设计应坚持的原则有哪些？

（1）行政组织设计是指政府或国家权力机构依据一定的理论和原则，对行政组织结构及其功能进行规划和确立的过程。

（2）行政组织设计的基本原则：行政组织设置必须依据政府职能目标；行政组织的设置必须精干、有效；行政组织的设置必须做到协调、统一；行政组织的法制性和权变性等。

4. 比较分析行政组织不同类型的优缺点。

①行政组织领导体制可分为首长制、委员会制和混合制三种类型。②行政组织权力体制主要包括集权制和分权制两种类型。③行政组织结构主要有直线式、职能式、直线一职能式和矩阵式四种类型。各种不同类型的优缺点参见教材的相关章节。

5. 概述我国行政组织的基本架构。

①政权系统；②政党系统；③社会政治团体系统；④地方行政组织系统。

6. 结合现实，论述如何处理好"党政关系"。

①转变党的执政理念；②科学、合理地理顺党政关系；③加强党自身的组织建设和思想政治工作。

4 行政领导

1. 什么是领导？领导的特点表现在哪些方面？

（1）从领导科学的角度来看，它只有两种基本的含义：一是作为名词的领导，是指领导者；一是作为动词的领导，是指领导活动。

（2）领导的特点：领导是一个社会组织系统；领导是一个动态的行为过程；领导是高层次的管理；领导的实质是组织成员的追随。

2. 什么是行政领导？行政领导在行政管理中的作用表现在哪些方面？

（1）行政领导有两种基本含义：名词意义上的行政领导是指在各级行政机关中，具有组织、管理、决策、指挥职能的行政人员，它具体包括各级政府的领导人员和各级政府机关中各部门的领导人员，即行政领导者；动词意义上的行政领导是在行政组织中，经选举或任命而享有法定权威的领导者依法行使行政权力，为实现一定的行政目标所进行的组织、管理、决策、指挥等社会活动，即行政领导活动。

（2）行政领导在行政管理中具有重要的地位和作用：行政领导是行政管理协调统一的保证；行政领导贯穿于行政管理的全过程；行政领导是行政管理成败的关键。

3. 行政领导者的权力和责任主要有哪些？

（1）领导者的权力来自两个方面：职务和职务外的个人因素。领导者的权力也是由职务权力和个人权力两部分组成的。

（2）领导者的权力基础或者说基础性权力主要有以下五种：合法权，也称法定权、制度权；惩罚权，又叫强制性权力；奖励权，又叫奖赏性权力；模范权，又叫参照性权力；专长权，也叫专家性权力。

（3）行政领导者的责任是指行政领导者违反其法定的义务所引起的必须承担的法律后果，主要由政治、工作、法律三个层面构成，即政治责任、工作责任、法律责任。

4. 行政领导者的素质要求有哪些内容?

（1）根据我国的具体国情，行政领导者的素质结构要求就是“德才兼备”。这是对行政领导者最根本的素质要求。其中，“德”，是指政治、思想品德；“才”，是指行政领导者的业务知识、工作能力。

（2）德才兼备素质结构的进一步具体化，就是通常讲的革命化、知识化、专业化、年轻化这“四化”。

（3）如果展开来说，则可以从政治素质、文化素质、能力素质、身体素质四个方面加以阐明。

5. 简述行政领导的方法、方式与艺术。

（1）行政领导方法是指行政领导者在行政活动中，为实现行政领导目标而采取的各种手段、办法和程序的总和。它大体上可以分为基本领导方法（包含实事求是的方法、群众路线的方法、矛盾分析的方法）与日常领导方法（运筹时间的方法、主持会议的方法、处理公文的方法、咨询评估的方法、网上行政与网上领导的方法）两大类型。

（2）行政领导方式是行政领导者从事领导工作的风格和行为，是在领导过程中领导者、追随者及其作用对象相结合的形式。它主要分为重人式、重事式与人事并重式的领导方式和强制式、说服式、激励式、示范式的领导方式。

（3）行政领导艺术是领导者领导方法的个性化、艺术化，是领导者在工作中结合普遍经验与个人体会形成的，大致可分为两种类型：行政范围影响意义上的领导艺术（包含总体性领导艺术、局部性领导艺术、专业性领导艺术）和行政领导事务类型上的领导艺术（包含授权艺术、用人艺术、处事艺术、运时艺术）。

6. 结合现实，论述我国党政领导干部选拔任用制度的改革与创新。

①加大公开选拔领导干部和竞争上岗的工作力度；②坚持和完善党政领导干部的民主推荐、民意测验、民主评议制度；③改进完善党委讨论干部的民主决策制度；④推行党政领导干部任前公示制；⑤采取多种措施解决干部“能下”问题；⑥完善党政领导干部考核制度；⑦干部交流工作有新的进展；⑧加强对领导干部和干部选拔任用工作的监督。

5 人事行政

1. 什么是人事管理？它的职能有哪些?

（1）人事管理就是对人事关系的管理，是指以从事社会劳动的人和有关的事的相互关系为对象，通过组织、协调、控制、监督等手段，谋求人与事，以及共事人之间的相互适应，以实现人尽其才、事尽其功这一目标所进行的管理活动。

（2）人事管理的职能：招聘、调配、培训、考核、薪酬、劳动关系管理。

2. 什么是人事行政？它具有哪些特点？

（1）人事行政是指为实现行政目标和社会目标，通过各种人事管理手段对国家行政人员所进行的制度化管理。

（2）人事行政与其他领域的人事管理相比，特别是与企业的人事管理比较，具有如下特点：管理对象不同；管理权来源不同；权威性不同；性质不同；复杂性不同；法律规范程度不同。

3. 我国公务员管理应遵循的原则和应具备的机制各有哪些？

（1）公务员管理应当遵循的原则主要有公平竞争、注重实绩、党管干部和依法管理四大基本原则。

（2）公务员管理必须具备的机制包括择优机制、竞争机制、激励机制、更新机制、调节机制、保障机制和监督机制。

4. 简述西方国家公务员制度的主要特点和发展趋势。

（1）主要特点：公开考试，择优录用；人事分类，职责规范；严格考核，功绩晋升；职务常任，终身任职；政治“中立”；强调官风官纪和职业道德；较完善的制度和配套的管理体系；有较完备的法律作保障。

（2）发展趋势：公务员职业的永久性和稳定性传统被打破；分类制度的兼容并蓄；工资制度的改革；简化法规和制度规定，增强公务员管理的灵活性；从封闭走向开放的人力资源管理模式；公务员政治中立原则的逐渐消解；活水“放鱼”，拓宽公务员出口。

5. 分析我国公务员制度的特点。

我国的公务员制度是在吸收和借鉴西方国家公务员制度的基础上，对我国原有的干部人事制度进行大胆改革的结果。因此，它所具有的特点就应当从两个不同的角度来加以概括：

（1）同原有干部人事制度相比较，我国公务员制度具有以下特点：体现了分类管理的原则；具有科学的激励竞争机制；具有正常的新陈代谢机制；具有勤政廉政的保障机制；具有比较完备的法规体系。

（2）同西方国家的公务员制度相比较，我国公务员制度的特点是：坚持党的基本路线，公务员不搞“政治中立”；坚持我国干部人事工作中的优良传统，即坚持“党管干部”的原则、坚持德才兼备的用人标准、坚持为人民服务的宗旨；坚持富有中国特色的分类制度。

6. 联系实际，论述如何实现从传统人事管理向人力资源管理的转变。

①转变观念，从以事为中心转变为以人为中心；②注重战略管理；③突出公务员培训的重要地位；④增强公务员管理的开放性，与社会建立良好的合作关系；⑤提高人事部门在行政系统中的地位；⑥继续完善公务员制度的法律体系。

6　行政决策

1. 什么是行政决策？它的特点主要表现在哪些方面？

（1）行政决策是指国家行政机关及其工作人员在履行国家行政管理职能的过程中，根据掌握的行政信息，依法确定行政目标、选择行动方案并付诸实施的过程。

（2）行政决策的特点：决策主体的特定性；决策目标的公益性；决策内容的广泛性；决策程序的规范性；决策实施的强制性等。

2. 行政决策应遵循的基本原则有哪些？

①目标原则；②信息原则；③预测原则；④客观原则；⑤系统原则；⑥可行原则；⑦择优原则；⑧动态原则。

3. 简述行政决策的一般过程。

①界定问题；②确立目标；③设计方案；④预测后果；⑤抉择方案；⑥追踪决策。

4. 行政决策的构成要素有哪些？

①决策者；②决策目标；③决策备选方案；④决策情势；⑤决策后果。

5. 行政决策体制的系统由哪些方面构成？

①灵敏的信息情报系统；②科学的咨询参谋系统；③权威的决策中枢系统；④高效的执行实施系统；⑤强有力的监督反馈系统。

6. 结合现实，论述我国行政决策存在的问题及其解决对策。

（1）行政决策软约束的分析。与企业的经济决策相比，导致行政决策软约束的主要因素有以下四个：决策机制不一样；决策追求的目标不同；决策享用的资源不同；决策失误承担的责任不同。

（2）行政决策软约束的治理。建立行政决策听证和公示制度；建立行政决策审计制度；充分发挥市场机制的作用；建立行政决策失误责任追究制度。

7　行政执行

1. 什么是行政执行？它有哪些特点？

（1）行政执行是指国家行政机关及其工作人员实施行政决策，以达到预期目标的全部行政管理活动。

（2）行政执行的特点：目的性和时效性；经常性和连续性；灵活性和创造性；原则性和强制性。

2. 简述行政执行的基本原则。

①忠实决策；②开拓创新；③坚决有力；④跟踪检查；⑤方法合法。

3. 分析影响行政执行的因素。

（1）内部相关因素。行政决策是否正确、合法；行政执行主体的条件是否具备。

（2）外部相关环境。任何行政执行都要受所处外部环境因素的影响和制约，十分复杂。同时，每一项行政任务所面临的外部环境都不可能完全一致，在行政执行过程中就必然会出现差异，必须具体问题具体分析。

4. 简述行政执行的一般过程。

行政执行的一般过程可分为三个阶段，即准备阶段（编制实施计划和做好“三落实”工作)、实施阶段（包含行政指挥、行政沟通、行政协调和行政控制）和总结阶段。

5. 行政执行的主要环节包括哪些？各个环节的注意事项有哪些？

（1）行政指挥。行政领导者既要善于正确运用法定的指挥权，敢于指挥、善于指挥、精于指挥，积极主动地开展工作，也要特别注意加强自身思想作风的修养，发挥模范表率作用，不断提高个人的人格威信。

（2）行政沟通。准确运用语言，正确、全面地传递有价值的信息；针对信息接受者的不同情况，注意沟通的方式，力争收到良好的效果；注意扫除沟通障碍，保证沟通顺畅；把握沟通信息的时机，以防时机不当造成负面影响或贻误工作；加强沟通检查，防止沟通信息失真；实现沟通技术和手段的现代化，加快信息传递速度，保证信息交流的及时性、准确性。

（3）行政协调。顾全大局，坚持原则，反对小团体主义、本位主义；对可能出现的问题及早预见，及早采取措施，避免“临时抱佛脚”；注意政策的相对稳定性，防止朝令夕改，变化无常；改进领导方式，解决矛盾，协调各方面关系，以保证行政执行任务的顺利完成。

（4）行政控制。有明确的控制标准；实行有效的监测；选择有效的控制手段；按层级控制，一般不可越级控制；把握好控制重点，防止重点失控；对纠偏情况要吃准，保证控制准确、恰当。

6. 结合现实，论述如何才能增强政府执行力。

①强化执行的观念和意识；②要有执行的底气和勇气；③要有执行的能力和水平；④要有保障执行的严格制度。

8 行政监督

1. 行政监督的含义是什么？它具有哪些特点？

（1）行政监督就是对国家行政的监督，是指依法对国家行政机关及其工作人员的行政行为所进行的监察和督导活动。

（2）行政监督的特点：监督主体的多样性；监督对象的特定性；监督内容的广泛性；监督过程的公开性；监督依据的法定性。

2. 简述行政监督的原则和作用。

（1）行政监督的原则：民主性原则、合法性原则、公开性原则、客观性原则、经常性原则。

（2）行政监督的作用：预防作用——事前监督、控制作用——事中监督、补救作用——事后监督、评价作用——全过程监督。

3. 简述行政监督的一般过程。

①确立标准；②调查了解；③比较评价；④纠正偏差；⑤总结经验。

4. 简述我国行政机关内部监督的主要形式及其作用。

国家行政机关内部的监督系统主要包括两种形式：①一般监督，包括上级行政机关对下级行政机关的监督、下级行政机关对上级行政机关的监督和互不隶属的行政机关之间的监督三种类型。监督的主要方式有日常监督、主管监督和职能监督。②专门监督，是指在国家行政机关内部由专设的监督机构对所有部门及其工作人员的行政工作进行的监督，主要包括行政监察和审计监督两种。

5. 简述我国行政机关外部监督的主要形式及其作用。

国家行政机关外部的监督系统主要由以下方面构成：①政权监督即立法监督；②政党监督包括执政的中国共产党的监督和参政的民主党派的监督；③司法监督包括人民检察院的监督和人民法院的监督；④社会监督包括团体监督、公民监督和舆论监督。

6. 结合现实，论述我国行政监督存在的问题以及解决的途径。

（1）主要问题：权力机关监督的实际效力比较小，没有充分发挥作用；监督机构不独立，权威性不够；监督机制不完善，社会监督渠道狭窄。

（2）解决途径：加强国家权力机关的监督；监督体制应强化垂直领导；加强和改善党的监督；提高整个社会的监督意识。

9 行政法制

1. 什么是行政法制？它具有哪些特征？

（1）行政法制是指调整国家行政机关与公民和社会组织之间各种关系的法律制度的总称。

（2）行政法制的特征：行政法制在调整行政法制关系时，一般采用单方意志表示的方式；行政法制所调整的行政法律关系的主体具有特殊性；行政法律调整的对象极其繁杂。

2. 加强行政法制建设的意义何在？

①行政法制建设有利于促进社会主义民主法制建设；②行政法制建设有助于规范行政行为，促进行政管理法制化。

3. 行政法制的主要环节有哪些？各有什么功能？

（1）行政立法。这是指国家行政机关依照其职权或根据法律授权，制定和颁布有关行政管理方面具有法律效力的规范性文件的活动。它主要是为了适应经济社会的千变万化，使国家行政机关能够及时处理各种具体的事件和问题，由国家立法机关通过法律把一部分立法权授予国家行政机关，委托国家行政机关进行的立法活动，从而为行政管理提供了必要的法律依据和手段。

（2）行政执法。这是指国家行政机关在执行宪法、法律、行政法规或国际条约时所采取的具体办法和步骤，是为了保证行政法规的有效执行，而对特定的人和特定的事件所做的具体的行政行为。它通过执法形式把国家意志直接转化为人民群众的实际行动，使政府行政管理的各种措施落到实处。

（3）行政司法。这是指由国家行政机关充当争议的裁决人，依照行政司法程序解决行政争议和其他特定纠纷的一种行政行为。它是对行政执法过程中发生的行政纠纷的处理，是对行政执法活动状况的一种监督。它既吸收了行政程序简易高效的特点，又体现了司法程序平等公正的精神，以此来排除行政执法中的障碍，保证行政管理沿着公正、合理的法制轨道向前发展。

4. 行政法制的基本要求是什么？

“有法可依，有法必依，执法必严，违法必究。”

5. 结合现实，论述如何推进我国的依法行政。

①健全和完善行政法规；②加强行政程序法制建设；③加大行政法规的执法力度；④强化行政管理的法制观念。

10　行政效率

1. 什么是行政效率？它在行政管理活动中的地位和作用表现在哪些方面？

（1）行政效率是指国家行政机关及其工作人员在从事行政管理活动中给社会和人民带来的有益成果同所消耗的人力、物力、财力、时间等因素之间的比率关系，即行政活动的产出与投入之间的比率。

（2）行政效率的地位和作用：衡量行政管理活动有效性的综合指标；行政管理的中心问题；行政改革的重要依据。

2. 行政效率测评应当坚持哪些原则？

①行政管理为社会主义政治服务的原则；②量与质统一的原则；③短期效果与长期效果统一的原则；④局部效益与全局效益统一的原则。

3. 行政效率测评的要素和标准各有哪些？

（1）行政效率的测评包含三个相互关联的要素：效益要素、经济要素和时间要素。

（2）行政效率测评具有四个方面的共同标准：量的标准、质的标准、行为标准和效益标准。

4. 行政效率测评的基本方法有哪些？

①行政费用测定法；②时效测定法；③行政功能测评法；④标准比较法；⑤因素分析法；⑥综合测定法。

5. 影响行政效率的因素有哪些？

①行政环境因素；②组织因素；③人员因素；④科学技术因素。

6. 结合现实，论述如何提高行政效率。

①牢固树立效率观念；②推进机构改革，建立合理的行政管理体制；③贯彻依法行政的原则，使行政管理制度化、法律化；④全面提高行政领导者及一般公务员的素质；⑤正确运用激励手段，充分调动行政工作人员的积极性；⑥大力反对官僚主义，转变机关作风；⑦创造条件，逐步实现管理技术手段的现代化。

11 行政改革

1. 什么是行政改革？它的主要内容是什么？

（1）行政改革是指国家行政机关在行政管理范围内，为提高行政效率，改变旧的和建立新的行政制度和方式的行政行为。

（2）行政改革的内容：行政职能的转变、行政体制的改革、行政机制的再造和行政文化的更新。

2. 简述我国行政改革的简要历程。

从1949年新中国成立，一直到2009年，我国先后进行了十次行政改革。其中，改革开放前有四次，改革开放以来有六次（1952—1954年、1956年、1960—1965年、1968—1970年、1982—1984年、1988年、1993年、1998年、2003年和2008年）。

3. 简述我国行政改革的成就与存在的问题。

（1）行政改革的重大成就：行政基点走向科学、政府职能渐趋合理、管理手段不断完善、政府行为日益规范和行政能力有效提升等。

（2）行政改革中存在的主要问题：观念和利益问题；职能转变问题；改革的配套与平衡问题；人员分流问题；行政法制建设问题等。

4. 结合现实，论述我国行政改革的目标、思路、途径和措施。

（1）行政改革的主要目标：服务型政府、有限型政府、法治型政府、责任型政府、效能型政府和透明型政府。

（2）行政改革的基本思路：改革的目标模式——从经济调适型转向社会回应型、改革的核心内容——从以权力为中心转向权利与权力并重、改革的指导原则——从以市场经济规律为导向转到以行政管理规律为导向、改革的路径程序——从行政推进式转向法律推进式。

（3）行政改革的途径和措施：切实转变政府职能，严格规范政府权力；合理设计组织结构，深化政府机构改革；健全行政运行机制，提高政府行政效率；完善公共财政体制，严格控制行政成本；培育发展第三部门，完善公共服务体系；深化人事制度改革，提高公务员的素质；加强法律法规建设，巩固改革成果。

5. 论述我国应当如何推进政府行政管理的科学化、民主化和法治化。

（1）行政管理的科学化建设：提高公务员的科学素质；行政管理及机构设置的科学化；行政管理过程的程序化；行政管理手段的现代化。

（2）行政管理的民主化建设：加强公民对行政管理的参与；增加行政管理的公开性和透明度；加强监督工作。

（3）行政管理的法治化建设：加强法制建设，做到有法可依；加强执法工作，做到执法必严；开展法治教育，增强法治意识。

参考文献

[1] 夏书章．行政管理学［M］．4 版．广州：中山大学出版社，2008.

[2] 张康之，李传军．公共行政学［M］．北京：北京大学出版社，2007.

[3] 齐明山．行政学导论［M］．北京：中国人民大学出版社，2006.

[4] 杨继昭，李桂凤，王金．行政管理基础［M］．北京：中国人民大学出版社，2005.

[5] 李贵鲜，张德信．公共行政概论［M］．北京：人民出版社，2002.

[6] 孙荣，徐红．行政学原理［M］．上海：复旦大学出版社，2001.

[7] 江超庸．行政管理学案例教程［M］．广州：中山大学出版社，2001.

[8] 曾明德，罗德刚．公共行政学［M］．北京：中共中央党校出版社，1999.

[9] 王乐夫，许文惠．行政管理学［M］．北京：高等教育出版社，2000.

[10] 彭和平．公共行政管理［M］．北京：中国人民大学出版社，1995.

[11] 王德中．管理学［M］．4 版．成都：西南财经大学出版社，2008.

[12] 罗珉．现代管理学［M］．成都：西南财经大学出版社，2005.

[13] 郭咸纲．西方管理思想史［M］．北京：经济管理出版社，2004.

[14] 丁煌．西方行政学理论概要［M］．北京：中国人民大学出版社，2005.

[15] 虞崇胜．中国行政史［M］．北京：高等教育出版社，1999.

[16] 朱仁显．中国传统行政思想［M］．福州：福建人民出版社，2000.

[17] 中国行政管理学会．新中国行政管理简史［M］．北京：人民出版社，2002.

[18] 李文良．中国政府职能转变问题报告［M］．北京：中国发展出版社，2003.

[19] 宋德福．中国政府管理与改革［M］．北京：中国法制出版社，2001.

[20] 教军章．公共行政组织论［M］．哈尔滨：黑龙江人民出版社，2005.

[21] 阎洪琴，翁毅．公共行政组织［M］．北京：团结出版社，2000.

[22] 魏娜，吴爱明．当代中国政府与行政［M］．北京：中国人民大学出版社，2002.

[23] 朱光磊．当代中国政府过程［M］．天津：天津人民出版社，2002.

[24] 朱立言．行政领导学［M］．北京：中国人民大学出版社，2002.

[25] 刘建军．领导学原理——科学与艺术［M］．上海：复旦大学出版社，2001.

[26] ［美］约翰·科特．变革的力量［M］．北京：华夏出版社，1997.

[27] ［美］F. 赫塞尔本，等．未来的领导［M］．成都：四川人民出版社，1998.

[28] 舒放，王克良．国家公务员管理教程［M］．北京：中国人民大学出版社，2007.

［29］张觉文．现代政府与公务员制度［M］．成都：四川人民出版社，2000.

［30］李和中，陈广胜．西方国家行政机构与人事制度改革［M］．北京：社会科学文献出版社，2005.

［31］张旭霞．公务员制度［M］．北京：对外经济贸易大学出版社，2006.

［32］孙柏瑛．公共部门人力资源开发与管理［M］．北京：中国人民大学出版社，2006.

［33］边慧敏．公共部门人力资源管理［M］．成都：西南财经大学出版社，2003.

［34］崔裕蒙．论行政决策的软约束［J］．中国行政管理，2002（3）.

［35］徐珂．政府执行力［M］．北京：新华出版社，2007.

［36］张正钊．行政法与行政诉讼法［M］．北京：中国人民大学出版社，1999.

［37］马庆钰．中国行政改革前沿视点［M］．北京：中国人民大学出版社，2008.

［38］薛刚凌．行政体制改革研究［M］．北京：北京大学出版社，2006.

［39］颜廷锐．中国行政体制改革问题报告［M］．北京：中国发展出版社，2004.

［40］范恒山．中国政府行政管理体制改革的主要进展和重点任务［J］．经济研究参考，2006（74）.

后记

本书是西南财经大学成人（网络）教育系列规划教材之一，是在汲取国内外行政管理研究领域的最新成果、总结编者20年来的教学经验，并结合财经院校和成人教育特点的基础上编写而成的，注重突出教材体系和内容结构的新颖、实用、简明、易懂。在本书中，既有对基本概念、原则和方法简明扼要的介绍，言简意赅，使学生容易理解、接受；又有对相关重点、难点问题深入浅出的阐述，形象直观，以节省学生的学习时间，提高他们的学习兴趣。同时，为方便学生自学，每章之前都列出了该章的学习目标，每章之后还有适当的小结，并提供几道复习思考题，以方便学生理解和巩固所学知识。

本书的出版得到了西南财经大学出版社和杨琳编辑的大力帮助，对他们的辛勤工作，在此深表谢意！本书的写作参阅并借鉴了国内外行政管理领域的专著、教材和其他研究成果，对于其中的一些著述已作为本书的参考文献向读者作了推荐。对这些文献资料的作者，在此也一并致谢！对于业已成为专业共识的观点和内容，是学界的共同财富，书中没有再一一标明出处。由于编者的学识有限，书中仍然存在很多不足之处，期望得到学生的及时反馈和广大读者的批评指正，以便今后对本书不断加以修订和完善。

刘 红

2010年1月

图书在版编目(CIP)数据

行政管理学/刘红主编. —成都:西南财经大学出版社,2010.2
ISBN 978 - 7 - 81138 - 648 - 6

Ⅰ.①行…　Ⅱ.①刘…　Ⅲ.①行政管理—管理学—成人教育:高等教育—教材　Ⅳ.①D035

中国版本图书馆 CIP 数据核字(2010)第 014902 号

行政管理学

主编:刘　红

责任编辑:杨　琳
封面设计:杨红鹰
责任印制:封俊川

出版发行	西南财经大学出版社(四川省成都市光华村街 55 号)
网　　址	http://www.bookcj.com
电子邮件	bookcj@foxmail.com
邮政编码	610074
电　　话	028 - 87353785　87352368
印　　刷	郫县犀浦印刷厂
成品尺寸	185mm × 260mm
印　　张	13.25
字　　数	295 千字
版　　次	2010 年 2 月第 1 版
印　　次	2010 年 2 月第 1 次印刷
印　　数	1— 6000 册
书　　号	ISBN 978 - 7 - 81138 - 648 - 6
定　　价	25.00 元